생명의 몸
과정의 몸
변혁의 몸

생명의 **몸**
과정의 **몸**
변혁의 **몸**

초판 1쇄 인쇄 2024년 6월 15일
초판 1쇄 발행 2024년 6월 20일

지은이 조기숙
펴낸곳 도서출판 푸른사상사
펴낸이 한봉숙
등록 1999년 7월 8일 제2-2876호
주소 경기도 파주시 회동길 337-16
대표전화 031) 955-9111(2) **팩스** 031) 955-9114
이메일 prun21c@hanmail.net

ISBN 979-11-308-2148-1 03680
값 29,000원

■ **사진 모델(가나다 순)**
  김지은, 박민경, 서민선, 안지은, 윤승미, 이권명희, 이서연,
  이자윤, 정이와, 최미라, 최시울, 홍세희, KOMIYAMA SAKURAKO

조기숙 교수의 몸 이야기

생명의 몸
과정의 몸
변혁의 몸

푸른사상
PRUNSASANG

　　　　　　　　　'몸'은 실로 21세기 최고의 화두이다. 대부분의 현대인들이 몸에 대해 지대한 관심을 갖고 있다. 내가 이 책을 준비하기 시작한 후 결실을 맺지 못한 채 몇 년이 그냥 흘렀다. 게으른 데다가 매일매일 해결해야 하는 일 때문에 원고 작업은 늘 뒷전으로 밀렸다. 그러는 사이에 인류에게는 코로나-19라는 재앙이 닥쳤다. 이 일을 겪으며 나의 몸에 대한 시각에 변화가 생겼다. 내가 바지런해서 이 책을 예정대로 출간했다면 나는 그 핵심적인 변화를 놓치고 말았을 것이다. 게으르고 매사에 느슨한 것이 도움이 될 때가 있다니, 덕분에 난 몸에 관한 동양적 사고, 즉 우주적 사고와 생명에 대한 책임감까지 느끼며 원고를 수정할 수 있게 되었다.

　이 책은 내가 아주 작고 부족한 육신으로 오랜 기간 발레를 해오며 몸과 춤에 대해 터득한 '평범한 깨달음'을 나누고자 펴내는 것이다. 또한 그간 발레 작품을 해오며 몸과 관련하여 극도의 혼란을 겪으면서 알게 된 몸에 대한 진지한 성찰이자 새로운 견해이기도 하다. 즉 몸으로 삶을 발견하고 우주에 대한 보다 근원적인 성찰을 하게 된 것에 대한 기록이라고 할 수 있다. 이 책은 몸에 대해서 그 어떤 정답이나 이론을 제시하려는 것이 아니고 전반적으로 몸을 우주적 맥락에서 자연과 함께 이해하려는 입장을 견지하고 있다. 그런 점에서 몸에 대한 제국주의 또는 서구중심주의적 시각을 극복하는 내용이라고 할 수 있을 것이다.

몸이나 춤이나 한마디로 그 개념을 명료하게 정리하기는 힘들고 체험을 통해서 깨달을 수밖에 없다. 그래서 이 책은 내가 무용인으로서 오랜 기간 발레와 소매틱스(Somatics, 몸학)를 실행하고 가르치면서 느낀 소박한 깨달음을 소개하는 내용이다.

몸에 관한 책을 왜 발레 교수가 저술했느냐는 질문을 받을 수도 있다. 사실 발레와 몸의 관계는 동전의 양면과도 같아서 동시에 존재하면서 서로 아주 깊은 관련을 갖고 있다. 몸 없이는 발레를 할 수가 없고 몸에 대한 이해가 없이는 발레를 잘할 수가 없다.

나는 11세에 발레를 시작해서 현재까지 50년 이상 활동을 해오고 있으면서도 무용에서 몸에 대한 이해가 얼마나 핵심적인지는 늦은 나이가 돼서야 알게 되었다. 나는 대학에 들어가서야 자신의 몸이 불량품(발레를 하기에는)이라는 사실을 알게 되었다. 발레를 하기에 적당하지 않은 몸을 가진 나는 몸에 대한 콤플렉스도 많았고 자신이 발레를 한다는 것에 대한 고민도 많이 했다. 그러니 발레에 대한 애증의 세월을 거치며 다른 발레인보다 몇 배는 더 고생과 노력을 해야만 했다.

나는 키가 아주 작아서 발레 수업에 들어가면 모든 학생들을 우러러봐야만 한다. 그런데 재미있는 점은 발레를 전공하는, 몸이 아주 아름다운 학생들도 거의 다 몸에 대한 불만들을 갖고 있고 자신의 몸에 만족하지 못하고 있다는 것이다. 그렇다면 무용을 전공하지 않은 일반인들은 어떠한가. 다수의 여자들은 살을 빼지 못해서 스트레스를 심하게 받고 있고 다수의 남자들은 복근을 만들기 위해서 운동에 집착하고 있다. 진정 우리 몸[1]은 꼭 말라야만 하고 식스팩이 있어야만 하는 것인가?

언제부터인가 인간의 몸은 부모형제를 잃고 고아가 되어버렸다. 인간은 자신을 태어나게 한 토양이자 부모라고 할 수 있는 어머니 지구와 아버지 기운(에너지)과의 관계를 잃고 자연과 생명체들을 정복의 대상으로만 생각했다. 인간은 지구라는 어머니에게서 태어나서 동물과 식물이라는 형제자매를 갖고 있고, 보이지는 않으나 명확히 존재하는 기운, 즉 양과 음 모두의 에너지로 이 땅에서 살아가고 있다. 인간은 언제부터인가 인간이 자연의 지배자인 양 군림했고 동물은 그저 인간의 먹잇감으로만 간주했다. 인간은 부모, 형제자매도 모르고 환경도 무시한 채 자신만이 우주를 지배하고 살 수 있다고 착각한 것이다. 그 결과 모든 생명을 가능하게 한 자연이라는 환경을 파괴하고 지구온난화 위기에 처해 있다.

인간이 자연을 정복했다고 생각하지만 실제로는 정복할 수도 없을 뿐만 아니라 자연은 정복의 대상도 아니다. 자연은 실로 거대한 힘을 갖고 있어서 한순간에 인류를 멸망시킬 수도 있다. 자연은 인간이 정복해야 할 대상이 아니라 조화를 이루어 함께 잘 살아야 할 환경이다. 이 지구에서 형제자매가 같이 스스로 그러함(自然)을 찾고 조화롭게 사는 것이 생태를 지키는 일이다. 인간중심적인 욕망과 개발이 온갖 재앙을 부르게 된 것이다. 그 재앙은 또 다른 재앙을 부르고 문제가 확대되어왔다. 이 재앙을 해결하는 시작은 고아가 된 인류에게 부모 형제를 찾아주고 함께 공존하고 조화롭게

---

1   이 글에서 논하는 몸(soma)은 육체(body)가 아닌, 감성과 지성과 영성이 통합되어 있는 몸이다.

생명의 몸 과정의 몸 변혁의 몸

사는 것을 알게 하는 것이다.

 진화의 과정에서 인간의 등장은 지구의 역사를 바꿔놓았다. 이 종은 자신의 형제라 할 수 있는 동물에게 너무도 잔혹해서 생태계의 연쇄살인범이 되어버렸다. 이미 대형 동물은 멸종되었고 그 외에도 인간이 먹고 입기 위해서 또는 그냥 공격성을 즐기는 취미를 위해서도 우리의 형제들은 무참히 살해됐다.

 이제 우리 생명체인 몸은 우리를 태어날 수 있게 한 부모를 알아차릴 때가 되었다. 지구는 거대한 몸이다. 몸은 동물과 식물 등 다른 생명체와 연결되어 같은 생태 환경에서 살고 있다. 이러한 인식이 있어야 지구온난화와 같은 멸망의 위기를 극복할 수 있다. 인간에게 어떻게 호흡이 일어나고 생명을 유지하는 것이 가능한지 그리고 과연 그것이 혼자서만 가능한 것인지 알아차려야만 한다. 인간은 자신의 생명을 유지하기 위해 반드시 다른 생명체가 공존해야 한다는 것을 알고 그들에게 감사하고 배려하며 협력해야 한다. 앞으로는 인류가 살고 있지 않는 다른 별에 대해서도 소통하고 함께 살 길을 모색해야 할 날이 곧 올 것이다.

 욕망 덩어리의 육신(body)의 영역에서, 지구 생태계에 중심을 잡아주는 생기의 영역인 몸(soma)으로의 진입을 제안한다. 그럴 수 있다면 순간의 몸에서 영원의 몸으로, 허무의 몸에서 의미의 몸으로, 그저 늙어가는 몸에서 생명의 몸으로, 몸의 본성을 회복할 수 있을 것이다. 몸으로 생태감수성을 찾게 하는 것은 몸의 어머니인 지구에 대한 고마움과 인류의 형제자매인 동식물에 대한 협동 인식을 찾는 것이다. 인간이 일을 하는 이유는 자신만을 위한 것이 아니고 자신의 존재를 타인에게 알리고 공동체를 위한 것이다. 인간이란 스스로 살면서 다른 생명체를 챙기고 도와줄 때 빛나는 존재이다.

　모든 인간은 아무런 계획도 준비도 없이 알몸으로 이 세상에 왔다. 그래서 어릴 때는 세상에서 겪는 모든 일들이 새롭고 신기했다. 그러나 극심한 경쟁의 시대에 삶의 중압감으로 그 경외감은 없어지고 힘겨운 나날들이 연속되며 자신의 삶의 현장인 몸에 대해서 무감하게 되어버린다. 나는 인간에게 생명의 신비함과 의미를 깨닫게 하고 생기를 회복하게 하고 싶다. 몸은 과연 무엇이고 왜 중요한가? 인간은 인생이란 무엇이고 세상이란 무엇인가라는 질문에는 익숙한데 정작 자신의 몸에 관해서는 호기심 없이 살아왔다. '몸이란 무엇인가'라는 중요한 질문을 큰 소리로 이 세상에 해보고 싶고, 그 답을 함께 모색하고 싶다. 우리가 경외심과 호기심에 가득 찬 어린이같이, 삶의 모든 순간의 주인이자 신비 덩어리인 몸을 하나씩 알아가기 바란다.

　몸은 마음을 억압하는 더러운 욕망 덩어리인가 아니면 삶의 모든 것인가? 사실 인간의 삶에서 몸 없이 할 수 있는 일은 단 하나도 없다. 19세기에 서양에서 몸과 마음의 이분법적인 사고에 문제 제기를 한 니체가 몸의 중요성을 강조하며 한 말, "몸이 바로 나다"를 상기해보자. 하지만 기원전 5세기에 이미 동양의 노자 선생께서 다음과 같이 몸의 중요성을 설파하셨다. "우리에게 몸이 없다면 무엇이 있을 수 있단 말인가." 이처럼 몸의 중요성을 강조하고 몸과 마음을 일원론적으로 파악한 동양의 사고는 서양의 포스트모던 사고에 지대한 영향을 주었다. 그런데 우리는 정작 우리의 것을 잃고 서양에서 역수출한 몸에 대한 사고를 배우고 있는 것은 아닌지 심히 우려된다.

　나의 몸을 어떻게 이해해야 할까? 몸은 단지 육신만이 아니라 인간의 지성, 감성, 감정 그리고 영성이 다 스며들어 있는 삶 자체이다. 생명이 존재하는 것 자체가 몸에서 일어나고 몸으로 가능한 것이다. 모든 것이 스며들어 있는 몸은 작은 우주일 수도 있고 모든 것을 초월하는 신적인 것일 수도 있다. 몸은 무한한 신비의 세계이자 동시에 아주 제한적이기도 하고, 한없이 강하기도 하지만 한순간에 무너지기도 한다.

몸이 강조되는 시대가 되자 육신이 대상화, 상업화되고 정작 몸이 실종되는 문제가 발생하기도 한다. 인류의 기나긴 역사 속에서 세상에 관한 수많은 지식들이 축적되어왔고 제4차 산업혁명 시대라고 할 수 있는 지금은 그 속도가 이루 말할 수 없이 빨라졌다. 과거에 몇백 년에 걸쳐서 축적했던 지식을 지금은 몇 주일이면 구축할 수 있게 되었다. 하지만 그 대단한 AI(인공지능)도 못 하는 것이 있다. 감성과 영성이 깃든 몸으로 하는 총체적(holistic) 체험과 이에 기반한 즉각적인 행동이다. 몸과 세상은 늘 변하고 있고 인간은 매 순간마다 자신도 예측하지 못하는 새로운 체험을 하며 살고 있다. 자신에게 무슨 일이 일어날지를 알면 인간이 삶을 예측할 수 있고 계획대로 살 수 있겠지만 누구도 자신의 삶을 예측할 수 없다. 왜냐하면 우주의 모든 것은 다 변하고 있고 인간의 삶은 단 한 번의 연습도 없이 늘 처음 겪는 것들이기 때문이다.

분명 내 몸이지만 나만의 것이 아니기도 한 몸, 의미와 정신으로 가득 찬 몸이 있기에 우리의 삶은 신비하고 또 살 만하기도 하다. 춤을 추면서 사는 나에게 몸은 신비하기도 했지만 늘 넘을 수 없는 한계이기도 했다. 몸은 한 인간의 모든 삶을 담고 있는 '지금, 여기'의 현존이다. 그렇다면 노자가 설파했듯이 몸 없이 할 수 있는 일이란 아무것도 없고, 니체가 정리했듯이 몸이 바로 나라고 해도 과언이 아닐 것이다.

몸이나 춤이나 한마디로 그 개념을 정확하게 정리하기는 힘든 것으로 체험을 통해서 깨달을 수밖에 없는 노릇이다. 그래서 나는 무용인으로서 오랜 기간 발레와 소매틱스(Somatics, 몸학)[2]를 하고 또 가르치면서 느끼고 깨달은 내용을 이 책을 통해 나누고자 한다.

늦은 나이에 영국으로 무용학 박사 과정을 밟으러 간 나는 그곳에서 소매틱 계열의 메소드를 접하고 배우게 됐다. 영국에서 소매틱 실기를 하면서, 무용을 전공해온 내가 정작 내 몸을 몰랐다는 사실을 알게 되었다. 나는 몸 공부(Somatic learning)를 하면서 내 몸(soma)을 점차 알게 되었고 내 몸의 생명력을 찾게 되었다. 보잘것없이 단점만 있다고 생각했던 내 몸에도 장점이 있다는 것을 알게 되었다. 또한 몸은 과정만 있지 결과는 없다는 것, 즉 몸은 누구에게나 결정된 것이 아니라 성숙해 가는 과정이라는 것을 느끼게 되었다.

2   몸에 관한 이론과 실기가 통합된 학문. 이 책에서는 소매틱스 대신 몸학이라는 용어를 쓰겠다.

그제야 내 몸이 문제가 아니라 '내 몸이 문제라고 생각한 것'이 문제라는 것을 알게 되고 내 몸에 대한 콤플렉스를 극복할 수 있게 되었다. 그런 수많은 나날을 거쳐서 나는 몸/마음/영혼의 성장을 추구하기 위해서 춤을 추며 몸과 자연이 혼연일체가 되는 것을 체험하였다. 소매틱의 특징은 생태적 시각에서 인간의 몸을 이해한다는 점이다.

이 책 전체의 논의를 통해 나는 몸에 대해서 의학적이거나 과학적인 그 어떤 규명도 하지 않는다. 의학의 발전이 인간의 수명을 연장시키고 건강하게 살 수 있게 한 것은 사실이다. 하지만 서양에서의 몸에 대한 그러한 규명은 몸이 어떻게 움직이고 그 안에 스며든 정서와 영혼을 어떻게 읽어내어 보다 멋진 인격을 갖게 할 것인지, 그리고 어머니 지구와 어떻게 함께 살 것인지에 대한 성찰은 제공하지 못해왔다. 우리는 이제 일상생활에서 몸에 대한 무개념과 무지혜의 진부한 시선으로부터 벗어나서 참신하고 생기에 찬 시각으로 몸에 대해 조용한 혁명을 할 때가 되었다.

매우 부족하지만, 이 생각을 세상에 내놓을 수 있는 것은, 평생에 걸친 지난한 몸적 방황의 과정을 거쳤기 때문이다. 하지만 이 세상에서 나만이 그것을 터득했다고 믿는다는 것은 또 다른 독선을 가져올 수 있다. 내가 몸과 춤으로 평범한 깨달음을 얻어서 세상을 읽어낼 수 있었듯이, 문학으로, 음악으로, 그림으로 또는 노동으로 세상을 읽어내는 사람들의 의견을 경청하고 다른 접근을 배워야 한다고 생각한다. 다양한 세상에 대한 깨달음들은 우리가 세상을 새로운 시각으로 볼 수 있게 인도한다. 우리는 아직도 얼마나 많은 것들을 모르고 살고 있는지 모른다. 진정한 현자는 모르는 것을 알기에 절대 교만해질 수 없다.

이 책은 코로나 시대에 가장 중요한 생태에 대한 성찰과 몸에 대한 새로운 시각을 제시하고 몸을 깊게 인지할 수 있는 길을 인도한다. 1부에서는 몸이란 무엇인가, 2부에서는 몸 움직임을 어떻게 읽을 것인가, 3부에서는 소매틱스란 무엇인가를 논하고 있다. 4부에서는 내가 안내하는 몸의 세계가 독자에게 구체적으로 어떤 영향을 주는지 실행해볼 수 있게 몸 공부 방식도 안내하고 있다. 이 모든 내용은 문헌을 연구한 것이 아니라 내가 몸의 움직임과 춤의 체험으로 터득한 것들을 정리한 실기 기반 연구(Practice based Research)이다.

이 책이 독자들에게 몸에 대한 새로운 시각을 제공하고 독자 스스로 성장하는 길을 찾는 데 참고가 되기를 바란다. 이 책의 내용은 몸을 직업적으로 쓰는 무용수나 운동선수뿐만이 아니라 모든 인간에게 유익하다. 몸에 관심을 가지고 몸 세계에 들어오시는 분들을 진심으로 환영한다. 여러분이 몸 공부를 지속적으로 한다면 아무것 없어도 행복할 수 있는 길이 몸에 있다는 것을 알게 될 것이다.

2024년 6월

조기숙

책머리에   4

제1부 **몸이란 무엇인가**

01. 몸을 생각하라   19

02. 몸은 원래 통한다   25

03. 지금 여기의 몸   31

04. 지혜의 몸   36

05. 감성의 몸   41

06. 감각의 몸   45

07. 생명의 몸   50

08. 성찰의 몸   55

09. 변화의 몸   61

10. 몸과 성   66

11. 몸과 죽음   71

12. AI 시대의 몸   78

제2부 움직이는 몸 읽기

01. 인간은 왜 움직이는가   85

02. 몸을 보면 사람이 보인다   89

03. 얼굴을 보면 영혼이 보인다   93

04. 알몸으로 와서 알몸으로 가는 삶   98

05. 영혼과 영원이 스며든 몸   103

06. 몸은 쉬기를 원한다   107

07. 몸은 놀기를 원한다   112

08. 건강이란 무엇인가   116

09. 내 몸은 대청소를 원한다   122

10. 소식으로 건강을 지키자   125

11. 몸은 민주주의   128

12. 몸 아우라   133

13. 몸과 춤   137

제3부 소매틱스

01. 학문으로서의 소매틱스   151

02. 소매틱 메소드(몸 수련법)   156

03. 한국소매틱연구교육원   161

04. 뇌 가소성을 활성화하라   169

05. 체험의 종류   175

06. 고유수용감각   183

07. 소마 힐링 터치(SHT)   189

08. 움직임의 원리   195

09. 좋은 자세   206

10. 소마 잠과 잘 자는 것   210

11. 평생교육 차원의 몸 교육   214

12. 소마 전문가는 어떤 존재인가   218

제4부 몸 공부 실기수업

01. 이제 몸 공부를 시작하자   225

02. 잘 쉬기   229

03. 잘 서기 : 몸의 직립성   240

04. 잘 걷기 : 몸의 전면성   248

05. 잘 적응하기 : 몸의 균형성   255

06. 잘 움직이기 : 몸의 연결성   260

07. 잘 놀기 : 몸의 창의성   268

08. 잘 만나고 잘 헤어지기   274

09. 잘 느끼기   279

10. 잘 듣기   285

11. 호흡   289

12. 얼굴 명상   296

13. 춤 명상   303

마무리하며   310

참고문헌   313

부록   315

몸이란 무엇인가

01

몸을 생각하라

몸이란 무엇인가? 몸에 대해서 단 한 번이라도 진지하게 생각해본 적이 있는가? 몸은 개념이나 이론 이전에 존재하고 몸의 본질은 정신과 연결되어 움직임으로 드러난다. 즉 모든 움직임은 몸의 본질, 정신과 연결되어 있다. 몸이란 무엇인가를 생각하기 전에 만약에 몸이 없다면 이 세상이 어떻게 될까라는 상상을 해본다. 몸이 없다면 인간이 존재하지 않고 인간이 없다면 이 세상도 존재하지 않을 것이다. 주인을 찾지 못한 몸 없는 영혼, 즉 귀신들만 허공에 맴돌게 될 것이다. 사실 몸은 너무 넓은 신비의 세계라서 몸이 무엇이라고 한마디로 규정하기는 불가능하다. 그저 우리는 몸에 대해서 하나하나 알아가는 것뿐이다.

현대 인류는 조직적이고 과학적으로 같은 종인 인간을 대량 학살해왔다. 그 방법은 기술의 발달에 따라 점점 정교해져서, 이젠 마치 게임을 하듯이 자기 사무실에 앉아서 컴퓨터의 화면을 보고 목표물을 정조준해서 마우스를 클릭하면 목표물이 말끔하게 파괴된다. 어느 지역이건 어떤 사람이건 정확하게 확인사살할 수 있다. 분쟁, 착취 그리고 전쟁으로 이어지는 인간의 이 잔인함과 비열함은 어디서 오는 것일까. 개인적인 차원에서도 초경쟁 시대에 승자가 되기 위한 전략 전술이 판을 친다. 승리가 곧 인생의 성공이라고 생각하고 승리한 사람을 좋아하고 존경한다. 성공보다는 섬김을 고귀한 가치로 인식하는 사람은 바보 취급을 당할 수 있다. 인간은 이기기 위해서 학문이란 이름으로 다양한 방법을 고안해왔다. 각종 리더십이나 전략 전술의 구사가 그것들이다. 남자들은 처음 만나면 나이 또는 사회적인 지위로 서열부터 정리하려 한다. 마치 동물 사회에서 상대방을 위협하거나 항복을 받아내기 위해서 결투를 하는 것과 비슷한 원리이다.

기술과 학문의 발달이 인류를 문명의 세계로 인도한 것은 사실이다. 하지만 진화의 최고점에 도달한 인간이 과연 동물이나 식물을 포용하고 함께 생명을 나누며 살았느냐는 질문에 누가 긍정적인 대답을 할 수 있을까. 우리는 동식물과의 관계를 무시한 대가로 많은 것을 잃었다. 우리를 태어나게 한 어머니 지구,[1] 아버지 태양,[2] 이모 삼촌인 별과 달에 대한 인식을 잃은 것이다. 인간이 생명을 유지하기 위해서는 지구에서 먹을 것과 숨쉴 공기를 공급받아야만 하고 태양에서 발산하는 햇볕을 쬐어야만 한다. 그리고 형제자매인 동식물이 있어야만 인간으로서 살아가며 생명을 이어갈 수 있다는 것을 인식하고 이들과의 관계가 얼마나 소중한지 깨달아야 한다.

몸은 '나의 것'이거나 나의 동반자가 아니라 '나 자신'이다. 또한, 몸은

---

1 어머니 지구라는 표현은 주역에서 '음'을 일컫는다. 지구는 눈에 보이는 존재이며, 이 땅에서 구체적으로 먹을 것이 생산되어 그것을 먹으며 생명을 유지할 수 있음을 말한다.
2 아버지 태양이라는 표현은 주역에서 '양'을 말한다. 공기와 햇빛처럼 보이지는 않지만 생명을 유지하는 데 꼭 필요한 기(에너지)를 말한다.

마음을 담는 도구도 아니고 인간을 타락하게 하는 욕망의 덩어리도 아니다. 몸은 그 자체로 삶이자 소우주이며, 소중하고 신비하고 신성하다. 모든 생명체는 각각 다 특별하고 귀한 존재이다. 그중에서도 인간의 몸은 분명 지구의 축이며 삼라만상의 중심이기도 하다. 인간 삶의 모든 것이 몸에서 일어나고 깨달음도 몸이 없는 한 가능하지 않다.

나는 진정 내 몸을 아는가? 몸에 대한 시각과 정보는 이루 말할 수 없이 많고 많은 사람들이 몸에 대해서 잘 안다고 착각한다. 그러나 몸에 대해서 안다고 생각하는 사람들이 더 문제일 수 있다. 차라리 안다고 하는 사람보다는 '내가 잘 모르니 배우겠다'고 하는 사람이 더 진정한 깨달음을 얻을 수 있다. 스스로 몸을 알고 있다고 자신하는 사람은 건강할 수 없다. 예를 들자면 늘 건강에 자신을 갖고 있고 실제로 건강했던 사람이 갑자기 죽는 경우가 많다. 몸이란 스스로가 자신의 부족함을 알고 늘 새롭게 변화해야만 되는 생명체이다.

실로 '몸'의 시대가 왔다. 몸이 마음에 비교돼서 천대받았던 역사를 생각해보면 참으로 반가운 현상이 아닐 수 없다. 20세기까지는 주로 의학과 생물학 분야에서 연구 대상이었던 인간의 '몸'이 21세기에는 인문학과 사회과학 · 예술학 등 학문의 전 영역에 들어가게 되었다. 학문의 영역뿐만이 아니라 남녀노소를 불문하고 부자이건 가난하건 간에 요즘 사람들은 거의 다 몸에 집착한다. 몸에 대한 담론은 범람하고 관심도 증대해가는데 이상하게도 정작 '몸'은 실종되어가고 있다. 과연 '몸'은 어디 갔는가.

몸에 대한 정보가 범람하면서 나타나는 대표적인 현상 중의 하나가 몸에 대한 지나치친 육체적(physical)이고 대상화하는 접근이다. 즉 여자들은 살을 빼기 위한 다이어트로 스트레스를 심하게 받고 있고 남자들은 식스팩을 만들기 위해서 운동에 집착한다. 이런 것들은 모두 남에게 잘 보이기 위해서이다. 인간의 몸이 지나치게 대상화된 것이다. 진정 '몸'이 그렇게 육체적이고 대상화되어야 하는가? 이 책은 이런 현상을 몸의 서구중심주의로 규정하고 조용히 문제를 제기한다. 우리 동양은 기원전 5세기부터 이미 몸의 중요성을 간파하고 있었다. 노자는 인간에게 몸이 없다면 무엇이 남아 있겠느냐 말했다. 몸이 없다면 근심도, 걱정도, 희로애락도 존재하지 않을 것이다.

나는 영국 유학 중에 불량품인 내 몸 덕분에 내 몸을 알기 위해서 소매틱 계열의 다양한 메소드³를 접하게 되었고 그러다 보니 내 몸에 체험이 쌓이게 되었다. 그렇게 하면서 지속적인 몸 공부(somatic learning)를 하게 되었고 감사하게도 몸에 대한 콤플렉스를 극복하고 효율적이면서 진정한 (authentic) 움직임을 터득하게 되었다. 그렇게 몸 공부를 하다 보니, 이제야 '아 춤이란 이런 것이구나' 하고 조금씩 나 자신의 말을 할 수 있게 되었다. 기의 흐름을 느끼고 안과 밖이 통하는 것을 느끼니, 내 몸이 천지개벽 되는 새로운 차원의 체험을 하게 되었다. 그랬을 때 내 몸에 자존심을 갖게 되었고 내가 하고 있는 발레를 편견 없이, 보다 객관적으로 규명하게 되었다. 그리고 춤이 인간을 구원할 수 있다는 확신을 갖게 되면서 진정한 발레의 의미를 알게 되고 발레를 사랑하게 되었다. 그럼 내가 40대에는 춤에 대해서 몰랐다고 생각했느냐 하면 그렇진 않다. 40대에는 그 나름대로 춤은 이런 것이라고 당당하게 규명했었다. 근데 50대의 깨달음에

---

3   Somatics 계열의 메소드로는 하나 소메틱스, 팰던크라이스, MBC(Body mind Centering), 릴리즈 테크닉, 알렉산더 테크닉 그리고 타말파의 MR(Movement Ritual) 등이 있다.

서 보니 40대 때 안다고 생각한 것이 정말 민망할 따름이다. 내가 지금 이렇게 느낀 것처럼 70대 가서는 더 성장한 모습으로 50~60대에 터득하고 말한 것에 부족함을 느끼고 수정, 발전하기를 바란다. 몸은 매 순간 변하고 인간은 죽을 때까지 성장하는데 그 어느 인간이 '나는 이제 다 이뤘다'라고 할 수 있겠는가.

어쨌건 내 몸이 천지개벽을 하고 나서 지금의 상태는 20대 때보다 편안하고 자유로워졌다. 20대 때는 권위주의 시대에 저항한다고 너무 힘들었고 세상이 힘드니 내 소마(몸과 마음)도 편안한 날이 없었다. 나는 발레와 소매틱스를 통해서 몸을 평온하게 하는 것을 알게 되었고, 소마의 평온을 찾게 되었다. 몸 공부를 하면 나이를 먹는다는 것이 성장의 길임을 알게 되고, 몸을 모르면 인간은 그저 늙어갈 뿐이다.

우리는 몸과 사회를 구성하는 규칙들에 따라서 세상을 알게 된다. 따라서 인간은 몸과 연관된 태도, 인식 그리고 관행들에 주의를 기울인다면 인간 사회와 자연 지구에 관해 상당히 많이 배울 수 있다. 이렇게 몸을 안다는 것은 이 사회와 지구를 알기 위한 핵심적인 길이기도 하다. 몸은 언어가 의미를 부여하는 유일한 방식이라는 일반적인 사고에 문제를 제기한다. 몸 움직임은 언어로 의사소통하는 것을 단지 몸으로 반복하고 있는 것이 아니다. 몸 움직임은 어머니 지구와 형제자매인 동식물과 통하는 언어이다. 그래서 말하기와 동작 사이에 일관성을 규정하기 힘들고 그것이 반드시 필요한 것도 아니다. 몸 움직임이 항상 언어 양식을 따르는 것은 아니다. 몸 움직임은 언어와 다른 차원의 소통 방식이다. 그래서 인간은 도저히 말할 수 없을 때 춤을 춘다. 니체는 '춤은 위대한 지성이다' '나는 춤추지 않는 신은 믿지 않는다'라고 말하며 언어를 초월한 춤의 중요성을 강조하였다.

우리를 불행하게 하는 것도 몸이고, 우리를 행복하게 하는 것도 몸이다. 우리를 병들게 하는 것도 몸이고 그 병에서 치유를 할 수 있는 것도 몸이다. 몸은 건강과 행복의 근원이자 인간성과 인간관계의 근본이라 할 수 있다. 내가 형제자매 생명을 사랑하면 우주 역시 날 사랑한다.

정화열[4]은 선불교와 생태철학을 연결해서 '몸의 정치(body politics)' 이론을 펼쳐간다. 우리가 진정으로 정치적이고도 사회적인 존재가 되기 위해서는 몸에 기반을 둔 주관성과 몸과 몸으로 맺어지는 인간관계에 주목해야 한다는 것이다. 다수 현대인들이 갖고 있는 몸에 관한 개념과 이미지는 상당히 왜곡되어 있고 심지어 자신의 몸이 타자화, 대상화되어 있다. 늘 남과 비교하여 살을 빼고 근육을 키우는 데 집중하고 있다. 그런 몸에 대한 편견과 오해 때문에 많은 사람들이 스스로 몸을 매일 망가뜨리고 학대하고 있다. 그 결과 건강한 마음과 감정, 삶까지도 해치고 있다. 이런 현상의 원인은 우리에게 주입된 데카르트-칸트식의 기계론적 세계관뿐만 아니라 몸까지도 상품이 된 천민자본주의의 풍토 때문일 것이다.

문제의 해결이 곧 또 다른 단계의 새로운 문제를 만들기도 한다. 아는 것이 없으면 모르는 것이 뭔지 모른다. 그래서 인간은 죽을 때까지 공부하다가 아는 것과 모르는 것을 동시에 축적한 채 어머니 지구로 돌아가는 존재이다. 육신이 땅으로 돌아가면 몸에 스며들어 있던 우리의 영혼은 저 우주를 향해 날아가는 자유를 누리게 된다. 이제 몸에 대한 생각들을 정리해보겠다.

---

4   정화열, 『몸의 정치』, 민음사, 1999, 6장.

02

몸은 원래 통한다

자연과 인간, 인간과 사회를 연결하고 있는 것이 몸이다. 원래 몸은 안과 밖, 자연과 세상과 통하고 있다. 그런데 현대인은 어느 때부터인가 이 몸이 막히게 되었다. 몸이 통하는 것을 체험하면 일상의 '평범한 깨달음'을 얻게 된다. 몸에는 생명의 힘이 있고 그래서 세상과 통하고 연결되어 있다. 몸이 안에서 통하고 세상과도 통하는 것을 느껴야 자신만의 그릇을 깨고 어머니 지구와 연결될 수 있다. 인간이 모든 것을 초월해서 우주의 에너지와 통할 수 있으면 바로 거기에 낙원이 있다. 나는 오랜 기간 몸 공부를 해오던 중 어느 날 갑자기 미간에 집중되는 감각이 느껴지며 몸이 뺑 뚫리는 체험을 하였다. 칠흑 같은 어둠 속에서 빛이 내 몸을 비추어 내 몸이 통하는 것 같은 체험을 한 것이다. 그 감동은 내가 대단한 존재라는 것이 아니라 난 그저 바닷가의 모래알처럼 하나의 생명체에 불과하다는 '평범한 깨달음'이었다. 어른들이 입버릇처럼 하던 "인생 별거 아니다"라는 말의 뜻을 이제야 조금씩 알아가는 중이다. 몸의 내부가 통하는 것을 느꼈던 그때의 그 감동이 지금도 생생하다. 무용을 오래 해왔어도 극장 무용으로는 도저히 할 수 없었던 체험의 순간이었다. 또한, 나의 젊은 시절은 아마도 몸이 긴장과 번민으로 꽉 막혔던 때라서 통하는 것을 느끼는 것이 가능하지 않았던 것 같다.

인간이 한번 기가 막히면 그 막힌 기를 다시 뚫는 것이 여간 힘든 일이 아니다. 그래서 인간의 기를 죽이면 안 된다. 그래서 사람들이 정말 어이없는 일을 당했을 때 "기가 막힌다"라는 표현을 쓰는 것이다. 그런데 고맙게도 칠흑 같은 어둠 속에서는 작은 빛도 아주 환하게 빛나고, 꽉 막힌 곳에서는 바늘구멍이 바위를 뚫을 힘이 되는 것이다. 막혀 있던 내 몸에 바늘구멍 같은 작은 뚫림이 몸 전체에 진하게 전달됐다. 정말 내 몸의 내면이 실제로 통한다는 것이 느껴지는 신비로운 체험을 한 것이다. 아주 간단해 보이지만 깊고 평범한 깨달음을 가져다준 뻥 뚫리는 체험은 보이는 것만이 다가 아니고 안 보이는 세상을 볼 수 있는 것이 진짜 보는 것임을 알게 했다. 그런데 체험은 그것이 전부가 아니었다. 그 체험 후에 나는 살아 있는 눈, 코, 입, 귀, 항문, 배꼽, 질 그리고 피부의 세포구멍으로 내 몸의 내부와 외부가 통하는 것을 느끼며 어머니 지구를 느끼고 만나게 되었다. 그러면서 내 몸이 지구에서 왔고 다시 지구의 품으로 돌아갈 자연의 일부라는 너무도 당연한 이치를 받아들이게 되었다.

그런데 몸이 뚫리는 체험은 한번 터득한 것이 중요한 게 아니다. 그것을 유지하고 발전시키는 것이 더 중요하다. 몸은 단 한순간도 정지해 있지 않기 때문에 계속 수련하지 않으면 바로 막힐 수 있고 그러면 그 체험이 순식간에 과거가 되어버린다. 몸 체험은 늘 현재형이지 과거로 존재한다면 아무런 의미가 없다. 현재가 초라한 사람일수록 자신이 과거엔 어땠다고 자랑하는 것에 익숙하다. 그러나 몸은 지금 현재만 존재할 뿐이다. 그래서 현재 통하는 것을 유지하려면 개인의 수련뿐만 아니라 자신을 살게 만들어주는 생태 환경에 몸으로 함께하며 봉사해야 한다.

몸으로 하는 소통은 언어로 하는 의사소통을 초월하는 지구적 방식이다. 사실 말로 소통을 하는 데는 한계가 있다. 상처받은 이에게 자꾸 그 상처를 말하라고 하면 그 상처가 오히려 더 커질 수 있다. 그럴 때는 말보다는 몸의 소리를 들어주고 몸을 이해해주는 것이 소통과 치유에 더욱 효과적이다. 말은 본인이 하고 싶을 때 하는 거지 치유해줄 테니 말하라고 요구해서 되는 것이 아니다. 많은 사람들은 남의 말을 다 듣지 않고 듣고 싶은 얘기만 골라 듣는다. 인간은 몸으로 나무의 소리도 듣고 바람의 메시지도 느낄 수 있다. 단 몸이 열려 있어서 소통할 때만이 그 몸의 대화가 가능하다.

내 몸은 내가 마음대로 할 수 있는 자유의 공간인가? 이 세상에 아무것도 가진 것 없는 천하의 고아라도 자신의 신체만큼은 마음대로 할 수 있는 자신의 공간이다. 이렇게 자신의 신체 말고는 아무런 자원이 없는 사람들은 자신의 신체를 학대함으로써 정체성을 확인한다. 그들에게 신체는 난폭하게 그 어떤 짓을 해도 되는 유일한 자신의 것인 셈이다. 청소년들의 자해 행위, 원조 교제 등이 그 예이다. 이렇게 신체적으로 둔감해지면 사회적 관계에도 둔해지고 타인과 소통하는 것도 불가능해진다. 몸의 내부가 꽉 막혀 있고 세상과 소통할 수 없는 지경에 이른 것이다. 그러니 건강할 수 없고 그들의 몸은 기가 막혀서 굳게 된다. 몸은 사실은 자신의 것이 아니라 '몸이 바로 나'이고 또한 몸의 어머니는 지구이다. 자신의 몸을 마음대로 학대하는 것은 어머니 지구에게 불효를 저지르는 것이다. 멀쩡한 부모를 놔두고 자신의 몸을 고아로 만드니 말이다.

몸으로 세상을 보고 몸과 지구가 통하는 것을 느끼게 되면 아무것 없이도 행복할 수 있는 길이 보인다. 이렇게 되면 자신도 모르게 몸에 경의를 표하게 되고 살아 숨 쉬고 있다는 것 자체만으로도 감사함을 느끼게 된다. 또한 아무리 고독하고 힘들어도 그 고통을 초월해서 더 힘든 존재들을 돌볼 수 있게 된다. 이렇게 남들과 기가 맑게 통하는 사람에게는 인간, 동식물, 별 등 우주적인 차원의 친구들이 다가오고 행운이 찾아든다. 다수가 좋아하는 사람은 다 이유가 있는 것이다.

나의 몸은 나만의 것이기도 하지만 동시에 나만의 것이 아니기도 하다. 몸은 피부에 의해서 경계가 지어져 있지만 피부에 난 수많은 공기구멍을 통해서 내외부가 연결되어 있다. 몸은 경계가 있지만 없기도 하다. 음식이 들어가서 배설물이 되어 밖으로 나오고 호흡을 통해 공기가 들고나는 등 안과 밖이 늘 통하고 있다. 배변이 잘 되면 건강 상태를 알 수 있고 호흡을 잘 느끼면 감정과 정서 상태를 알 수 있다. 이 두 가지의 속성을 잘 이해하고 몸을 움직이는 것이 필요하다. 우리 몸은 죽기 아니면 살기로 당장 결판을 내야하는 벼랑 끝에 서 있는 존재가 아니다. 사생결단을 내지 않는 것이 생명의 세계에서는 결판을 내는 것이다. 통하는 몸은 안과 밖, 음과 양 그리고 변증법적으로 합 속의 정과 반을 동시에 보는 것이다.

인간의 몸 내부에는 공간이 있는데 그것이 막히면 문제가 생긴다. 몸을 비워서 몸 안에 공간을 확보하는 것은 몸을 통하게 하고 잘 움직이게 하는 방법이다. 몸에 공간을 만드는 방법인 끌어올림(pull-up)에 대해서는 뒤에서 따로 설명하겠다. 관절이 부드러워서 이쪽, 저쪽, 그쪽으로 자유자재로 적응할 수 있으면 꺾이지 않는다. 소통은 사실 의미성, 신체성, 움직임 그리고 몸의 기억이 복합적이고 중층적으로 작용하는 복잡한 과정이다. 그런데 몸으로 만나면 그 어렵고 복잡한 소통이 간단명료해진다. 그래서 몸으로 통하고 만난다는 표현이 생겼다. 통하는 몸은 별거 안 해도 그냥 건강하다. 아무 생각 없이 몸에 생기가 도는 것을 느끼는 것, 몸의 부피를 느끼는 것, 몸의 각 부분의 연결을 느끼는 것, 생태계에서 다른 생명체와 연결되는 경험을 하는 것이 다 통해야 가능하다. 그렇게 통하는 경지에 이르면 그야말로 인생이 별거 아님을 터득하고 독단과 독선에 불타기보다는 그냥 모든 생명의 존귀함에 경의를 표하게 된다.

원래 인간의 몸은 뚫려서 통하고 있다. 기도, 피도, 공기도, 정서도 통한다. 그런데 사람들이 그것을 감각하지도 인지하지도 못하고 있을 뿐이다. 그렇게 무감하면 그게 바로 몸맹(盲), 즉 몸에 대한 무지로 이어져 몸이 점점 더 막히고 늙어간다. 몸에 감각이 없으면 실제로 점점 막히고 굳어지며 점차 몸이 쭈그러들고 마음도 경직된다. 몸이 통하는 것을 느끼면 공기를 누르고 몸이 뜨는 것과 같은 감각을 느끼게 된다. 몸이 통하는 것을 느끼는 사람은 절대 쪼그라들거나 움츠리지 않는다.

'기'는 깊은 땅속에서부터 발바닥을 타고 올라 단전에서 모여서 척추를 타고 머리로 올라가 우주로 뻗어 나가는 것이다. 그러기 위해서는 기가 막혀 있으면 안 된다. 기가 몸을 통과할 때는 척수를 타고 올라간다. 척수는 척추의 뚫린 공간 가운데 있는 액체이다. 기가 몸의 축인 척추를 타고 올라갈 때 척수마다 감정이 생겨나는 것이다. 인간은 매일 변하는 몸과 다른 감정을 갖고 새로운 삶을 살고 있다. 어제의 나는 오늘의 내가 아니다. 기를 끌어올릴 때 정신과 연결되어서 몸이 달콤해지고 좋아지는 것이 느껴질 것이다. 사실 그 좋다는 느낌은 애매모호하다. 그냥 뭔가 올라오는 것 같고 몸이 뜨는 느낌이다. 이것을 느끼면 몸이 달콤해지고 행복이 바로 내 몸에 있다는 것을 느끼게 된다. 내가 하는 얘기는 안 되는 몸으로 평생 발레를 하며 체험을 통해 터득한 것이다. 혹시라도 사이비라고 오해하지 마시기 바란다.

서울은 한가운데 남산이 있고 산으로 둘러싸인 도시이다. 공해가 심하고 미세먼지가 있어도 산이 있어 서울 사람들이 건강하게 사는 것 같다. 등산도 많이들 간다. 사람들이 등산을 가는 이유는 숨 쉬고 싶고 자연과 통하고 싶어서일 것이다. 산은 어머니 지구와 아버지 태양을 모두 만날 수 있는 곳이다. 산에는 인간의 형제자매인 다양한 나무와 식물이 있어서 산소가 풍부하다. 산에서는 실제로 산소 공급이 충분히 되기에 마음의 여유와 평온함도 찾을 수 있는 것이다. 실로 이 지구에 감사할 뿐이다.

소우주라고도 불리는 인간의 몸은 체험으로 우주와 삶의 이치를 터득할 수 있다. 몸이 삶의 근본이자 현장이고 이 우주와 통하며 생명을 구현한다. 인간의 몸은 막히면 썩고 곧 죽게 된다. 안과 밖이 통하고 내부가 통하는 것은 생명의 근본이요 또한 성찰의 기본이다.

03

지금 여기의 몸

몸은 현재와 과정만 있을 뿐 내일이 없고 완성 또한 없다. 인간은 '지금 여기'에서 모든 것들이 통섭된 몸으로 삶을 산다. 지금 이 순간에 생기를 불러일으키는 생명이 실현되고 있다. 이 생명을 느끼고 살아내는 것은 늘 순간이고 순간에 적응하는 것은 즉흥적인 몸의 판단이다. 이것을 느끼는 것은 '평범한 깨달음'이다. 언제 올지도 모르는 미래의 구원을 위해서 지금 현재를 갖다 바칠 필요가 있을까. 지금 여기에서 자신을 구원하면서 사는 것이 모여서 미래가 된다. 미래를 위해서 지금을 헌신하고 고통에 처하게 하면서 사는 것이 맞는지 생각해볼 일이다. 죽음 이후의 영생보다는 '지금 여기' 살아 있는 몸에 천국을 만드는 것이 소매틱스가 중요하게 추구하는 철학이다.

'평범한 깨달음'이 왔으면 지금 내일을 생각할 필요가 없다. 내일은 내일의 해가 뜨듯이 내일의 몸이 준비되어 있다. 과거는 지금 내 몸속에 스며들어 있고 현재의 몸은 내일의 몸을 만든다. 존재하는 것은 지금 여기뿐이다. 지금 여기의 몸은 생각하지 않고 그저 우주에 내 몸을 맡기는 것이다. '생각을 하지 않는 것도 생각'이라는 생각은 오류가 있다. 생각을 하는 것과 생각을 하지 않는 것은 다른 차원의 세상이다. 생각이 없는 것은 결코 생각의 범주에 속할 수 없는 무한한 자유의 경지이자 끝없는 가능성의 세계이다. 생각이 없다는 것은 뇌와 몸을 비우기 위해서 몸을 완전히 이완하고 쉴 때 가능하다. 이완하고 생각이 없어지면 묘하게도 몸에 생기와 활기가 창출된다. 아무것도 안 했는데 가장 생산적인 일이 몸에서 저절로 일어나게 되는 것이다. 이는 K소매틱의 잘 쉬기 수업을 체험해본 사람들은 거의 다 동의하는 내용이다. 인간이 욕심을 내면 무슨 짓을 해도 이룰 수 없고 이루어도 의미가 없다. 생각을 너무 하는 것도 욕심이고 지식인의 병이기도 하다. 그저 신에게 맡기는 기분으로 몸을 지금 여기에 내려놓는다.

'지금 여기'는 편하고 좋아하는 것만을 말하는 것은 아니다. 인간은 다른 생명체를 위해서 싫어도 무엇인가를 해야만 하는 순간이 있다. 이것을 일컬어 생태계 공헌이라 한다. 우리가 알고 있는 것이 결코 전부가 아니고 실은 아는 것보다 모르는 것이 더 많다는 걸 알아야 성장할 수 있다. 이러한 깨달음도 결국은 나를 초월해서 약한 생명체가 살 수 있게 생태계에 공헌할 때 훨씬 깊어질 수 있다. 코로나 팬데믹 위기 상황에서 이렇게 살아 있다는 것 자체가 축복이라는 것을 아는 것이 중요하다.

몸은 우리의 인생과 같이 늘 '지금 여기'만 있을 뿐이다. 삶에서 본인의 몸이 어떤 상황에 처해서 어떻게 움직일 것인지 예측할 수 있다면 그 삶은 사고도 없겠지만 재미도 없을 것이다. 지나가다가 어떤 상황이 발생하면 자신도 모르게 몸이 움직여 반응한다. 몸은 '생생하게 살아 꿈틀거리는 것'으로 현장에 반응하고 적응한다. 갑작스런 상황에 어떻게 반응할 것인지는 그 누구도 미리 알 수가 없다. 인간의 움직임은 머리로 이해한 패턴대로 이루어지는 것이 아니라 현장에서 반응하면서 잠재된 능력이 자연스럽게 나오는 것이다. 상황에 따라 어떤 움직임이 즉각적으로 나오게 되고 몸은 지금 여기에만 있는 것이다. 과거의 몸이 현재의 몸을 만들지만 현재가 몸의 과거를 만들기도 한다. 즉 현재의 필요에 의해서 과거의 몸 경험을 고쳐 쓰게 되는 것이다. 살아 있는 몸은 매 순간 그 체험의 정도, 밀도와 농도가 달라져서 하나의 잣대로 규명하기 힘들다. 몸은 단순한 신체가 아니다. 몸은 인간마다 다 다르고 같은 사람의 몸이라 해도 매 순간 다르다.

즉각적인 반응을 위해서는 몸이 유연해야 하고 그러려면 이완되어 있어야 한다. 이완되면 힘이 없을 것 같은데 사실 온몸이 최적 상태로 이완돼야 즉각적인 움직임과 힘이 나올 수 있다. 경직된 사고를 하는 사람보다는 유연하고 부드러운 사람이 내공이 있는 사람이다. 부드러워야 몸의 부상이나 마음의 상처도 덜하다. 사소한 몸 움직임 하나하나가 중요하고 그 느낌 모두가 귀하다. 이것을 알았을 때 우리는 눈을 감고도 사물을 꿰뚫어 볼 수 있게 되고 상상 속에도 몸이 있게 된다. 즉 몸의 육체성을 초월하게 되는 것이다. 몸으로 하는 공부는 지구를 딛고 우주를 향해서 더 멀리 넓게 보게 한다. 진실은 몸에서 오고 몸으로 하지 않는 깨달음은 가능하지 않다.

단 한 번뿐인 현생은 연습 없이 늘 순간적으로 스쳐 지나가버린다. 삶은 계획대로 될 것 같지만 사실 즉흥적이고, 논리적으로 전개될 것 같지만 여기저기 모순 덩어리이다. 인간은 지금 여기에서 거의 비슷하게 생각하고 행동하고 계산하며 비슷한 목표를 지향하고 있다. 그래서 역지사지가 힘들 것 같지만 자신을 내려놓기만 하면 어려울 것도 없다. 이것도 '평범한 깨달음'이다.

　말랑말랑 부드러운 세상을 위해서 우리의 몸도 부드러워지는 것이 우리가 추구하는 목표이다. 부드러워져서 생태계에 스며드는 것, 자기를 주장하지 않지만 어디에나 존재하는 것, 인간도 지구의 수많은 생명체 중의 하나라는 인식, 무엇이든지 있는 그대로 받아들이는 것, 고통이건 기쁨이건 함께하는 것, 감각이 깨어 있는 것, 감각을 차단하지 않고 민감하게 느끼는 것이 지금 여기의 몸을 즐기는 방식이다. 또한 이 순간 자체가 재미있어야 한다. 생물 중에는 위험에 처했을 때 주변과 같은 색으로 몸의 색깔을 변형시켜서 자신을 지키는 생물이 있다. 그럴 때 그 생물은 감각을 무디게 차단하는 것이 아니라 민감해져서 적절하게 반응하는 것이다. 부드러워야 민감하게 느끼고 즉시 반응할 수 있다. 둔하고 딱딱하면 느끼고 반응하는 것이 힘들다. 위험에 처했을 때 신체 감각을 최대한으로 민감하게 해야 자신을 보호할 수 있다. 고집과 집착을 내려놓고 몸과 마음이 부드러워야 상황 변화에 자연스럽게 대처할 수 있게 된다. 사회생활도 마찬가지이다.

　이렇게 부드러운 몸을 만드는 것이 몸 공부의 목적 중 하나이다. 자신의 몸을 딱딱한 물건으로 만들 것인가 아니면 살아 꿈틀거리는 부드러운 생명체로 만들 것인가. 보통 사람들은 위기에 처하면 이를 악물고 몸을 긴장시켜 위기를 극복해보려고 한다. 하지만 지금 여기의 중요성을 아는 사람들은 그 순간에 감각을 최대한 발휘해서 몸을 환경에 스며들게 한다. 인간의 몸은 지금 여기에만 존재하는데 그 의미를 알면 몸의 감각과 감수성을 최대화해서 자연과 합일시킬 수 있다.

　나는 주변에서 무용수들이나 무용수 지망생들이 오랜 기간 동작을 무리하게 수행하다가 결국은 통증을 수반하고 육체와 마음이 망가진 경우를 봐왔다. 결국 그들은 몸과 마음의 병을 얻어 무용을 포기하고 만다. 이는 몸이 바르고 편안한 상태가 되지 않은 상태에서 자신이 느끼지 못하는데도 무리하게 움직이다가 생긴 문제이다. 이런 경우는 연습을 하면 할수록 육체가 망가져서 결국은 무용을 하는 것이 불가능해진다. 기계도 그렇게 무리해서 사용하면 금방 고장이 난다.

내가 제안하는 방식은 무용가뿐만 아니라 모든 인간이 효율적으로 움직임을 수행하여 보다 근본적으로 지금 여기에서 잘 살기(well-being)와 잘 죽기(well-dying)를 실현하기 위한 것이다. 사는 것이나 죽은 것이나 다 지금 여기의 일이다. 이것이 가능해지면 개인의 문제로 끝나지 않고 생태 공동체의 삶으로 확장된다. 지금 여기의 가치는 누구에게나 그냥 주어지는 것이 아니다. 그 의미를 느끼고 아는 사람에게 주어진다. 그 결과로 우리는 깨달음을 얻게 된다. 지금 여기서 자신이 하고 싶은 것을 하고 살면 된다. 아주 간단하다. 우리의 부모 세대는 많이 배우지 못해서 지식은 없었어도 이러한 진리는 깨우쳤기에 아주 현명하게 사셨다.

행복에 대한 욕심을 버리고 행복의 내용을 줄여야 한다. 또한 남에게 의존해서는 절대 행복은 오지 않음을 알아야 한다. 자신의 몸으로 지금 여기서 소박하게 나름대로 행복하다고 생각하면 행복인 것이다. 이것 역시도 평범한 깨달음이다. '행복은 작은 것에 있다'는 노자의 명언은 우리에게 지금 이 순간을 소중히 여기는 것이 바로 행복이라는 메시지를 준다.

04

지혜의 몸

　몸은 그 자체로 지혜롭다. 몸의 모든 부분의 기능들은 놀라울 정도로 하나하나마다 현명하다. 몸은 지혜로 충만한 민주주의 사회라고 할 수 있다. 그래서 단 하나의 부분도 덜 중요하거나 덜 지혜로운 곳이 없다. 몸은 지적이고 지성은 몸에서 드러난다. 몸은 나이가 들수록 지혜로워지고 그저 늙어지는 일은 없다. 물론 단지 나이만 먹었다고 지혜로워지는 것은 아니고 몸에 대한 일상의 '평범한 깨달음'이 있어야 한다. 그러면 몸으로 하는 미적 표현도 풍성해진다. 지혜로워지기 시작한 몸은 쇠퇴하지 않는다. 지혜의 몸은 단순한 신체적인 능력을 초월해서 정신적인 세계에까지 뻗어나간다.

　몸에는 자신의 삶의 체험과 타인과의 관계들이 깃든 역사가 들어 있어서 몸을 보면 그 사람의 지혜가 보인다. 몸을 보고도 이것을 읽어낼 수 없다면 몸에 대한 문해력(literacy)이 없기 때문이다. 몸에 깃든 지혜를 읽어내려면 스스로 자신의 몸이 지혜로워야 한다. 경쟁이 치열하고 살기 힘든 세상일수록 지혜롭지 않으면 삶이 고통이 된다. 지혜의 몸으로 공해가 찌든 이 세상을 살아내고 진화의 길을 터득해야 한다. 몸이 소우주이니, 몸 움직임(춤)의 체험을 통해서 우주의 섭리와 삶의 이치를 터득할 수 있다. 몸이 수행의 근본이며, 마음자리를 찾는 유일한 통로이고 생명의 구현이다. 또한 몸은 탐구의 장으로 스스로 지혜롭다.

　인간의 몸의 모든 활동은 자연과 문화 그리고 인간들을 연결하는 주체로서의 작용이다. 그러한 작용으로 몸에 지혜가 축적된다. 물성, 감성, 심성(이성), 영성 등 인간의 모든 영역에서 일어난 사건은 인간의 몸에 지혜를 부여한다. 몸이란 자연과 인간, 자연과 사회 전체에서 구현(embody)되어야 할 자연스러운 실제의 모습이자 현명한 지혜의 실현이다. 몸 안에 지혜가 녹아 있는 것이다. 독일의 철학자 프리드리히 니체(Friedrich Wilhelm Nietzsche, 1844~1900)는 『차라투스트라는 이렇게 말했다(Also sprach Zarathustra)』(1883)에서 '몸이 바로 자신'이라는 내용으로 몸적 통합과 지혜로움을 언급했다. 몸은 내가 체험한 모든 것을 지혜로 전환하는 능력을 보유하고 있으며 몸 없이 가능한 지혜는 큰 의미가 없게 된다.

　몸에 지혜가 생기면 나이가 들수록 몸이 편해지고 아름다워진다. 또한 나이가 먹을수록 개성이 드러나고 몸 아우라가 생긴다. 그래서 별 볼 일 없었던 몸에서도 빛이 나기 시작한다. 즉 몸에 새로운 차원이 열리게 되는 것이다. 나는 몸 공부를 하면서 '평범한 깨달음'을 얻고 나서야 몸을 전문적으로 사용하는 내가 정작 내 몸을 몰랐다는 것을 알게 되었다. 그간은 내가 모른다는 사실도 몰랐던 것이다. 아주 오랜 기간 몸과 춤 그리고 아름다움에 대한 상당한 편견 속에서 무지의 몸으로 살아왔음을 알게 된 것이다. 지혜의 몸은 타인의 몸에 대한 편견이 없고 있는 그대로를 인정한다. 그러면 몸의 정상성과 비정상에 대한 생각도 정리된다. 나같이 아주 작은 몸도 나보다 큰 사람의 시각에서는 비정상이다. 물론 내 시각에서는 너무 큰 사람이 비정상으로 보인다. 도대체 뭐가 정상이고 비정상인가. 어떤 몸이 잘난 것이고 못난 몸인가. 지혜의 몸은 있는 그대로 세상에 스며들어서 지구와 하나 되어 자신의 몫을 해내는 몸이다. 나는 오래전에 신문에 아래와 같은 칼럼을 쓰기도 했다.[5]

한 가정집 같은 사찰 방에서 몇 명의 사람들이 바닥에 신문지를 깔고 무릎을 꿇고 앉아 있다. 한 여승이 앉은 사람에게 다가가 그들의 머리를 침으로 콕콕 찌르면 그 사람의 머리에서 피가 뚝뚝 떨어진다. 신문지 위에 뚝뚝 털어진 피가 고이고 방에는 온통 피비린내가 진동하며 여기저기서 신음 소리가 새어 나온다. 그중에서 "사, 살려주세요"라고 애원하면서도 그 고행을 이겨내고 있는 한 사람, 그게 바로 나였다. 동생이 사람의 머리에 침을 놓아서 나쁜 피를 뽑고 기를 잘 흐르게 해서 병을 고치는 특별한 기술을 가진 여승의 얘기를 했다. 40이 넘은 사람에게는 더욱 특효가 있고 딱 세 번만 가서 침을 맞으면 된다니 나같이 바쁜 사람에게는 딱 적당한 것이었다. 나쁜 피를 빼준다는 말에 현혹된 언니와 형부도 따라 나섰던 것이다.

지나고 나서 보니 아무리 생각해도 웃음이 절로 난다. 무슨 사이비 종교 모임도 아니고 다들 무릎 꿇고 앉아서 신음을 하며 피를 뚝뚝 흘리는 모습이. 동양의학이나 민간요법을 믿지 않는 이들이 본다면 기절을 할 일이다.

내겐 나이 차이가 많이 나는 오빠와 언니, 여동생이 한 명씩 있다. 그런데 자매들이 다 약골이라 대한민국에서 건강에 좋다는 것은 안 해본

---

5 조기숙, 「몸은 스스로 생각하고 느낄 줄 안다」, 『여성신문』 871호[문화], 2006.3.24.

것이 없이 거의 다 해
봤다. 사우디 왕자
의 병을 고쳐주었다
는 마사지, 바르게 걷는 것
이 만병통치약이라 믿어 매주 산
에 가서 열심히 걷기도 했다. 잘못 놓인
뼈를 제자리에 맞춘다는 카이로프락티스,
막힌 기의 흐름을 풀어준다는 경락 마사
지에 부항과 뜸까지. 이제는 여승의 머리
침을 맞는 지경에까지 이른 것. 오로지 건강
하게 살아보겠다는 일념이 우리를 거기까지 가게 한 것이다.

　나는 유난히 몸의 감각이 예민해 누가 조금만 주물러도 아파한다. 유
학을 마치고 귀국한 뒤 공중목욕탕이 없는 영국에서 몇 년간 때도 못 밀
었을 나를 위해 언니가 제일 먼저 데려간 곳은 목욕탕이었다. 언니와 나
란히 누워서 세신사에게 때를 미는데 내 몸을 남의 손에 맡기는 것이 익
숙지 않은 나는 제발 살살 하라고 부탁했고 언니는 제발 세게 하라고 주
문했다. 빡빡 때를 민 후 탁탁 요란한 소리를 내며 안마까지 해주자 나는
외치고 말았다. "제발 나를 때리지 말아주세요"라고. 한번은 절친한 친
구가 귀국 선물로 맹인 안마시술소에 데려갔었다. 안마사의 손길이 얼마
나 매서운지 나는 아파서 연신 "사사, 살살"이라고 신음을 해대는데 친
구는 옆에서 "거참 시원하다"라고 만족해하고 있었다. 무엇이 이런 차이
를 만들어낼까.

　왜 많은 사람이 남의 손에 자신의 몸을 맡기는 걸까? 우리 몸은 간사
해서 스스로 노력해서 터득하는 것보다 남에게 맡기는 것을 편안해하기
때문이다. 그런데 이렇게 편한 것에 계속 안주하다 보면 몸은 점점 이에

중독돼 스스로 생각하고 해결하는 능력을 잃어버리고 만다. 중독의 특징은 점점 높은 강도를 요구하게 된다는 것. 내 몸을 내가 믿지 못하고 남의 손에 일방적으로 맡겨버리면 몸이 스스로 자율성을 포기하게 된다.

세상에는 몸과 건강에 좋다는 수만 가지의 방법이 있다. 자신의 몸을 알고 이해하는 데는 정답도 지름길도 없고 건강해지기 위한 방법은 사람마다 차이가 있다. 그러나 몸은 스스로 느끼고 생각하고 지혜롭기 때문에 믿어주고 개발해주면 알아서 살 방도를 찾아낸다는 사실을 알아야 한다. 그 방법 중 하나로 재미도 있으면서 건강 증진도 되는, 또 자신이 스스로 해야만 되는 일이 바로 춤추는 것이라 말하고 싶다.

내 몸을 간사하게 만들 것이냐 아니면 갈고 닦아서 스스로 건강하게 할 것이냐, 이것은 순전히 자신의 몫이다. 몸이 도를 닦을 때 인간의 수명은 백 살쯤은 끄떡없으리라. 이쯤 되면 유토피아가 어디 따로 있을까.

05

감성의 몸

감성은 외부의 상황이나 자극에 대해서 느낌이 일어나는 것으로 감정과 비슷해 보이지만 좀 다르다. 감정은 좋다 싫다 기쁘다 등 인간의 내면에서 느끼는 개인적인 것이다. 이에 비해 감성은 인간이 인간이나 사건과 상호작용하면서 발생한다. 예를 들자면 아름답다거나 품격 있다거나 등 관계 속에서 어떤 판단이 동반되는 것이다. 그래서 감성은 느낌, 묘사, 평가를 동반하게 된다.

몸은 감성의 원천이자 상상력의 보고이다. 감성과 상상력은 분명히 상관관계가 있어서 감성이 풍부한 사람이 상상력도 충만하다. 상상력은 인간만이 갖고 있는 능력으로 그것으로 인해 인류의 모든 열정과 역사가 진행된다. 몸은 개인사뿐만이 아니라 인류의 역사, 문화, 정치, 과학 등이 스며들어 있는 보고이고 그것이 실현되는 현장이다. 몸은 다양한 감성이 만나는 교차로이기에 인간의 감정이 담겨 있다. 그런데 감정만 남아 있고 몸의 감성을 상실한 사람들이 많다. 일상에서 말과 몸의 메시지가 다른 사람도 많이 있다. 이를 일컬어 언행일치가 안 되는 사람이라고 한다. 말은 몸보다 위장할 수 있는 능력이 더 있다. 이는 몸의 말을 알아차리지 못하게 교육받아왔기 때문이기도 하다.

몸은 이성적이고 합리적이라기보다는 실상은 감성의 카오스라고 할 수 있다. 모든 사람들이 몸으로 세상을 살아내고 있지만 실상 대부분의 사람들이 몸은 실종돼가고 감성이 메말라버린 인생을 살아간다. 특히 소위 성공한 사람들이 더 그렇다. 예를 들자면 대형병원 의사나 권력을 휘두르는 검사들 대다수는 얼굴에 표정이 없다. 병원에서 환자들은 전문지식이 없고 겁먹은 아이와 같은 존재이다. 의사가 환자를 자신의 어린 자식처럼 생각하면서 환자들의 얘기를 조금이라도 들어주고 반응해주면 좋을 텐데, 왜 그렇게 하는 의사가 드물까. 하긴 한국의 의료산업 구조상 의사는 주어진 시간 안에 가능한 한 많은 환자를 진료해야 하니 그리고 싶어도 그러지 못하는 것이리라 이해를 해본다. 병원에서는 감성 없는 그들도 집에 가면 가족들 앞에서는 다양한 표정을 지을 것이다.

실로 몸은 카오스인 것이 맞다. 인간의 감성이 몸에서 언제 어떻게 어떤 방식으로 표현되는가를 이해하려면 몸에 대한 이해와 문해력이 필요하다. 감성을 나타내는 몸의 언어가 늘어나면 정서의 풍부함과 인간의 매력이 생기는 것이다. 그럴 때 타인의 미묘한 표정이나 섬세한 마음까지 읽을 수 있게 된다.

인류의 부모인 지구와 태양을 생각하면 상상력이 저절로 풍부해진다. 우리의 이모 삼촌인 다른 별들을 생각하면 감성이 더 풍부해지고 상상의 나래가 펼쳐진다. 머지않아 우리 인류가 여름휴가를 달나라로 가고 겨울휴가는 지구에서 가장 가까운 별인 태양으로 가는 날이 올 것이다. 이러한 우주적인 상상력이 가장 잘 펼쳐진 것이 신화이다. 신화에서는 몸의 상상력으로 메시지를 드러낸다.

동양신화를 보면 이상한 사람들이 사는 나라가 여러 곳 등장한다. 장비국이라는 나라에는 키가 아주 큰 사람들만 사는데 그들은 고기를 잡을 때 바다 밑에 손을 쑥 집어넣어 잡아 올린다고 한다. 그런데 식사를 할 때 팔이 너무 길어서 스스로 밥을 먹을 수가 없고 누군가 입에 음식을 넣어줘야만 먹을 수 있다. 그러니 둘이 짝이 되어 서로 마음이 맞아야 밥을 먹을 수 있는 것이다.

일비국이라고 팔이 하나밖에 없는 사람들만 사는 나라도 있다. 그들은 팔을 두 개 가진 사람들보다 손재주가 유별나게 좋아서 날아다니는 배도 만든다. 약수연이라는 호수를 건너야만 서왕모가 사는 유토피아인 곤륜산에 도달할 수 있는데 이 호수에서는 깃털도 가라앉아서 제아무리 힘이 센 장사라도 이곳을 건너지 못한다. 이 약수연을 건너는 유일한 방법은 일비국 사람들이 만든 '날아다니는 배'를 타는 것이다. 이 배를 타야만 깃털도 가라앉는 약수연 호수를 건널 수 있다. 이 지구상에서 아니 신화에서 유일하게 날아다니는 배를 만들 수 있는 사람들이 팔이 하나밖에는 없는 사람들인 것이다. 이 신화의 의미는 무엇일까 생각하게 한다.

관흉국이라고 가슴에 구멍이 난 사람들만 사는 나라도 있다. 이 나라에 사는 사람들은 다 저마다의 사연으로 가슴에 구멍이 뻥뻥 뚫려 있다. 이들은 대꼬챙이를 구멍에 끼워 한 줄로 꿰여 함께 다니면서 서로의 상처를 위로하며 함께 산다.

여자들만 사는 여자국도 있다. 여자들끼리 같이 노동도 하고 놀이도 하며 사랑도 나누고 지상낙원을 이루어 살아간다. 이들이 황지라는 연못에 들어갔다 나오면 수태하게 된다. 수태를 해서 딸이 아닌 아들을 낳으면 신기하게도 그 아들은 오래 살지 못하고 어릴 때 죽게 된다. 물론 사건이지만 그 옛날에도 퀴어 문화가 있었고 그래서 동양신화에서 퀴어 문화를 이렇게 묘사하고 있는 것 같다.

동양신화에서는 몸이 감성과 상상의 원천이다. 신화 속에서는 몸의 구성과 변신, 해체까지 자유자재이다. 정상인과 비정상인, 도덕과 부도덕의 경계도 없다. 거기엔 영원한 삶도 죽음도 없다. 무사 형천은 신 중의 신인 황제와 싸우다가 목이 잘려 나갔는데 그런 중에도 전투를 계속하자 그의 가슴 두 개가 눈이 되고 배꼽이 입이 되었다. 이렇게 동양신화에서는 중요한 메시지들은 몸으로 표현되었고 몸을 통하지 않는 핵심 메시지는 없다.

몸은 실로 감성과 상상력의 덩어리이다. 유한한 몸에 깃든 무한한 상상으로 삶의 의미를 읽어내는 것이다. 몸은 상상력의 덩어리이기에 고도의 의미와 은유를 함유하고 있다. 인류의 문화가 인간의 DNA에 내재되어 몸에 담겨 있으며 감성으로 느끼고 상상력으로 드러나는 것이다.

06

감각의 몸

감각(感覺)은 환경의 개념으로 자신의 상태이고 다른 사람들이나 자신을 알아차리는 방식이다. 그래서 감각을 일으키는 체험이 중요하다. 감각은 몸의 각 기관을 통하여 내외부의 자극과 변화를 느끼고 알아차리고 즉시 반응하는 메커니즘이다. 환경의 변화에 대한 정보를 자극이라 하고 이러한 자극에 적응하는 능력을 감각이라 한다. 모든 생명체에게는 신체의 내외부의 환경과 변화를 감지하는 능력이 있다.

감각에는 몸 안팎의 자극을 느껴 이를 중추신경에 전달하고, 수용된 것을 해석하는 전 과정이 필요하다. 이러한 정보가 종합되어 해석되기까지 단계 단계마다 상호작용이 일어나기 때문에 생명의 안정이 가능한 것이다. 그런데 인간은 정작 내 몸 안에서 일어나는 일에 대한 감각이 둔하다. 폐나 장이 아프다는 것을 즉시 알아차리지 못하고 문제가 심각해진 후에야 느끼게 된다. 이는 평소에 내 몸을 못 느끼고 살았기 때문에 발생한 문제이다.

몸은 감각 덩어리이다. 감각은 생명체가 환경의 변화에 대응할 수 있게 하는 자체 적응 시스템이다. 일반적으로 진화된 동물일수록 다양한 환경

변화를 감지하고 그것을 더 정확하게 분석할 수 있다. 하지만 동일 범주 동물의 감각기관은 공통점이 많아서 같은 원리로 적용되는 경우도 많다. 물론 동물마다 감지할 수 있는 종류와 느끼는 범위는 차이가 있다. 동식물은 몸 안팎의 변화를 감지하고 적응하며 살아간다. 인간의 뇌는 환경의 변화에 의한 자극을 오감을 통해 해석한다.

감각은 신경계와 연결되어 있다. 구체적으로 감각신경(Sensory neuron)을 통해서 작용을 한다. 감각 정보는 감각신경에 의해 각각의 경로를 거쳐 척수(脊髓, Spinal cord)를 통해서 뇌로 전달된다. 감각신경의 신경세포체는 척수에 위치하는 등지신경절에 있다. 감각기관은 자극을 받아들인 뒤 이를 뉴런**6**을 통해 뇌에 전달하고 뇌에서는 그것이 어떤 자극인지 분별하고 인식하게 된다. 인간은 눈, 귀, 코, 혀, 피부의 다섯 가지 감각기관으로 다른 사람이나 외부로부터의 자극을 받아들인다. 이 오관으로 인해서 인간은 보고, 듣고, 냄새를 맡고, 맛을 알고, 느끼며 삶을 영위해 나간다. 이 중 그 어느 기관이라도 문제가 생기면 삶은 바로 제한을 받는다. 물론 그런 상황이 생기면 몸은 너무도 현명하게도 그에 적응할 테지만 말이다.

무색투명한 약알칼리성 액체인 척수는 척추 내에 위치하는 중추신경의 일부분으로 감각, 운동신경들을 모두 포함한다. 척수는 100만 개의 신경섬유로 구성되어 있는데 위쪽 부분은 호흡과 팔의 움직임을 조절하고, 중간과 아래 부분은 몸통과 다리의 움직임, 성기능을 조절한다. 이 신경들 중, 몸에서 뇌로 전달되는 정보를 감각신경이라고 하고 뇌에서 근육으로

---

6   신경계를 구성하는 기본단위인 신경세포(nerve cell). 뉴런은 자극을 받아들이고 신호를 전달할 수 있는 구조로 되어 있다. 뉴런은 세포 분열하지 않으며 손상되면 회복할 수 없다.

전달되는 정보를 운동신경이라고 한다.

척수는 말초신경을 통해서 들어오는 신체 내외의 모든 정보를 상위 중추인 뇌로 보내고 또 뇌에서 이 정보를 분석, 통합한 후 다시 말초신경을 통해 신체 각 부분에 전달한다. 이때 빛이나 소리 등의 외부로부터의 자극을 받아들이는 것이 외부수용기이고 혈압이나 압력 등의 몸 내부의 자극을 인지하는 것이 내부수용기이다. 그런데 내부수용기는 외부수용기의 영향을 받게 된다.

신경은 사실 과학적으로 또한 의학적으로도 명확하게 규명할 수 없는 영역이다. 많은 학자들이 신경에 대해서 연구해왔지만 인간이 규명할 수 있는 것보다 알 수 없는 것이 더 많다. 그 예가 자율신경이다. 자율신경은 무의식적으로 조절되는 몸의 생명 유지 방법이다. 예를 들자면 호흡, 소화, 순환, 흡수, 분비, 생식 등 사람의 생명 유지에 직접 필요한 기능은 인간이 의식하지 않은 채 저절로 작동하고 있다. 눈, 침샘, 폐, 심장, 위, 췌장, 간, 신장, 소장, 대장, 방광, 생식기 등도 자율적으로 알아서 일한다.

자율신경은 교감신경과 부교감신경으로 나뉘는데 이 둘은 균형을 유지해야 한다. 교감신경은 체내 각 조직에 저장된 에너지원(포도당과 산소)을 분해해 인체 곳곳으로 보내 신체가 상황에 빠르게 대처할 수 있게 만든다. 어려운 상황에 처했을 때 순환계 기능이 촉진되고 근육이 수축하는 등의 방식으로 신체가 위기에 처했다는 것을 표현한다. 부교감신경은 교감신경의 작용 후에 이완과 억제의 기능을 담당한다. 즉 급박한 긴장 상황 종료 후 활성화되고 비상사태였던 신체를 안정시켜서 원래의 상태로 돌이키는 것이다.

자율신경을 보면 사실 인간을 포함한 생명체에게는 의식할 수 있는 신경보다는 무의식적인 신경의 활동이 훨씬 더 많다는 것을 알 수 있다. 평소 당연하고 자연스럽게 생각하는 신체 반응은 거의 다 자율신경의 작용이다. 마음대로 조절할 수도 의식할 수 없지만 자율신경은 상황에 따라 자율적으로 움직이면서 몸이 적응해서 살게 한다.

신경은 몸의 외부에서는 보이지 않지만 다른 혈관이나 근육 등과 같이 실체가 있는 조직으로 우리 몸에서 대단히 중요한 역할을 하고 있다. 신경을 이해하기 위해선 신경계 전체에 대한 이해가 필요하다. 간략히 설명하자면 신경계는 말초의 감각을 뇌로 보내고 반대로 뇌의 명령을 말초의 근육에 보내어 원하는 운동을 하게 한다. 이는 생명체가 살아나가는 데 아주 중요한 기능이다. 물론 중앙의 뇌 없이는 감각을 느끼거나 운동을 하는 것이 불가능하다. 우리 몸의 그 어느 움직임도 다 필요한 것이고 의미가 있는 것이다. 이런 역할을 하는 것이 바로 신경이다.

신경은 척수의 높이에 맞추어 위에서 아래의 순서로 정연하게, 거의 비슷하게 분포되어 있다. 물론 신경의 종착점과 시작점은 다르지만 분포 양상은 비슷하다. 감각신경은 피부에서 시작해 올라가

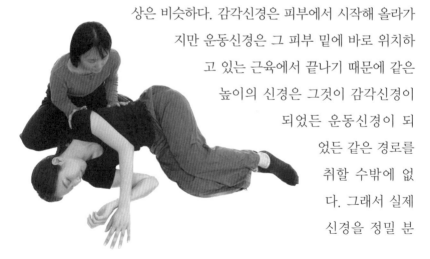

지만 운동신경은 그 피부 밑에 바로 위치하고 있는 근육에서 끝나기 때문에 같은 높이의 신경은 그것이 감각신경이 되었든 운동신경이 되었든 같은 경로를 취할 수밖에 없다. 그래서 실제 신경을 정밀 분

석해보면 한 신경 안에는 감각신경 섬유와 운동신경 섬유가 함께 묶여 있음을 알 수 있다.

감각 중에서 소매틱에서 중요하게 생각하고 수련할 수 있는 것은 고유수용감각이다. 고유수용감각은 몸을 움직이는 체험을 통해서 개인이 고유하게 수용하는 감각을 일컫는다. 이는 몸 공부를 통해서 향상될 수 있다. 그래서 어떤 사람은 이것을 육감이라고도 한다. 자율신경 중에서도 호흡, 소화, 순환, 흡수, 분비, 생식에 대해서는 의식을 하고 몸 공부를 할 수 있다. 그래서 고유수용감각과 같이 자율신경에 관한 몸 공부를 하면 몸의 능력이 향상된다. 그래서 자신도 모르게 상황 적응 능력이 향상되는 것이다. 이러한 내용들은 의학계에서 규명하려고도 하지 않고 어쩌면 의학에서는 규명할 수 없는 영역일지도 모른다. 고유수용감각에 대한 자세한 이야기는 뒤의 고유수용감각 장에서 하겠다.

07

생명의 몸

생명(life)은 신비에 싸여 있어서 확실한 정의를 내리기는 쉽지 않다. 하지만 생명은 필시 살아 움직이는 그 무엇일 것이다. 니체가 강조했듯이 생명은 타오르는 불꽃이고 이 생명은 생명체인 몸으로 이 땅에 왔다.[7] 생명은 몸을 통해서 구현되고 인간은 몸으로 살다 간다. 몸에는 신체적인 힘뿐만이 아니라 내적 생명력이 있어서 다른 생명체와 통하고 있고 인간은 그것을 인식한다. 이것은 인류의 축복이기도 하다. 몸은 생명체인데 생명이 유지되기 위해서는 어머니 지구에서 생산되는 식량과 산소가 꼭 필요하다. 그리고 아버지 태양은 인간이 살 수 있는 햇빛과 영혼 그리고 상상력을 제공한다. 이 부모 덕에 우리는 생명을 영위할 수 있는 것이다. 부모 없이 내가 잘나서 내 생명만 유지될 수는 없다. 우리는 지금 이 순간도 어머니 지구와 아버지 태양에게 감사하고 생명을 가능하게 하는 생태를 지키는 일에 관심을 기울여야 한다. 이것이 우리 인류가 살 길이다.

인간의 몸은 삶 전체를 구원하기에 충분한 힘을 갖고 있다. 그것이 바

7 　사이토 다카시, 「곁에 두고 읽는 니체」, 이정은 역, 홍익출판사, 2015.

로 생기이다. '생기'는 우리 눈에 보이지는 않지만 기운을 몸의 안과 밖으로 퍼트려 지구 공간을 순환하며 다른 생명체에 생기를 전하고 또 전달받고 사는 것이다. 동양에서는 이 '생기'가 있다는 것을 이미 오래전부터 알았다. 생기에는 눈에 보이고 형체가 있는 '음'의 기운과 보이지 않고 잡히지도 않는 '양'의 기운이 있다. 이 지구의 모든 현상은 이러한 음의 기운과 양의 기운이 동시에 상호작용하며 존재한다. 형태와 물질로서의 몸은 음이고 에너지와 기운의 몸은 양이다. 생명은 양이고 생명체는 음이다. 생기는 양으로 너무도 분명히 존재하는데 과학으로 규명하기가 쉽지 않다. 아니 너무 확실히 존재하는 것이라 규명할 필요도 없다.

　내가 추구하는 생명에 대한 이해는 서양의 소매틱스 이론과 실기의 빈 곳을 채우는 것이다. 서양의 소매틱스는 인간의 몸을 생명체로 규정해서 수련하는데, 한국 소매틱스는 생명이 스며 있는 생명체로 규정해서 양의 기운인 생명을 함께 보고 '생명의 몸'을 강조한다는 점이 다르다. 그러면 몸 공부의 내용이 훨씬 풍부해지고 생기를 새록새록 느낄 수 있게 된다. 글은 말을 다 담을 수 없고 말은 마음을 다 담을 수 없기에 몸을 봐야 한다. 몸 안의 무한의 가능성을 봐야 몸을 아는 것이다. 생명체인 몸만 보는 것이 아니라 생명의 몸을 느끼는 것 즉 몸이 담고 있는 양기를 읽어내는 것이 바로 생명의 몸을 아는 것이다.

　몸이 음기와 양기가 함께하는 '기'의 덩어리란 것은 서양 의학에서는 관심을 두지 않았던 내용이다. 이 몸에 존재하는 '기'는 객관화하기 힘들고 스스로 느끼고 인식해야 알 수 있다. 물론 최근에는 기와 혈의 통로인 경락에 대한 많은 연구들이 나오고 있기는 하지만 여전히 그 내용을 개념화하고 이론화하기는 힘들다.

몸은 시공간의 구성인자들과 결합하여 드러난 움직이는 생명체의 형상이다. 움직임은 생명을 드러내고 생과 사를 구별하는 가장 확실한 징표이다. 생명체는 살아 있는 한 움직이고 움직여야 살 수 있다. 생명은 추상적인 것이 아니고 살아 꿈틀거리는 몸으로 드러난다. 생명체(음기)는 생명(양기)이 없는 한 존재 의미가 없고 그 생명체가 존재한다는 것은 움직임으로만 확인된다. 움직임은 산 것과 죽은 것을 구별하고 물체와 생명을 구별하는 기준이다. 몸은 죽기 바로 직전까지 움직인다. 생기가 넘쳐나 아름답게 움직이는 사람에게는 매력이 생기고 행운이 스며든다. 남들에게 생기와 기쁨을 주는 사람이 되면 그의 몸이 빛나고 생기가 돈다. 그것이 바로 생명의 기쁨이자 아름다움이다.

몸은 한없이 약하기도 하지만 스스로 대단한 생명력을 갖고 있다. 다른 생명체들과 같이 몸은 환경과 상호작용하면서 생명을 영위해간다. 식물이 없다면 인간을 포함한 동물의 삶은 불가능하다. 인간을 포함한 동물은 이산화탄소를 배출해서 지구 환경을 훼손하지만 식물은 산소를 배출해서 동물이 만들어내는 이산화탄소로 인한 문제를 해결해주고 생태 환경을 지켜준다. 우리 동물들은 식물에게 무한히 감사해야 한다.

생명은 그 자체가 변화이고 창조이다. 인간의 움직임과 다른 생명체의 움직임에는 차이가 있다. 인간은 그저 같은 움직임을 반복하는 것이 아니라 의식적으로 변화를 추구할 수 있는 존재이다. 늘 똑같이 움직이는 것은 움직이는 것이라고 볼 수 없다. 즉 움직이더라도 새로운 변화를 동반할 때 진정 움직이는 것이라고 할 수 있다. 많은 사람들이 일상에서 늘 같은 패턴으로만 움직이기 때문에 스스로 움직인다는 것을 인식조차 하지 못하는 것이다. 움직임에 의해서 무엇인가 새로운 변화가 생겨났을 때 그 움직임에 의미가 있게 된다.

움직임으로 변화를 추구하기 가장 좋은 것이 춤이다. 하지만 반복적으로 따라하는 무용은 예외이다. 한 가지 무용 형식을 그저 반복적으로 답습하는 훈련을 오랫동안 받아온 무용 지망생들에게는 결코 자신의 무용예술을 창조할 수 있는 창의성이 나올 수 없다. 거의 비슷한 종류의 동작을 오랜 기간 따라하기만 했기 때문이다. 변화를 만드는 것은 몸과 영혼이 자유로울 때 가능하다.

생명체의 존재 방식은 몸이고 몸은 움직임으로 존재를 확인한다. 몸은 늘 움직이고 있지만 지나친 움직임은 독이 된다. 운동 중독자란 말도 있는데, 이는 과유불급으로 지나치게 운동을 많이 하면 운동을 하지 않는 사람처럼 몸에 문제가 생긴다. 움직임이 과하면 불안하거나 집중력이 떨어지면서 무감각 증세가 생기기도 한다. 자신의 몸을 돌아볼 수 없이 지나치게 바쁘거나 일로 몸을 혹사하는 것도 큰 문제다. 반대로 움직임이 너무 없으면 몸이 갖고 있는 생명력이 축소되고 몸이 썩게 되니 그것도 문제다. 빈집이 사람 사는 집보다 훨씬 더 빠르게 망가지는 것과도 같다. 과하지도 부족하지도 않은 움직임이 무엇인가는 인간의 몸이 다 다르기 때문에 객관적으로 규정할 수 없고 스스로 알아야만 한다.

그냥 아무 문제 없이 편안한 생명체는 없다. 어느 생명체든지 긴장, 문제, 갈등 그리고 해결이 이어지며 자신의 생명을 몸으로 향유하는 것이다. 인간은 몸의 움직임으로 생명을 고양시킬 수 있고 자신을 품격 있게 만들 수 있으며 심지어 자신의 운을 개척할 수도 있다. 생명을 고양시키는 것은 인간에게 생명을 준 어머니 지구에게 감사하는 마음으로 생태계를 지키는 일에서 시작된다. 생기를 창발하는 일은 결코 남이 해줄 수 있는 것이 아니라 스스로 해야만 하는 자신만의 문제이다. 생기를 고양시키는 실천이 바로 건강한 삶이다.

　이렇게 생명의 '기'는 우리의 몸을 관통하며 몸을 살리는 좋은 에너지이다. 생기가 없는 사람은 일상생활에 생동감이 있을 리 없고 생활 자체가 피곤해진다. 그러면 만사가 귀찮고 친구들이 따를 리가 없다. 반면 생기가 있는 사람은 매사 건강하고 즐겁게 생활하게 되고 행운과 사람이 따르게 된다. 우리가 의식하지 못하는 순간에도 몸에는 기가 활동하고 있다. 그런데 그 생명의 몸은 누가 만들어주는 것이 아니라 스스로 창출해야 하는 것이다. 생명의 기가 없으면 반성도 성찰도 기쁨도 없게 된다.

08

성찰의 몸

　성찰은 자신을 우주적인 차원에서 돌아보고 살피는 것을 말한다. 즉 내가 대단한 존재라는 착각에서 벗어나 모래사장의 모래알에 불과하다는 깨달음이 동반되어야 한다. 깨달음은 실수하고 실패하고 궁리하다가 알게 되는 그 어떤 것이다. 아직 자아가 형성되지 않은 청소년이나 젊은이들에게는 자신의 존재가 얼마나 귀하고 대단한지에 대한 자존감이 중요하다. 하지만 이 자존감과 자아가 형성되고 나서는 곧바로 그것을 내려놓고 자신보다는 지구 전체 생태계를 전체적으로 인식해야 한다. 이 지구에서 난 그저 왔다가 돌아가는 하나의 생명체일 뿐이다. 그런데 성찰을 한다는 것은 인생의 진짜 기쁨을 아는 것이다.

　21세기는 진정 여성성, 감성, 몸 그리고 치유의 시대인 것 같다. 몸으로 하지 않는 성찰과 깨달음이 과연 가능할까. 성찰을 하는 길은 몸에 있다. 몸은 성찰과 깨달음의 현장이다. 몸이란 정서, 정신, 영혼이 깃든 개인적이고 사회적인 성찰의 장이다. 남녀 관계, 인종 문제, 연령, 계층, 국가 등 사회적인 관계까지 다 통합되어 깨달음을 얻을 수 있는 바로 그 현장이 몸이다. 인간은 세상을 변화시켜나갈 힘으로서의 인간 존엄성과 성찰의 능력을 갖고 있다.

　성찰은 자신의 몸이 어머니 지구와 아버지 태양에게서 왔고 이러한 생태계에서 자신의 생명이 가능하다는 인식에서부터 시작된다. 인간 이기주의는 수많은 생태 파괴를 가져왔다. 지구가 직면했던 위기인 코로나 19는 지구온난화의 영향이라고 할 수 있다. 코로나는 지구온난화로 빙하가 녹고 자연 방역 능력이 없어지면서 생겨난 신종 바이러스이다. 지구온난화는 사회의 생산 문제와 연결된다. 산업이 발달하면서 이산화탄소 배출량이 많아지고 이것이 기후변화에 영향을 주었다. 2050년에는 지구의 온도가 1.5도 높아지고 인류는 살아남기 힘들어진다고 한다. 이것을 예측하고 우려하는 학자들은 2020년부터 10년마다 세계 총탄소배출량을 반으로 줄여야 한다고 주장하고 있다. 이를 위해서는 재생에너지를 기하급수적으로 증가시켜야 한다. 지구온난화는 인간이 어머니 지구를 함부로 다뤘기 때문에 생긴 문제이다. 우리 세대까지는 살겠지만 다음 세대가 문제다. 그래서 툰베리[8] 같은 청소년들이 분노하는 것이다.

　우리의 생태 환경을 지키려면 정부의 정책과 더불어 개개인의 실천 또한 절실하게 필요하다. 각국 정부들은 협력해서 부가 초집중되는 것을 막아야 한다. 이런 맥락에서 피케티[9]가 국제적으로 연계해서 세계적인 부자

8　그레타 툰베리(Greta Thunberg, 2003~)는 스웨덴의 환경운동가다. 2018년 8월에 스웨덴에서 처음으로 청소년 기후 행동을 한 것을 시작으로, 2019년에는 전 세계적인 기후 관련 동맹휴학 운동을 이끈 인물이다. 2019년 『타임』지 올해의 인물에 선정되었다.

9　토마 피케티(Thomas Piketty, 1971~)는 프랑스의 경제학자로 소득과 불평등에 대한 전문가이다. 현재 사회과학고등연구원(EHESS)의 연구책임자이며 파리경제학교(PSE)의 교수이다. 대표 저서 『21세기 자본』에서 소득과 분배라는 주제를 방대한 데이터와 알기 쉬운 설명으로 풀어쓰고 있다. 핵심은 부의 초집중을 막으려면 개인 재산 축적을 제한해야 된다는 것이다.

들에게 부유세를 물리고 부의 초집중 현상을 통제해야 한다고 주장한 것이다. 이미 지구는 포화상태이기에 세계인구의 안정 또한 필요하다. 한국 사회는 왜 이런 현실을 알고도 아이를 낳으라고 권하는가. 우리가 직접 낳지 않더라도 해결할 수 있는 방법이 얼마든지 있다. 꼭 우리의 혈육이어야 된다는 생각을 내려놓고 어머니 지구의 자식이면 기꺼이 우리의 자식으로 받아들이면 된다.

성찰은 꽉 차 있고 욕심이 있는 소유 상태에서는 일어나지 않는다. 몸을 비우고 통하는 것을 느낄 때 이루어진다. 비어 있고 가벼울 때 지적이고 영적인 힘이 발산되어 성찰에 이르게 된다. 몸으로 성찰을 하는 사람의 몸은 부드럽고 편안하다. 이미 몸으로 삶과 생명, 죽음을 아는 단계에 이른 것이다. 몸을 모르고 마음만으로 성찰을 한다는 것은 허위일 가능성이 있다. 몸에 마음과 영혼이 스며들어 있고 그 몸은 지구에 존재하기에 이러한 메커니즘을 모르고는 성찰이 가능하지 않다. 마음이나 영혼의 공부도 결국은 몸으로 해야 하는 것이고 그게 진짜다.

인간은 몸으로 자신과 문명을 성찰한다. 성찰할 수 있는 자가 인격자이다. 인간은 바닥 일을 모르고는 큰일을 할 수 없다. 고은의 시 "내려갈 때 보았네 올라갈 때 못 본 그 꽃"(「그 꽃」)처럼 인간은 올라갈 때 못 본 것을 내려올 때나 볼 수 있는 존재이다. 불상은 그냥 부처님 형태를 모아둔 것이 아니고 불쌍한 사람에 대한 연민(sympathy)의 마음이 모여서 형상으로 드러난 것이다. 연민의 마음을 갖는 것이 기반이 되어야 스스로 '불상'이 될 수 있고 불상의 의미를 읽어낼 수 있다.

성찰은 몸의 총체성(holistic)을 기반으로 한다. 몸은 지성, 영성, 감성이 통합되어 있는 총체성의 실체이다. 인간의 모든 사건이 몸에서 일어나고

몸은 이 모든 것을 기억한다. 그래서 머리로는 잊어도 몸이 기억한다는 말이 있다. 몸에서 일어나는 일은 지극히 순간적인 듯하지만 그 순간에 영혼이 담겨 있고 또한 지극히 육체적인 듯하지만 사실은 영적이다. 몸을 강조하는 사람들조차도 몸은 '내 것'이라고 생각하고 그렇게 표현한다. 그러나 몸은 내 소유물이 아니고 그냥 나 자체이다. 니체가 강조했듯이 '나는 나의 몸이고 내 몸은 바로 나'이다. 몸 안에 스며들어 있는 영성이 없다면 인간은 동물과 차이가 없을 것이다. 이 영성이 몸에 들어 있는 자유의지이고 양의 기운이다. 양의 기운인 영성이 없으면 깊이 있는 성찰은 가능하지 않다.

자기 성찰은 몸을 움직이는 직접체험으로 가능하다. 옛날에는 문무를 겸비한 인재여야만 화랑이 될 수 있을 만큼 몸이 중요했다. 그런데 현대인은 언제부터인가 앉아서 머리만 쓰면서 살고 있고 몸이 실종되어버렸다. 몸의 움직임이 제거된 상태에서 진정한 깨달음을 얻을 수는 없을 것이다. 몸은 소우주라서 몸이 움직이는 체험을 통해서 우주의 섭리와 삶의 원리를 터득할 수 있다. 몸 자체가 마음을 공부하는 유일한 길이고 생명의 구현 현장이다. 몸으로 성찰하면 몸이 생명을 노래하고 그냥 걷기만 해도 그것이 춤이 된다.

성찰의 몸은 내 몸에 대한 이해부터 시작된다. 많은 사람들이 자신의 몸에 대해서 너무도 모른다. 몸이 아파도 모르고 무지막지하게 마구 쓰다가 나중에 가서는 지쳐서 나가떨어진다. 그러니까 몸의 소리를 듣는 것이 굉장히 중요하다. 웬만한 몸은 주의를 기울이기만 해도 자체 치유 능력이 있다. 어디가 부러지거나 병이 나서 병원에 가야 되는 경우 말고 많은 종류의 이유 모를 아픔들은 사실은 자체적으로 치유할 수 있다. 너무 민감해서 별거 아닌 일에 호들갑 떠는 것도 문제이고 정말 문제가 생겼는데도 알아차리지 못하는 것 또한 문제이다.

　몸으로 성찰을 하면 인간에 대한 나눔과 모심의 행동은 저절로 생긴다. 하나만 예를 들어보자. 간은 인체에서 해독 작용과 에너지대사를 조절하는 역할을 하고 있다. 간의 입장에서 보면 나름대로 완결된 구조를 갖고 자신의 업무를 수행하고 있는 독립적인 존재이다. 그런데 몸이라는 전체를 놓고 보면 간은 부분이다. 인간도 자신이 독립적인 개체이고 우주를 통제하는 존재인 것 같아도 우주적인 시각에서 보면 하나의 부분에 불과하다. 이런 인식에서 생각하면, 만약 심장이 아프면 심장만의 문제가 아니라 몸 전체의 문제가 된다. 심장과 무관해 보이는 간이나 폐에도 영향이 가고 몸이 다 아프게 되는 것이다. 여기까지 인식되면 지구 저쪽에서 전쟁과 기아로 사람들이 신음하고 죽어가는 것이 우리와 무관한 일이 아님을 알 수 있다. 지구의 다른 한쪽이 아프면 지구의 일부인 내 몸도 아프다. 그래서 연민(sympathy)의 감정은 작은 실천으로 연결된다.

　이렇게 몸으로 하는 성찰은 우주 차원까지 연결된다. 최소한 인격을 갖춘 인간이라면 육신을 갖고 그저 먹고 살다 돌아가기를 원하지는 않을 것이다. 예수나 부처까지 가지는 못하더라도 죽는 날까지 공부하고 성찰하여 현자를 꿈꾸어보는 것은 얼마나 멋진 인생의 목적인가. 성찰은 끝없이 지속하는 도전이다. 겸허하고 고요하게 죽는 날까지 배우고 성찰할 수 있다면 그 자체로 우주와 연결되고, 그 가치는 하늘이 보고 있을 것이다. 그리되면 이 세상에 부러울 것이 없다.

성찰의 몸은 감성, 지성, 영성의 전 영역에 영향을 준다. 성찰은 자신의 삶뿐만 아니라 타인와의 관계 그리고 지구적 차원까지 연결된다. 그래서 성찰의 몸에서는 그 사람의 '인품'이 드러나고 빛이 난다. 경쟁이 치열하고 살기 힘든 세상일수록 몸은 긴장되고 왜곡되어 결국은 병이 든다. 이럴 때일수록 몸을 억압하는 현실을 명확히 파악할 필요가 있다. 그리고 자신을 내려놓고 몸으로 돌아가 몸으로 성찰하는 일이 웰빙의 길일 것이다. 성찰은 끝없이 지속하는 도전이다. 몸으로 겸허하고 고요하게 자신을 성찰하며 죽는 날까지 인격을 고양한다면 그 자체로 이 세상에 부러울 것이 없게 된다.

09

변화의 몸

　우리의 몸은 매 순간 변화하고 변혁을 필요로 한다. 매일 수십억 개의 세포가 죽어가고 또 그만큼의 세포가 새롭게 탄생한다. 오늘의 몸과 내일의 몸은 다르다. 인간은 자신도 모르는 사이에 자신의 몸을 계속 만들어가고 있다. 몸은 과정만 있을 뿐 결과가 없다. 굳이 결과가 있다고 하면 '무', 즉 아무것도 없는 것이다. 매 순간은 몸에 대한 알아차림으로 시작된다. 몸에는 각자 살아온 세계가 살아 숨 쉬고 있고, 그 사람의 몸은 지금 여기에서 드러나는 그의 모든 세계이다. 진정한 변화(change)는 몸에서 시작된다.

　1년은 지구가 태양을 한 바퀴 도는 시간이다. 이 1년을 24등분한 것이 절기(節氣)이고 절기는 태양의 움직임(황도, 黃道)과 지구와 태양과의 관계에 따라서 상태가 변화한다. 이 절기는 쉽게는 1년을 24개로 나눈 날이다. 24절기는 실제로 태양의 운행에 맞춘 태양력에 기초하고 있다. 몸의 변화는 어머니 지구와 태양과의 관계 속에서 진행된다. 인간은 영원을 추구하지만 모든 생명체와 인간사는 변한다. 변하지 않는 몸은 죽은 것이다. 인간의 몸은 태어나면서 결정되어 있는 것이 아니라 매 순간 변하고 있다.

몸이 매 순간 변한다는 것만이 변하지 않는 사실이다. 그래서 어제의 몸은 오늘의 몸이 아니다. 몸은 늘 움직이고 변한다. 이때의 움직임이란 그저 환경에 적응하는 능력만을 말하는 게 아니다. 자연이 매 순간 변하고 특정 순간에 파악될 뿐인 것처럼 움직임에는 순간성이 결정적 역할을 한다.

생명이 살아 있다는 것은 변화의 연속이고 변화가 정지되면 죽음이다. 세상을 변화시켜 나가는 힘은 우리 스스로가 만들 수 있고 변화는 실천 속에서 가능하다. 나는 세계 속의 존재하고 세계는 내 안에 있다. 내가 존재함으로 세계는 변한다. 오늘의 세계는 어제의 세계가 아니다. 몸도 고정된 물체가 아니라 에너지의 순환체로서 지구와의 관계에 의해서 늘 변화한다. 몸 자체에 감성, 심성, 이성, 영성이 통합되어 있다. 몸에서 일어나는 일은 지성, 감성, 영성에 영향을 준다. 몸은 사물이 아닌 변화이고 이 변화를 이해하는 것이야말로 삶이 어떻게 이루어지는지 이해하는 방식이다.

변화는 진화로 향한다. 인류 진화의 목표는 아름다움에 있다. 아름다움은 생명력을 가장 확실하게 고양시키는 방법이다. 세상에는 인간이 만든 수많은 예술작품이 있지만 그보다 훌륭한 걸작은 자연이고 그중에서도 가장 아름다운 최고의 명작은 인간의 몸이다. 예술작품 중에서 베토벤의 〈운명〉, 미켈란젤로의 〈천지창조〉나 셰익스피어의 〈햄릿〉 등의 명작은 쉽게 나오지 않는다. 지난한 배움과 수련의 과정을 통해 태어난 이런 명작들은 인간의 영혼을 울리고 감동으로 인간을 변화시킨다. 우리의 몸도 그저 아름다워지지는 않는다. 그렇다고 일방적으로 훈련을 받아서 동작 기술자가 되는 것도 아름다움에 가까워지는 길이 아니다. 내 몸이 아름다움으로 가는 길은 무엇일까? 우선은 내 몸이 변화의 몸이라는 사실을 알아야 한다. 몸에 생명이 살아 꿈틀거리고 변할 때 아름다워지는 것이다. 인간은 자신의 몸에 대해 거의 모른 채 살고 있다. 몸을 알게 되면 몸에 대한 새로운 사실을 알 때마다 열광하며 진정한 희열을 느끼게 될 것이다.

자연의 변화를 알면 몸의 변화도 알 수 있다. 몸을 알면 날이면 날마다 새로워질 수 있다. 몸은 한순간도 정지해 있지 않고 변하는데 이 변화에 새로움이 있고 이러한 새로움이 없다면 인생은 끝이다. 인간이 몸으로 이 땅에 온 것은 이 세상을 변화시키기 위해서이다. 이러한 몸의 의미를 모르면 이 땅에 온 이유를 알 수 없고 이 땅에서의 역할을 할 수 없다.

몸의 변화에는 방향성이 있다. 더 위로 하늘을 향하고 더 넓게 세상을 향한다는 것이다. 영원을 바라기보다는 변화를 즐기고 변화를 창조하는 것이 몸의 역할이고 사명이다. 몸을 보면 그 변화가 보인다. 생명은 추상적인 것도 고정적인 것도 아니고 살아 꿈틀거리며 변화하는 생명체로 드러난다. 생명체는 생명이 없으면 존재의 의미가 없고 그 생명은 변화로만 확인된다. 변화는 산 것과 죽은 것을 구별하는 것이자 물체와 생명체를 구별하는 방식이다. 몸은 죽기 바로 직전까지 변화한다. 사실 죽음도 지구적 관점에서는 변화의 한 형태이다.

인간의 변화와 다른 생명체의 변화에는 차이가 있다. 인간의 변화는 의식적으로 추구하는 것이다. 즉 변화에는 의지가 있어야 한다. 변화와 성장을 이해한다는 것은 이전의 경험을 현재 상황에 가장 적합한 패턴으로 재구성할 수 있어야 한다는 것이다. 반복적인 움직임 중 대표적인 것이 운동이다. 현대인은 저마다 다양한 운동을 하고 있지만 단순 반복 운동은 변화에 도움이 되지 않는다. 지나친 운동 역시 독이 된다. 운동 중독자들을 보게 되는데 그들은 심한 운동을 하지 않으면 불안을 느낀다. 그래서 무리를 하고, 중독이 되고, 결국은 자신의 몸을 혹사하게 된다. 그런 식의 운동은 자신의 몸을 느끼거나 알아차리는 감각을 무디게 하다가 마침내 는 무감각 상태가 되게 한다. 반대로 움직임이 너무 없으면 몸이 갖고 있는 생명력이 축소된다. 과하지도 부족하지도 않은 움직임이 무엇인가는 인간의 몸이 다 다르기 때문에 객관적으로 정의할 수 없고 스스로 알아야만 한다.

인간의 변화와 성장은 개인의 고유한 몸을 이해하고 움직이게 함으로써 가능하다. 사실 인간이 몸을 떠나서 가능한 일은 아무것도 없다. 소매틱은 몸으로 하는 마음 공부이고 이와 더불어 영성까지 고양하는 새로운 영역의 교육이자 변화의 길이다. 또한 몸의 움직임을 미적으로 승화하여 인간의 전인적 성장을 도모하는 길이다.

몸은 고정된 완성체가 아니라 늘 과정이다. 어제의 몸은 지금의 몸이 아니다. 내일은 내일의 몸이 창조된다. 그 창조는 인간의 실천에 의해 이루어진다. 무엇이 멋진 몸인지를 섣부르게 규정하는 것은 오만이다. 몸으로 공부를 한다는 것은 늘 과정이라 그렇게 과정을 겪다가 어딘가의 과정에서 가는 것이 인생이다. 죽기 전에 '나는 이루었다'라고 할 수 있는 사람이 과연 있을까? 몸은 늘 변하기 때문에 몸으로 무엇인가를 느꼈어도 지속하지 않으면 금방 그 터득을 놓칠 수 있다.

우리의 몸은 태어나면서 결정되어 있는 것이 아니다. 그 어느 것도 정지해 있지 않고 변화한다. 그러므로 스스로 몸을 가꾸고 향상시켜 나갈 수 있다. 40세가 넘으면 얼굴에 책임을 져야 한다고 하는데 몸도 마찬가지다. 몸에서도 그 사람의 모든 것이 드러난다. 사람의 생각과 세계관이 바뀌고 발달하듯이 인격도 그리고 몸도 변하고 성장한다. 물론 나이가 먹었다고 저절로 성장하는 것은 아니고 지속해서 공부해야만 성장이 가능하다.

몸이 과정이라는 것은 논리로 설명할 수도 설명할 필요도 없는 것으로 정서, 정신, 영혼이 몸에 스며들어 갈등 없이 함께할 때 성장을 위한 과정이 가능해진다. 몸은 세월을 뛰어넘어 존재하며 지속적으로 정체성을 갖는 살아 있는 과정이다. 몸이란 삶과 같이 결과나 결론이 없고 완성되지 않는 과정이다. 이 과정을 이해해야 몸이 어떻게 변화하는지를 이해할 수 있다.

몸은 사물이 아니고 살아 움직이는 순간에만 존재한다. 몸 안에 정서, 정신, 영성 등 모든 것이 있다. 몸은 무궁한 신비의 세계이며 우리가 아무리 몸에 대해 공부를 한다고 해도 몸에 대해서 아주 약간 알게 될 뿐이다. 그 정도로 몸이란 신비 덩어리로 그 안에 굉장히 훌륭한 구조를 가지고 있다. 그래서 우리는 몸을 소우주라고 한다. 이는 몸을 이해하면 우주를 이해할 수 있다는 의미이다. 우주에서 일어나는 일들이 우리 몸에서도 일어난다는 것이다.

생명체는 독자적으로 움직이며 스스로 번식하고 주위 환경과 선택적인 화학작용을 한다. 몸은 세월을 뛰어넘어 존재하고, 지속적으로 정체성을 가진 살아가는 과정이다. 인간의 움직임은 변화, 성장과 바로 연결되는데, 움직인다는 것은 절대 고정된 것도 없고 앞으로 진행되어 나가는 과정일 뿐이다. 산다는 것은 진리를 향해 살아가는 과정이고 그것이 최고의 행복이다.

10

몸과 성

　인간은 모든 생명체와 마찬가지로 혼자 살기 싫어하고 짝을 찾아서 살을 부딪치며 같이 살려 한다. 몸의 접촉은 대화 이전에 인간이 교감하고 사랑하는 방식이다. 접촉을 해보면 눈으로 보지 못했던 그 사람의 내면까지 명료하게 알 수 있게 된다. 인간은 다른 사람과 접촉을 원하며 이것이 차단되면 외로워하고 고통스러워한다. 접촉의 최고 경지가 섹스이다. 섹스를 신성한 것으로 여기는 인도 등 몇몇 문화권에 비해 서양에서는 전통적으로 성을 육체와 연결해서 저급한 것으로 간주했다.

　사랑은 결국 몸의 문제로 몸으로 하는 배려, 경청 그리고 하나 됨이다. 둘이 사랑한다는 것은 몸이 하나 되는 일이다. 몸과 마음이 따로 존재하지 않는다. 생명체는 온전히 몸으로 서로 이해하고 소통하고 교제한다. 연애는 몸에서 위대한 깨달음을 선사한다.

　성은 성(聖)스럽고 고귀한 행위이다. 이렇듯 중요한 성에 대해 한국 사회는 이중 잣대를 갖고 있다. 공적으로는 침묵하면서 사적으로는 온갖 성적 행위가 범람한다. 성 전문가가 의식주 생활 전문가처럼 성을 공개적으로 교육하는 것이 우리 사회에서는 왜 잘 안 되는지 모르겠다. 나는 성교육의 기본은 숨기기보다는 솔직하게 알리는 것이라고 생각한다. 공개적으로 교육하여 참된 성의 기쁨과 의미를 알게 하는 것이 기성세대의 몫이라고 생각한다.

한국에서 남녀가 만나는 방식이 변하고 있다. 젊은이들에게 결혼은 필수가 아니고 유럽처럼 연인들끼리 동거만 하는 경우도 많아지고 있다. 꼭 결혼하지 않아도 커플들 간의 관계가 평등하고 서로 발전적이면 된다. 사실 일부일처 결혼제도의 역사는 아주 짧다.

한국의 결혼식, 이대로 좋은가? 결혼은 엄밀히 말하면 당사자 둘의 지극히 사적인 일이다. 누가 누구와 결혼하건 공적으로 중요한 행사는 아니다. 둘의 사적인 행사지만 친한 친구들을 증인으로 초대해서 그 순간을 같이하는 것이다. 결혼식의 주인공은 분명 신랑과 신부인데 요즘의 결혼식은 어떤가? 정작 주인공의 친구들은 잘 보이지 않고 마치 부모의 성공 자랑, 인맥 자랑을 하는 자리처럼 되었다. 신랑 신부를 한 번도 만나본 적 없는 부모의 지인들까지 다 초대한다. 그동안 축의금으로 낸 돈을 회수해야 하기 때문이란다. 결혼식에 1~2억씩 쓰고 친하지 않은 사람에게까지 청첩장 돌려서 무조건 축의금을 많이 받아내려는 발상은 어디서 오는 것일까. 호텔 결혼식은 하객 일인당 식비가 십만 원이 된다. 축의금을 십만 원 내도 밥 먹고 오면 결혼식에 별 보탬이 안 된다. 결혼식은 신랑 신부가 주인이 되어 작고 예쁘게 올리고 찐하고 길게 잘 살면 된다. 부디 작은 결혼, 신랑 신부가 주인이 되는 결혼을 제안한다.

남녀가 하나 되는 통과의례인 결혼식은 진정성을 담아 참신하고 멋지게 당사자들의 개성과 취향을 토대로 기획하면 된다. 그리 많은 사람들을 초대할 필요도 없고 돈을 많이 써야 하는 것도 아니다. 신랑 신부가 그 정도의 기획력도 없다면 어떻게 삶을 멋지게 살아가겠는가.

본론으로 돌아가자. 귀하고 소중한 성이 오히려 인간을 단절시키고 외롭게 만드는 경우가 있다. 몸을 모르고 성을 소중하게 생각하지 않기 때문이다. 무지한 남성들은 힘을 좀 과시하면 상대 여성이 만족한 것으로 착각한다. 하지만 여성은 온몸에 매우 발달된 성 감각을 갖고 있고 그 감각은 정서와 마음과 연결되어 있다. 즉 남성에게 여성의 몸에 대한 이해가 없으면 여성을 만족시키기가 어렵고, 그럴 경우 남녀의 몸 사이에는 경계가 생기고 갈등이 발생한다. 여성의 몸을 이해하지 못하는 남성들은 여성의 고독과 방황을 알 수 없다.

남성들에게 권한다. 몸에 대해서 미개하고 무지하다는 것을 인정하고, 몸을 이해하기 위한 몸 공부를 해보라. 그러면 몸을 알게 되고 감각도 발달하여 몸의 만남에 대해 새로운 경지를 터득하게 될 것이다.

나는 몇 년 전에 암스테르담의 성 박물관에 간 적이 있다. 그것에 관해서 기고하기도 했는데 이 자리에서 그 글을 공유하고자 한다.[10]

10   조기숙, 「암스테르담의 성 박물관(Sex Museum) 방문기」, 『여성신문』 917호, 2007.2.16.

인간이 생존하기 위해서 식·의·주는 필수이다. 그러나 이 세 가지 말고 인류를 위해서 꼭 필요한 것이 있으니 바로 '성생활'이다. 그런데 우리는 이렇듯 중요한 성생활에 대해 늘 공적인 논의를 피해왔다. 공적으로는 침묵하면서 사적으로는 온갖 음담패설이 범람하는 상황에서 성생활 전문가가 요리사나 인테리어 디자이너처럼 성행위를 공개적으로 교육하는 것이 우리 사회에 과연 나쁜 영향을 줄 것인가.

이러한 나의 질문에 통쾌한 해답을 준 것이 '성 박물관'이었다. 암스테르담의 중앙역에 내려서 담 광장으로 가는 길에 눈에 띈 이곳은 나의 상상을 초월했다. 혼자 하는 것, 둘이 하는 것, 여자 여러 명 대 남자 한 명, 남자 여러 명 대 여자 한 명, 그리고 단체 혼성까지 다양한 성 체위와 방식에 관한 사진과 그림들이 전시되어 있었다. 고대 그리스부터 현대까지, 또한 서양부터 동양(일본)에 이르기까지 다양한 성에 관한 수집품도 있었다. '성 박물관'은 성행위를 미화하거나 비하하지 않고 수집한 것 그대로를 보여주고 있었다.

할아버지들이나 할머니들을 제외한 젊은 사람들은 민망해서 얼굴도 들지 못할 것 같은 곳이었지만 모두들 아무렇지도 않은 듯 구경하고 있었다. 하긴 우리가 목욕탕에 갔을 땐 창피하다는 생각 없이 알몸을 당연하게 받아들이지 않는가. 나도 처음엔 어색하고 민망했지만 5분쯤 지나니 그냥 자연스러워졌다. 그곳에서 '성교육의 기본은 숨기기보다는 모두 보이는 것'이라는 생각이 들었다. 인간은 감추고 막을수록 더 몰래 하고 싶어 하는 본성이 있다.

결혼을 해서 성생활을 하고 있는 한국의 많은 아줌마들이 혼자 사는 아가씨들보다 더 외로워하고 있단다. 인간의 몸과 몸을 결합시켜주는 성행위가 오히려 인간들을 단절시키고 외롭게 만드는 이 상황을 어떻게 이해해야 할까.

이는 무지하고 미개한 남성 몸에서 비롯된 것이라 생각한다. 배설해버리면 스스로 만족하고, 힘을 좀 과시하면 상대 여성이 만족한 것으로 간주해버리는 남성들. 하지만 몸의 감각에서 동물과 거의 같은 수준인 미개한 남성의 몸과 달리 여자들은 온몸에 훨씬 발달한 성 감각을 갖고 있고 그것은 마음과 연결되어 있다. 이를 만족시키지 못하는 경우, 남녀의 몸 사이에는 경계선이 생기고 갈등이 발생한다. 이 육체적인 갈등을 이해 못 하는 남성들은 여성의 고독을 알 수 없다.

한국 여성들은 오랫동안 자신의 욕망과 이를 억제해야 한다는 억압 사이에서 갈등해왔다. 온몸이 느끼는 성에 대한 감각을 감추고 다스리기 위해 만족을 가장하고 복종적 태도를 보이기도 했다. 여성들이여, 앞으로는 이를 가장하지 마시라. 몸에 대한 감각과 만족은 저절로 주어지는 것이 아니라 뼈저린 외로움을 통해서 성찰되는 것이고, 이런 깨달음은 여성과 남성 모두를 성숙시킨다.

남성들이여, 성생활을 잘하고 행복해지고 싶은가? 그렇다면 당신들의 미개하고 무지한 몸에 대해서 인정하고, 한 여자를 깊숙이 이해하고 파악하기 위한 노력을 온몸으로 하시라. 그러면 당신의 몸이 서서히 진화되며 드디어 여성의 성숙과 결합해서 두 몸이 하나 되는 새 세상을 맛보게 되리라.

11

몸과 죽음

죽음을 생각하면 삶을 새로 발견한다. 전에는 보이지 않던 것들이 보인다. 아파봐야 건강을 알게 되듯이 죽음에 이르러서야 삶이 보이는 것이다. 그때 중요한 것과 그렇지 않는 것이 정리되고 죽음이 몸에게 말하게 된다. 죽음 앞에서 모든 게 허무해지는데 그렇다면 내 인생에서 뭐가 중요하고 나는 무엇을 위해 열심히 사는가? 매 순간을 잘 살아내는 것이 얼마나 귀한지, 당연하고 사소한 것들이 얼마나 고마운지 알게 된다.

몸은 삶의 시작점이자 종결점이다. 우리는 예컨대 몸의 피부세포가 매일 수만 개씩 떨어져 나가고 다시 생겨나는 방식으로 죽음과 탄생을 거듭하며 살고 있다. 이 탄생과 죽음의 주기는 보통 약 28일 정도다. 세포의 입장에서 현생이 28일 정도지만, 몸 전체 입장에서는 계속 살아 있는 현재일 뿐이다. 이렇게 세포와 몸의 관계와 같이 인간이 한평생 살다가 죽어도 지구는 계속 존재한다. 몸의 입장에서 피부의 탄생과 죽음이 자연스러운 것이듯 지구의 입장에서 한 생명체의 탄생과 죽음은 그냥 순환일 뿐이다.

죽음은 내 몸(생명체)이 나에서 다시 자연으로 돌아가는 통과의례이다.

이승에서의 일을 마치고 자연의 순환계로 돌아가는 것이다. 인간은 죽음을 통해서 몸에서 해방되고 몸의 한계를 초월한다. 몸에 스며들어 있던 영혼은 몸의 죽음과 더불어 몸에서 해방되어 하늘로 올라가는 자유를 얻는다.

죽음을 어떻게 이해하고 준비해야 될 것인가. 탄생이 있으면 죽음이 있는 것은 아주 자연스러운 일인데 우리는 죽음을 마냥 두려워만 하고 잘 맞이할 준비를 하지 못한다. 우선 자신의 죽음에 대한 생각은 현재의 삶에 영향을 미친다. 또 자신에게 아주 가까운 사람(가족)이 죽었을 때는 어떤 마음으로 어떻게 의식을 치러야 할 것인가가 과제이다. 태어나는 데는 순서가 있지만 가는 데는 순서가 없다는 말이 있다. 누구든 언제 어떻게 죽을지 모르기 때문에 힘이 남아 있고 의식이 멀쩡할 때 죽음을 준비해두어야 한다. 웰빙(well-being)과 더불어 웰다잉(well-dying)을 준비해야 하는 것이다.

식물은 인간에게 웰다잉을 가르친다. 식물은 고마운 인간의 자매이다. 식물은 재생을 계속할 뿐 죽지 않는다. 사실 인간의 죽음도 큰 틀에서 재생의 과정일 뿐이다. 식물은 인간에게 열매, 꽃, 씨앗 등 가진 바 모든 것을 아낌없이 준다. 또한 인간에게 산소를 공급해주고 의식주를 해결해준다. 식물은 지구 모든 생명체의 근원이라고 할 수 있다. 그들이 아니라면 인간 생명은 살아갈 수가 없다. 식물은 움직이지 않고 가만히 있는 것 같지만 실은 아주 서서히 움직이면서 지구에서 자신의 역할을 하고 있다. 식물은 아주 낮은 곳에서 다른 생명체가 살 수 있게 하고 어머니 지구의 생태계를 유지하고 변화시킨다. 꽃은 어떠한가? 인간은 꽃을 좋아한다. 꽃 덕분에 아름다움이라는 것을 느끼게 되었다. 그래서 기념할 만한 일이 있으면 꽃을 선사한다. 심지어 죽었을 때도 빠짐없이 꽃을 장식한다. 식물에 대한 고마움을 아는 것이 생태감수성의 시작이다.

죽은 후의 심정을 알 수 있을까? 죽은 후의 마음을 상상해볼 수 있어야 생명의 의미를 알 수 있다. 장례를 치른다는 것은 산 자와 죽은 자가 심정을 통하는 의식이다. 여기서 죽은 자는 육신이 아니고 혼이다. 말도 못 하고 죽어가는 사람이 보내는 메시지를 듣는 능력은 몸에서 비롯된다.

장님은 어둠을 볼 수 있고, 아무것도 없는 것이 있는 것이며, 죽는 것이 사는 것이다. 자신을 구할 수 있는 사람은 자신밖에 없다. 세상사 허무하고 죽고 싶어도 남을 돌볼 수 있다면 그는 진정한 인격자이다. 알몸으로 왔다가 알몸으로 돌아가는 게 인간의 삶이다. 그런데 잘 살고 잘 죽어야 한다. 죽음에 대해서 생각을 정리하고 준비할수록 잘 죽을 수 있다.

죽음에 임박했을 때 생명이 더욱 빛나고 감동적이다. 인간과 동물이 결정적으로 다른 점은 인간은 죽음을 생각하고 죽은 사람과 감정을 교류할 수 있다고 생각하며 죽은 뒤의 세계를 상상할 수 있다는 것이다. 죽은 뒤의 자신을 만나는 대단한 상상력이 인간에게만 있다. 그래서 인류의 조상은 문화마다 다른 장례 관습을 가지게 되었다. 성숙한 인간은 어떻게 죽을지를 준비해서 임종 때 자신이 느끼게 될 감정까지도 미리 느낄 수도 있다. 죽음 후의 세계를 상상하고 현재를 규명할 수도 있다. 나의 어머니는 본인 장례 때 입을 수의와 자식들이 입을 상복을 직접 다 만들어두셨고 영정사진도 틀에 끼워놓고 죽음을 준비하셨다.

몸은 죽음을 두려워할 것도 삶을 환희할 필요도 없다. 사실 우리는 매 순간 삶과 죽음을 동시에 체험하고 몸에서 삶과 죽음이 매 순간 교차하고 있다. 몸은 사는 동시에 죽어가고 세포는 매일 죽어서 제거되는 동시에 새로운 세포가 생겨난다. 인간에게는 삶의 욕구도 있지만 죽음에 대한 동경도 있다. 육신의 능력은 제한되어 있지만 몸에 깃들어 있는 영혼의 능력은 무한하다. 몸에서 해방되어 자유를 찾고자 죽음을 꿈꾸기도 한다. 몸이야말로 삶과 죽음, 순간과 영원을 넘나드는 경계선(liminality)이라고 할 수 있다.

삶이 있으면 죽음도 당연히 동반되는 현상이지만 살아 있는 동안 잘 사는 것은 아주 중요한 인간의 사명이다. 나의 어머니께서는 평생 노동을 하신 분이다. 연세가 많으셔서 잘 걷지 못하셨을 때도 아파트 공터를 찾아서 다른 할머니들과 함께 농사를 지으셨다. 얼굴은 그을어서 새까매지셨는데 농사지은 배추와 무로 김장을 무진장 담그셔서 온 동네에 다 퍼다 나르시는 데 대단한 기쁨을 느끼셨다. 자식들이 왜 고생을 사서 하시냐고 제발 그러지 말라고 해도 그 말을 들을 분이 아니셨다. 어머니는 사람이 몸을 움직이지 않으면 그게 바로 죽는 길이라고 강하게 믿으셨다. 지금 생각하면 어머니는 몸과 죽음의 핵심을 아셨던 분이었다. 결국은 돌아가셨지만 얼마나 아름답게 살다 가셨는지 모른다. 일하다 가는 삶, 그게 멋진 인생 아닌가.

한국의 장례문화는 전통적인 관습이 사라지고 병원 영안실 중심으로 획일화됐다. 사실상 장례문화가 실종되었다고 봐야 한다. 돌아가는 분의 몸을 대자연으로 멋지게 보내드리는 의식이 필요하다. 보다 멋지고 감동적으로 돌아가신 분의 특성을 살려서 그 몸에 맞게 장례의식을 치러야 한다. 돌아가신 분을 기리는 다양한 꼭두[11]가 그를 기억하는 산 사람에 의해

---

11 꼭두는 돌아가신 분이 생전에 좋아했거나 의미가 있을 만한 것들을 나무로 만들어서 상여를 장식하

서 창조되어야 한다. 죽음에 대한 이해가, 몸과 생명의 문제와 같은 선상에 있다. 죽음에 대한 이해는 현재의 삶의 태도를 결정 짓는다.

문화가 사라진 오늘날의 획일적인 장례 방식이 참으로 안타깝다. 우리 민족에게 얼마나 멋진 장례문화가 있었던가를 생각하면 참으로 아쉬운 현실이다. 장례문화는 개인만의 문제가 아니라 공동체의 문화이다. 이에 대해서 문제를 느끼는 사람들이 힘을 합쳐서 보다 몸에 접근하는 장례문화를 만들기를 바란다면 너무 비현실적인 꿈일까.

우리 전통 장례가 아니라도 장례식을 멋진 축제로 치른 예를 들겠다. 하와이 원주민 출신의 세계적인 가수 이즈(Israel Ka'ano'i Kamakawiwo'ole, 1959~1997)의 장례식 얘기이다. 대표곡 〈Somewhere over the rainbow〉로 잘 알려진 그는 아주 독특한 음색으로 사람의 무의식을 건드려 감동을 자아내는 가수였다. 그는 과체중으로 평생 고생했고 결국은 38세의 나이에 343킬로그램이 넘는 비만의 몸으로 사망했다. 아주 멋진 음색의 훌륭한 가수였지만 몸에 병이 들자 모든 것은 의미가 없어졌다. 그가 죽자 1만 명 이상의 하와이 사람들은 마 쿠아 해변에 모여서 그의 노래를 부르고 환호하며 화장한 그의 뼈를 바다에 뿌려주는 예식을 진행한다. 울음을 터뜨리거나 암울한 분위기의 장례식이 아니라 그야말로 신나는 축제로 그를 멋지게 보내주는 잔치판을 벌였다.

밤이 깊으면 별은 더욱 빛난다. 해 뜨기 직전이 가장 어둡다. 해가 지고 어둠이 깔리면 별들이 가슴에 들어온다. 죽음에 임박했을 때 생명이 더욱

는 장식품이다. 꼭두의 의미는 바로 일상과 죽음의 경계선상에서 나타나는 환상적인 것으로 현세와 내세를 연결하는 초월적 존재를 일컫는다.

빛나고 소중하다. 우리는 이 땅에 알몸으로 와서 알몸으로 어머니 지구 품으로 돌아간다. 알몸은 석과불식, 즉 최후에 남아 있는 하나의 과일이다. 인간은 무엇을 열망하고 그것은 어디에서 왔는가?

남녀노소 할 것 없이 한 마을의 주민 모두가 며칠 동안을 아무것도 먹지 않고 춤을 추면서 한 마을에서 다른 마을로 이동한다. 탈진해서 쓰러지는 사람들이 속출하지만 이에 아랑곳하지 않고 모두가 다 쓰러져 죽을 때까지 이들의 춤은 계속된다. 이것이 14~15세기에 걸쳐 독일과 영국 등 서유럽 전 지역에서 나타났던 '무도광(Dancing-Mania)' 현상이다.

무도광은 어떤 춤이었을까. 근육의 경직과 이완이 빠르게 교체되고 주기적인 발작으로 몸이 휘둘리는 상태로 보아 간헐적 경련인 듯하다. 사람들을 탈혼 상태에 이르게 하는 이 춤은 집단 최면을 유도하는 동작들로 이루어진다. 남녀노소 모두가 광적으로 날뛰고 입에 거품을 물며 몇 개월씩 계속되었던 춤이다.

왜 그들은 죽을 때까지 춤을 추었을까? 학자들은 전염병과 전쟁 등으로 인한 삶의 고통에서 벗어나기 위한 병리적인 증상으로 추측한다. 과연 그렇기만 한 것일까. 원시사회에서도 이와 비슷한 황홀한 춤(Trance Dance)이 있었는데 이는 다산과 힘의 유발, 죽음에 대한 반동인 생명의 형태로서의 체험을 의미했다. 혹시 무도광은 엄격한 종교 질서가 지배하는 중세 시대에 춤을 통해 일탈을 경험하며 잠재적인 탈출 욕구를 만족시키기 위한 것은 아니었을까. 탈진과 의식불명으로 이끌어가는 이런 춤추기가 액풀이와 치료의 수단으로 사용된 것은 아닐까 싶다.

한껏 춤을 추다가 죽음을 맞는다는 것. 환각 상태이건 아니건 간에 참으로 놀라운 일이다. 당신은 얼마 동안 춤을 춰본 경험이 있는가? 30년

넘게 춤을 춘 나도 쓰러질 때까지 춰본 경험은 없다. 무도광을 보면서 내 춤의 내공과 경지가 얼마나 얄팍한 것인지를 새삼 깨닫는다. 죽을 때까지 춤을 추는 정도는 되어야 삶과 죽음, 춤에 대해 말할 수 있는 것이 아닌지.

얼마 전 있었던 죽음학회의 학술제에서 세계적인 죽음학자 알폰스 디켄 교수는 죽음은 모두에게 반드시 다가오는 자연스러운 현상이고, 삶은 유한하니 더 의미 있게 살아야 한다는 것을 강조했다.

지난해 아름답고 똑똑한 명문대학 4학년 학생이 특별한 사유 없이 목을 매단 사건이 있었다. 이처럼 최근 젊은이들이 특별한 이유 없이 자살을 하는 것은 이들이 태어나는 것과 달리 죽음은 자신의 선택이며 지루한 삶의 자극이 될 거란 생각을 하기 때문인 듯하다. 나도 가끔은 별난 죽음을 꿈꾸기도 하니까. 이렇게 '익사이팅'한 죽음을 꿈꾸는 이들에게 권하고 싶다. 기왕에 독특하게 죽고 싶다면 순간적이고 편한 방법보단 죽을 때까지 춤추라. 그러면 살리라.[12]

---

12 조기숙, 「춤을 추어라 쓰러질 때까지」, 『여성신문』 878호, 2006.05.12. 수정 보완.

AI 시대의 몸

　AI(Artificial Intelligence, 인공지능) 시대의 몸은 과연 더 진화할 것인가 약화될 것인가. 현대사회에서 AI는 거부할 수 없는 삶의 방식이고 사유의 방식이 되었다. 인간은 진화하면서 몸에 대해서 운동적·감정적·인지적 기능들을 시뮬레이션하는 메커니즘을 만들었다. AI 시대에 새로운 변화에 적응해야만 인간이 AI의 노예가 되지 않고 그를 통해 자유로워질 수 있다. 오늘날 기술은 혁신을 위한 필수 도구이고 자연과 문명의 조화를 위해 사용해야 한다. 하지만 기술의 무분별한 수용은 인류의 행복에 기여하기보다는 환경 파괴와 계층 양극화, 그리고 인간 노예화를 가져올 우려가 있다.

　인간의 해방은 무엇인가? 과연 AI은 인간 해방에 도움을 줄 것인가 아니면 인간을 자본과 기술의 노예로 전락시킬 것인가? 로봇 의사 왓슨이 인간 의사들보다 더 수술도 잘하고 수술 비용도 훨씬 비싼 시대가 되었다. 2016년 왓슨은 인간 의사들과 함께 대장암 3기 환자를 진료하기 시작해서 이제는 전국의 다수 병원에서 왓슨에게 진료를 받을 수 있게 되었다. 왓슨은 한 단계 높은 암 치료 솔루션인 종양학을 위한 왓슨으로 진화한 상태이고 앞으로도 계속 진화할 것이다. 왓슨은 혼자서 수술을 하는 것이 아니라 의사들과 같이 환자의 상태를 분석하고, 그에 가장 적합한 치료법을 찾아낸다. 환자의 모든 정보를 입력하고 빅데이터를 기반으로 치료 방법을 제안하는데 이 과정이 순식간에 일어난다. 왓슨은 가장 적절한 치료 방법을 제시하고, 그에 따른 부작용까지 알려준다. 이는 인간 의사가 할 수 없는 영역인데 의사는 훌륭한 조력자를 얻은 것이다. 문제는 아직 그 비용이 너무 비싸서 부자들만 그 혜택을 누릴 수 있다는 것이다. 보다 보편화되어서 의료 사각지대의 극빈층에게 보급될 수 있다면 그 의미를 다하는 것이라 생각한다.

과연 로봇은 인간이 될 수 있는가? AI 로봇은 외로운 인간의 친구도 되어주고 심지어는 부인도 되어줄 수 있다고 한다. AI가 발레도 할 수 있게 되어서 인간 발레리나가 30번을 돈다면 로봇 발레리나는 100번도 돌 수 있게 된다. 이때 인간 부인과 로봇 부인, 인간 발레리나와 로봇 발레리나의 차이는 무엇일까? 로봇 부인이나 발레리나가 도저히 할 수 없는 것은 무엇일까? 아무리 사람처럼 사고를 할 수 있는 강인공지능(strong AI)이 개발된다 해도 로봇이 인간이 될 수 있을까? 로봇은 입력된 것만 할 수 있고 입력되지 않는 즉흥적인 사태는 판단할 수 없다. 인간과 같은 무한한 상상력은 가질 수 없다.

인간의 삶은 예측 가능하지 않고 계획도 불가능하다. 삶에서 일어나는 많은 일들이 다 처음 일어나는 일이다. 즉 여기이 시간은 누구나 처음 처하는 것이다. 인생은 단 한 번의 연습 없이 와서 처음 겪는 일들을 겪는 것이기에 로봇이 대신 살아줄 수 없다. 로봇이 무용수의 뛰고 도는 기술을 보여줄 수는 있어도 그 안에 스며든 정신과 영혼은 표현할 수 없다. 또한 로봇이 부인처럼 일을 해줄 수는 있어도 사랑해줄 수는 없다. 즉 로봇은 인간의 음의 성질은 모방할 수 있어도 양의 성질인 정신과 영혼은 도저히 표현할 수 없는 것이다. 자유의 몸, 추구의 몸, 성찰의 몸은—인간도 지속적으로 성찰하고 공부해야만 가능한 것이니—AI는 도저히 불가능하다고 할 수 있다.

　AI는 인간의 해방과 인류의 진화에 기여할 수 있을까. AI 자신에게는 그 어떤 판단력이 없고 인간의 목적과 필요에 의해 만들어질 뿐이다. AI가 인류에 기여하기 위해서는 사적 물욕과 소유의 대상이 되어서는 안 된다. 인간의 몸이 그 자신의 것이 되게 하는 데 기여하는 AI가 만들어져야 될 것이다. AI가 인간에게 생기를 부여하고 인간과 인간, 인간과 자연이 만나는 활동을 활성화시키는 역할을 한다면 인공지능을 거부할 이유가 없다. AI는 복종은 잘하는데 인간을 받아들이는 것은 불가능하다.

　AI는 발전하는데 몸은 어디 있는가? AI는 살과 근육이 없고 사용할수록 오류가 높아진다. 인간은 서로 몸을 부딪치며 공부하는 한 살수록 지혜로 워진다. 인간 몸이 부재하는 원인은 자본주의적 소유가 몸을 지배하기 때문이다. 소유가 지양되어야 몸의 감각이 다시 살고 몸이 자유로워질 수 있다. 이러한 자유는 타인과의 만남에서 감각을 느끼고 공유하게 만든다. 그래서 감각은 개인의 차원을 넘어서 사회적 문화를 형성하게 된다. 몸의 부재의 근원인 몸의 상품화가 지양되어야 감각이 살고 몸이 회복되고 사회적 교감이 형성된다. 감각의 해방은 집단의 감응으로 사회적 변혁의 근원이 된다. AI가 이런 인간의 몸성을 회복하는 데 기여할 수 있을 것이다. 인간의 몸은 자연의 일부이기도 하지만 AI와 같이 현대 문화를 구성한다. 미래학자이자 소설가인 아서 클라크(Arthur Charles Clarke)의 과학 3법칙 중 세 번째는 충분히 발달한 과학기술은 마법과 구분할 수 없다(Any sufficiently advanced technology is indistinguishable from magic)는 것이다. 이는 과학기술이 놀라울 정도로 발달하여 마치 마법과도 같이 일상생활에 영향을 끼친다는 뜻일 것이다. AI가 발전하면 경계해야 할 것이 거짓 정보를 사실인 양 전하는 할루시네이션(hallucination)이다. 사실 GPT의 20퍼센트 정도가 할루시네이션이라는 주장도 있다. 너무 GPT를 믿었다가는 자신이 거짓에 속은 것도 모르고 거짓의 노예가 될 수도 있다. 결국 중요한 것은 인간이 최종 판단을 해야 한다는 것이다.

움직이는 몸 읽기

01

인간은 왜 움직이는가

　모던 시대뿐만이 아니라 포스트모던 사회에도 자본주의 과잉생산과 과잉소비, 그리고 이를 부추기는 미디어와 대중문화가 즐거운 시뮬라시옹을 만들어낸다. 하지만 이는 네온사인이 빛나는 지옥일 뿐 과잉생산 과잉소비 기반의 문화는 지구와 생명을 고통과 죽음으로 몰아갔다. 이 상황을 유지하려는 힘과 이로부터 해방을 모색하는 자들의 보이는/보이지 않는 전쟁 속에서 결국 지구가 살고자 코로나라는 역병을 앓았다. 인류는 새로운 상황에 직면하게 되었고 완전히 새로운 답을 찾아야만 한다.

　인간의 몸 움직임은 인간 존재의 척도인가? 몸은 지금 여기 현재성과 공간성을 드러내는가, 아니면 몸에 현재와 공간에 대한 감각과 인식이 있는 것인가? 태초부터 몸은 자연과 같이 있어왔고 몸의 능력은 겉으로 보기에는 늘 같은 것 같지만 역사적으로 변해왔다. 몸의 능력은 인간의 다른 능력에 의해 대체됨으로써 사라진 듯 보인 것이다.

　인류가 발전한 만큼 몸의 움직임도 진화되었고 그 움직임을 읽어내는 것은 더 복잡해졌다. 몸의 문제도 더 심화됐고 인간들은 더 이상 움직임을 읽어내는 것은 원하지 않는 것 같다. 이렇게 인간 움직임에서 새로운 소통의 희망이 보이지 않게 되자 결국 지구가 발언하게 되었다. 즉 지구가 아프게 된 것이다. 정신과 영혼이 깃들어 있는 생명의 덩어리인 몸에서 새로운 생명과 혁신의 전략을 찾고 지구와의 관계를 반성하고 성찰해야만 하는 상황에 이른 것이다. 물질주의와 자본이 빚어내는 환상들이 몸을 잃게 하였고 몸이 점점 물화되어가는 현실에서 몸을 읽고 몸의 생기를 회복하는 일은 우리의 과제이다. 이제 우리는 잃어버린 몸을 찾아 나서야 한다.

다 같아 보이는 몸에서 다름과 개성을 읽어내고 몸에 스며들어 있는 감정, 정서, 정신을 읽어내야 한다. 이는 움직임에서 드러나기에 움직임을 읽어내는 것은 중요하다. 움직임은 지극히 몸적이지만 마음과 같이 꿈을 담고 있다. 몸 움직임은 이미지이기도 하고 꿈을 꾸는 현장이기도 하다.

몸 움직임 읽기에서 중요한 것은 속도, 즉 시간성이다. 움직임 읽기는 그 순간의 속도에 의해 규정된다. 움직임 읽기 능력은 순간적인 이미지를 읽어내는 것이고 개인적인 성격을 넘어 역사적이고 사회적인 의미를 갖게 된다. 이 이미지는 지금 순간에 읽어낸 것으로 읽는 사람과 무관하게 존재하는 것이 아니다. 그것이 읽는 사람에게 인식되지 않을 경우 그 이미지는 의미 없이 사라진다.

움직임 능력의 성장은 자유의 성격이 있고 그래서 몸의 해방까지 이를 수 있다. 움직임 읽기는 인간 최초의 소통 행위이며 글을 읽는 것과는 다른 특징을 보인다. 글쓰기와 읽기는 시간의 차이가 있는 데 반해 움직임과 움직임 읽기는 동시에 순간적으로 그리고 관계 속에서 진행된다. 움직임 읽기에서 그 순간은 기호적인 것과 몸의 이미지가 융합되며 그 의미가 규정된다. 이는 '감각적 차이성'이라고 할 수 있다. 이 차이에 대한 인식은 구체적인 이미지, 즉 감각을 통한 인식이다. 움직임 읽기는 상대방에 의해서 행해지기에 타자가 없으면 움직임은 있어도 움직임 읽기는 일어나지 않는다.

움직임을 읽을 때 또한 움직임이 지닌 에너지 역동성을 읽어내는 게 중요하다. 이 역동성은 움직이는 사람의 현존의 모든 것을 드러낸다. 움직임을 의미 있게 조직한 '춤'은 그 자체가 하나의 행위이자 의미이다. 춤은 내면의 가장 깊은 곳에서 말로는 표현되지 않는 것, 말할 수 없는 것을 이끌어내는 것이다. 움직임 읽기에서는 움직임의 사이 너머 움직이지 않는 것을 읽는 것이다. 이러한 움직임과 움직임 읽기는 움직임의 애매모호성과 움직임을 춤으로 만드는 원칙을 제시한다.

인간은 왜 움직이는가? 모든 생명체는 살아 있는 한 의도하지 않아도 저절로 움직인다. 움직인다는 것은 살아 있다는 징표이다. 이에 비해 춤은 '나는 춤춘다'라는 의도에 따른 움직임이다. 움직임은 생각을 드러내려고 노력해서 움직이는 게 아니라 움직임에 생각이 그냥 드러난다. 하지만 춤은 그것에 무엇인가를 표현하려는 의도가 있다. 모든 움직임이 춤이 될 수 있지만 움직임 자체가 바로 춤이라고는 할 수 없다.

몸 움직임 읽기에서 가장 중요한 것은 자신에게 축적된 몸 움직임 체험이다. 이 책의 모든 내용도 사실은 이 체험에 관한 것들이다. 내가 추구한 몸의 체험은 실증주의적 의미의 체험이 아니라 체험들이 교차하고 연결되는 정치적 · 철학적 · 영적 그리고 미적인 체험이다.

움직임에는 그 사람의 심리적이고 주관적인 것 이상의 정보들이 표출된다. 이는 표현하려고 하지 않아도 그냥 드러나는 것이다. 그래서 몸을 보면 그 사람을 알 수 있다. 몸에는 역사성이 있고 기억은 지나간 과거를 현존하게 하는 능력이다. 때로는 뇌가 기억하지 못하는 것을 몸은 기억해서 알아서 반영한다. 몸은 자연의 일부이고 자연성이 있다. 몸에 들어 있는 정의할 수 없는 그 무엇인 감각은 문화적인 것만이 아니라 자연성이라고 할 수 있다. 이렇게 몸 움직임을 읽는다는 것은 개인의 몸과 정신, 보이는 것과 보이지 않는 것 그리고 사회적이고 역사적인 모든 것을 읽는 것을 말한다.

인간의 움직임은 작은 움직임의 미묘함과 깊은 친밀감의 감각을 동반한다. 모든 움직임들은 생명체와 소통한다. 피부의 구멍을 통한 호흡의 상승과 하강, 이곳저곳을 응시하는 눈의 움직임, 공기를 만지는 손가락의 감각, 한 올의 머리카락이 바람에 흩날리는 것, 이 모든 것이 다 생명·생태와 연결되어 있다. 몸의 모든 움직임은 연결망 속에서 의미를 구축한다. 움직이는 몸에 대한 언어적 설명과 해석이 필요하다. 이것이 바로 몸 문해력이고 움직이는 몸 읽기는 이 문해력에 관계된 내용이다.

02

몸을 보면 사람이 보인다

　몸을 보면 그 사람의 인격과 그의 세상이 보인다. 한 사람이 겪은 인생사가 몸에 각인되기 때문이다. 몸을 보는 능력이 생기면 인간에 대한 이해가 아주 빠르고 깊어진다. 그런데 몸을 보는 능력은 그저 주어지지 않는다. 기억을 못 해서 그렇지 우리는 문맹에서 탈출하기 위해서 많은 시간 공부를 했었다. 몸맹에서 탈출하기 위해서도 마찬가지로 시간을 투자해서 공부해야 한다.

　몸에서 한 사람의 과거, 현재, 미래를 볼 수 있다. 그런 의미에서 내 몸은 나의 고고학이자 미래학이라고 할 수 있다. 생각은 대뇌피질의 문제이지만 몸은 몸 전체의 문제이고 존재를 파악하는 열쇠다. 몸은 일상적인 전체, 감각을 말한다. 몸 없이 가능한 일은 하나도 없다. 인간은 몸으로 생각하고, 공부하고, 창의력과 인격을 향상시키고, 삶을 살아낸다. 몸에는 내가 겪은 시간과 공간, 즉 삶의 체험과 타인과의 관계가 깃들어 있고 인품과 성격이 통합되어 있다.

　멋진 사람은 몸에서 아우라가 생겨난다. 나는 사람의 몸을 보고 그 사람을 판단하지 말라는 말을 믿지 않는다. 사실 나는 선거 때도 출마자의 몸을 보고 판단해서 투표한다.

거의 모든 사람들은 몇 개 안 되는 제한된 동작만 반복하며 산다. 그런 사람은 정서적으로도 메말라 있는 경우가 많다. 먹어봐야 맛을 알듯이 자신의 움직임이 고양되어야 타인의 몸이 보인다. 몸의 자세, 움직임에 주목해서 사람 전체를 읽어내는 능력이 필요하다. 이것이 몸 문해력(literacy of soma)이다. 눈과 귀뿐만이 아니라 온몸의 감각으로 타인을 보고 듣는 일이 체화되어야 한다. 몸으로 인격을 고양하라는 말은 이럴 때 하는 말이다.

말보다는 몸에 더 진정성이 배어 있다. 현대사회는 자꾸 말하기를 권한다. 자유롭게 당당히 의견을 말하라고 한다. 하지만 말해봤자 사실 별 새로울 것 없는 얘기들이다. 아무리 자유롭게 말하라고 해도 그런 그런 식으로 말을 하게끔 강제당하고 있다고 생각하는데, 그걸 모르는 것이다. 말보다 몸의 소리를 들을 수 있다면 타인을 깊이 배려할 수 있게 된다. 자신의 말을 하기 전에 몸에서 몸으로 바로 전해지는 그 어떤 것을 느낄 수 있다면 사람과 사람의 만남과 공생이 얼마나 풍요로워지겠는가. 일상의 몸가짐이 바로 수행이 될 수 있다.

가만히 있어도 몸에서 아우라가 드러나고 돋보여야지 튀려고 나서면 매력이 없어진다. 인간이 자신의 몸을 알게 되면 몸의 주체가 되기 때문에 몸이 변화하기 시작한다. 40세가 넘으면 자기 얼굴에 책임을 져야 한다는 말이 있다. 얼굴만 그런 것이 아니라 몸은 더 명료하게 그렇다. 예를 들자면 잘 나가는 남자들 보면 목에 힘이 딱 들어가 있다. 혹은 얼굴에 개기름이 흐르기도 한다. 뭔가 안 풀리고 기가 죽은 사람들은 어깨가 축 처져 있다. 어떤 사람은 자신의 보폭보다 아주 넓은 보폭으로 걷는다. 과시욕이 강해서 그렇다. 반대로 자신의 보폭보다 아주 좁은 보폭으로 답답하고 불안하게 걷는 사람도 있는데, 이는 늘 불안하고 초조해서 그렇다. 이렇게 몸에서 그 사람의 인격과 상태가 다 읽히는 것이다. 실로 몸은 진정성의 실체로 거짓말을 못 한다. 경쟁이 치열하고 살기 힘든 세상일수록 몸을 알고 몸으로 자기 수련을 하는 것이 절실하다.

인간은 몸으로 인간과 만나고 세상과 교류한다. 사람의 몸을 보면 그가 어떤 인품의 사람이고 어떤 상태에 있는지도 알 수 있다. 그가 배려가 있는 사람인지 자신밖에 모르는 사람인지 등 성격과 성향도 알 수 있다. 몸에는 그 사람의 삶과 체험이 깃들어서 저절로 드러나기 때문이다. 그런데 인간의 몸은 고정불변의 타고난 숙명이 아니라 자신의 의지로 변화하고 개척할 수 있다.

얼굴 하나, 팔다리 두 짝씩이라는 점은 누구나 동일한데 그 생김새와 모양은 사람마다 다르다. 구조는 같으면서도 남과 차이가 있는 자신의 몸을 아는 것은 자신을 이해하기 위한 핵심이다. 몸에는 내면의 의식과 감정, 그리고 초월적 무의식의 세계까지 포함되어 있다.

몸에는 그 개인의 정서와 상황, 인품이 스며들어 있고 그가 성장한 공동체의 문화와 상황이 담겨 있다. 그래서 몸을 보면 그 사람의 역사와 미래가 보인다. 사람의 마음은 어떤 형태로든 몸에 스며들어 있어서 몸에서 드러난다. 예로부터 사람의 상황을 알려면 몸을 봐왔었다. 특히 몸은 인간의 정서, 생각, 영혼이 들어 있어서 몸을 읽어내면서 사람의 마음을 알아내는 것이다. 이것이 바로 동양인들이 믿어왔던 일원론으로 몸과 마음이 하나라는 것이다. 몸의 형태는 인간을 분류하고 그것을 도식화해서 판박이로 이해하기 위한 것이 아니다. 몸의 변화와 성장을 알아내기 위한 것이다. 인간의 몸은 늘 과거를 포함하며 미래를 향해 성장하고 있다.

프랙털이라고 부르는 현대수학의 개념이 있는데 이는 전체와 부분이 닮아 있다는 것을 뜻한다. 몸을 소우주라고 하는 것은 몸과 우주가 성분이 같고 우주에서 일어나는 일이 거의 몸에서도 일어나기 때문이다. 그래서 몸을 알면 우주에서 일어나는 일에 대해서도 알 수 있게 된다.

몸은 거짓말을 하지 않는다. 폴 포츠(Paul Potts, 1970~)는 원래 영국의 웨일스 출신의 가난한 휴대전화 영업사원이었다. 못생긴 외모와 어눌한 말투로 왕따를 당하던 그가 〈브리튼즈 갓 탤런트〉라는 오디션 프로그램에서 우승하면서 일약 스타급 오페라 가수가 되었다. 오디션 결승에 출전하던 모습과 뜨고 나서 프라하 오페라하우스 콘서트 무대에 선 모습은 너무도 다르다. 오디션 때는 어색하고 긴장되어 떨고 있지만 진정 오페라 가수가 되고 싶다는 절실함이 절절히 묻어나왔다. 오페라하우스에서의 공연 모습은 안정되고 편안하지만 결선 때와 같은 간절함은 나오지 않았다.

몸에는 공간, 시간 그리고 크기가 동시에 존재한다. 몸을 읽어내는 것은 마음을 아는 길이다. 몸을 보면 인간의 의지, 욕망 등이 어디로 향하는지 알 수 있다. 사람의 마음을 본다는 것은 몸속에 들어 있는 다양한 정서를 알아내는 일이다. 그런데 몸은 단 한순간도 정지해 있지 않고 매 순간 움직인다. 몸의 움직임에도 그 사람의 성격과 상황이 들어 있다.

몸은 삶의 현장에서 구축되는 것으로 현실과 끊임없는 상호작용한다. 인간은 누구나 건강한 몸을 갖고 아름다운 삶을 살고 싶어 한다. 그러기 위해서는 무엇을 갖춰야 할까? 내가 어떻게, 무엇을 해야 건강한 몸과 아름다운 삶을 살 수 있을 것인지 질문하고 몸 공부를 실천하는 자만이 멋진 삶을 살 수 있다. 그렇게 해서 타인의 몸을 읽게 되면, 몸을 보면 그 사람을 알 수 있게 된다.

03

얼굴을 보면 영혼이 보인다

얼굴이란 무엇인가? 얼굴은 순우리말인데 혹자는 '얼'은 영혼이라는 뜻이고 '굴'은 통로라는 뜻으로 풀어서 얼굴은 영혼이 들어오고 나가는 통로라고 해석한다. 그래서 이런 뜻에 기반한 표현들이 여러 가지 있다. '얼 빠진 이'는 얼이 빠져나가서 멍한 사람을 말한다. 얼이 가버린 사람에게는 '얼간이'라고 한다. 얼이 큰 사람을 '어른'이라고 하고 얼이 이른 사람을 '어린이'라고 한다. 얼이 썩은 사람은 '어리석은 이'라고 한다.

사람은 재미있게도, 남의 얼굴은 쉽게 볼 수 있지만 자신의 얼굴은 도구를 이용하지 않는 한 스스로 볼 수 없다. 이는 무엇을 의미할까? 내 얼굴은 나보다는 남을 위해서 존재한다는 의미일 것이다.

얼굴의 표정은 눈, 코, 입 주위의 근육들이 근막 없이 머리뼈와 얼굴을 바로 연결하여 피부 조직을 당김으로써 드러난다. 표정근육의 섬유들은 서로 복잡하게 얽혀 있고 그 경계가 애매하여 하나의 근육이라 해도 각자 달리 작용하는 경우가 많다. 특정 감정을 표현하기 위해서는 복잡하고 다양한 표정근육이 작은 근육 단위에서 독립적으로 역할을 해야 한다. 이는 각각의 표정근육에 분포하는 신경가지들이 독립된 운동정보를 전달한다

는 것을 말한다.[1]

얼굴에는 구멍이 일곱 개나 있고 근육이 80개나 있다. 이는 가장 풍부하게 감정을 드러내고 소통을 잘할 수 있는 곳이 바로 얼굴이라는 뜻이다. 얼굴에는 마음의 상태와 영혼이 깃들어 있다. 나이가 먹으면 얼굴에서 그 사람의 삶이 보이고 인격이 드러나게 된다. 얼굴에 그 사람의 과거, 현재와 미래가 드러난다. 이것을 읽는 것이 관상법과 골상법이다. 관상은 얼굴에 드러나는 사람의 현재와 미래, 몸과 영혼을 읽는 것이다.

입은 몸의 문이다. 사람을 처음 만나서 인사할 때 우리는 말부터 하기 시작한다. 그 말에는 그 사람의 인격과 영혼이 들어 있다. 말을 할 때뿐만이 아니라 음식을 먹을 때도 입이 역할을 한다. 먹는 모습에도 성격이 드러난다. 이를 악물고 있으면 긴장했다는 것을 알 수 있다. 그냥 편하게 아래턱이 중력을 받아서 살짝 내려와 있고 입술 안의 윗니와 아랫니가 살짝 벌어져서 턱관절에 공간을 확보하고 있으면 마음이 편한 상태임을 알 수 있다. 또는 혀를 입천장에 살짝 대고 있으면 입 주변의 긴장을 완화할 수 있다. 눈과 귀가 다 둘씩 있는데 입이 하나인 이유는 듣고 보는 것에 비해서 말은 적게 하라는 뜻이다. 또한 하나의 입으로 인간과 세상에 대한 생각을 겸허하지만 소신껏 말하라는 뜻이다. 한 입으로 두 말을 하면 안 된다는 말이 있듯이 입이 하나인 이유는 말과 행동이 일치돼야 한다는 뜻이다. 부드러운 입안에 무서운 무기인 이빨이 있는 것은 무슨 의미일까. 이는 무기는 부드러움 안에 숨겨두고 필요할 때만 써야 한다는 뜻이다. 사

---

1 양현무 · 허경석 · 김희진, 「삼차─얼굴신경연결과 얼굴표정근육 운동의 해부학 및 기능적 고찰」, 『대한체질인류학회지』 제26권 제1호, 2013, 1~12쪽.

람의 혀가 이와 입술로 이중 차단되어 있는 이유는 먹는 것도 지나침이 없고 말도 조심해서 꼭 필요한 말만 하라는 뜻일 것이다.

눈은 영혼의 창이고 눈동자는 감정을 표현한다. 눈에 그 사람의 성격과 품성이 들어 있다. 부릅뜬 눈이 아니라 총명하게 뜬 눈, 풀어진 눈이 아니라 그윽하게 뜬 눈에는 그 사람의 품격이 담겨 있다. 이는 그렇게 보이려고 연기를 해서 되는 것이 절대 아니고 그냥 그 사람의 영혼이 눈을 통해 드러나는 것이다. 눈은 보이는 것뿐만 아니라 보이지 않는 내면까지 보고 인식하는 기관이다. 이렇게 보이지 않는 세상까지 깊이 있게 읽어내는 것을 심안(心眼)이라고 한다. 우리는 눈으로 사람의 됨됨이를 읽어낼 수 있다. 눈이 얼굴의 위쪽에 있는 것은 멀리 넓게 보라는 의미이다. 현대인은 컴퓨터와 스마트폰 사용, 직장에서의 긴 근무 시간과 시각적으로 강렬한 작업으로 눈의 피로를 유발하는 환경에서 살고 있다. 이로 인해 눈과 눈 주위의 통증, 두통, 시력 저하에 시달린다. 눈의 피로는 눈을 잘 쉬어주면 보통 완화된다. 눈을 쉬게 하려면 먼저 손을 부드럽게 해야 한다. 손가락과 손바닥을 부드럽게 하는 방법은 4부에서 안내할 것이다.

남성은 여성에 비해 유난히 시각을 중시하는 것 같다. 눈은 다른 어떤 감각기관보다 사물을 객관화하고 지배한다. 또한 거리를 설정하고 유지하려 한다. 우리 문화에서 냄새 맡고, 맛보고, 만져보고, 듣는 것보다 보는 것을 우위에 둔 것은 결과적으로 신체적 관계를 빈곤하게 만들기도 했다. 시각이 지배하는 순간, 몸은 자신의 영성을 상실하고 물질화될 수 있다는 점을 명심해야 한다.[2]

---

2 정화열 · 박현모, 『몸의 정치』, 민음사, 1999, 257쪽.

귀는 소리를 듣는 것 외에 평형감각도 관장한다. 귀는 모두에게 언제나 열려 있어서 듣고 싶지 않은 소리도 듣게 되어 있다. 잠자고 있을 때도 귀는 열려 있다. 귀는 사람이 목숨을 다할 때 제일 늦게까지 활동하는 기관이다. 다른 기능은 다 죽었어도 듣는 기능은 끝까지 가는 것이다. 임종 직전의 사람에게 무엇인가를 말해주는 것은 그가 들을 수 있기 때문이다. 귀가 양쪽에 서로 완전히 다른 방향을 향해서 달려 있는 이유는 양쪽 의견을 들어서 올바르고 공평한 판단을 하라는 뜻이다. 두 의견을 보고 듣고 명확히 상황을 파악하기 위해서 눈과 귀는 두 개씩 있는 것이다. 인간이 필요하면 눈은 감을 수 있지만 귀는 닫을 수 없는 이유는 늘 세상의 소리를 들으라는 뜻이다. 두 개의 귀가 어우러져서 소리의 방향, 높낮이, 크고 작음을 감지하는 것이다. 인간은 의도적으로 귀도 잠시 쉬게 할 필요가 있다.

얼굴을 보면 그 사람의 정신과 영혼이 보인다. 물론 많은 것이 담겨 있고 숨겨져 있기도 하지만 그래도 그 영혼이 보이고 전달된다. 영혼을 담고 있는 얼굴에 눈, 코, 귀 그리고 입이 연결되어 각각의 역할을 하고 있다. 우리는 사람의 말보다는 얼굴을 유심히 보며 마음을 읽을 때가 있다. 이는 말보다는 얼굴이 더 솔직하기 때문이다.

말로 자기주장을 하기 전에 상대의 몸과 마음에 귀를 기울이는 것이 얼마나 중요한 일인지 모른다. 얼굴에 표정이 없다는 것은 무슨 뜻일까? 몸과 생각이 굳어서 얼굴까지 딱딱해진 것이다. 표정 없는 사람들이 많아진다는 것은 사회도 경직되고 있다는 뜻이다. 풍부한 표정이 얼굴에 드러나고 부드럽고 따스한 사회를 만드는 것이 나와 소매틱 그리고 춤예술의 목적이다. 이 세상의 모든 일들은 입장을 바꿔놓고 생각하면 사실 이해하지

못할 일이 없다. 이해도가 깊어지면 표정도 풍부해지고 신체 표현도 다양
해지고 영혼이 행복해진다.

04

알몸으로 와서 알몸으로 가는 삶

    내가 몸에서 얻은 '평범한 깨달음'은 인간은 알몸으로 이 세상에 와서 알몸으로 땅으로 돌아간다는 것이다. 이 '평범한 깨달음'의 핵심은 생명과 죽음에 대한 개안이다. 이것은 몸 체험에서만 가능하다. 이 깨달음은 개인적 경험에 국한되는 것이 아니고 우주적 차원의 알아차림으로 확장된다. 일상적이고, 진부하고, 평범한 것에서 현재의 의미를 읽어내는 것이 평범한 깨달음이다. 인간이 나이를 먹으면서 재물, 신분, 인간, 심지어는 우리가 꿈이라고 착각했던 집착, 욕심 등 모든 것을 다 버릴 수 있어도 자신의 몸은 결코 버릴 수 없고 죽을 때까지 몸으로 살아내야 하는 것이다. 내 몸은 내가 죽는 그 순간까지 함께하는 바로 나 자신이다.

    몸이 없다면 영혼이 존재할 필요가 있을까. 영혼이라는 것이 없다면 몸이 의미가 있을까. 영혼이 없다면 몸은 그저 육신 덩어리에 지나지 않게 되고 몸 자체의 의미가 없게 된다. 몸이 없다면 영혼은 우주를 배회하는 의미 없는 귀신이 될 것이다. 영혼은 육체에 깃들어 있어서 육체와 영혼은 분리해서 생각할 수 없는 한 덩어리 '몸'인 것이다. 그래서 이를 소마(soma)라고 일컫는다. 몸이 없다는 것은 다 없다는 뜻인 것이다. 인간의 존재와 의식은 몸을 떠나서는 결코 존재할 수 없기 때문이다.

인간은 알몸으로 이 세상에 와서 알몸으로 돌아간다. 그런데 그 알몸에 그 사람의 모든 것이 담겨 있다. 그래서 우리는 알몸을 갈고 닦아서 마치 영원히 살 것처럼 영혼을 빛내야 한다. 살아 꿈틀거리는 희망, 사랑, 긍정적 감정이 삶의 원동력이다. 몸의 에로스를 회복하는 것은 생명력을 증대시키는 일이다. 영혼은 보이지는 않지만 몸에 깃들어 생기를 부여하고 마음을 조절하는 실체라고 할 수 있다. 결국 영혼이 스며들어 있는 알몸만이 우리가 죽는 그 순간까지 나와 함께 살아가는 바로 나 자신이다.

생명은 몸으로 세상에 들어왔고 생명이 다하면 몸도 자연으로 돌아간다. 몸은 생명이 구체적으로 드러나는 형태이고 삶은 몸으로 실행된다. 생명은 추상적인 개념이 아니라 살아 꿈틀거리며 눈에 드러나 보이는 몸으로만 존재한다. 인간은 몸으로 이 세상에 들어오고 탄생부터는 자체의 생명 에너지로 움직인다. 시간, 공간 그리고 노력이라는 틀 속에서 자신의 몸은 움직이고 발견된다. 마음도 몸이 있어야 있을 수 있다. 인간은 몸으로 이 세상을 보고 듣고 체험한다. 그리고 움직임으로 다른 인간과 사회에서의 관계를 맺기 시작한다. 인간은 몸으로 자기를 실현한다. 이러한 실현 방식은 각자의 인식에 영향을 주게 된다.

몸의 실체를 탐구하고 몸으로 공부하는 것은 우주의 최고 경지를 지향하는 것이다. 몸은 주체적인 삶의 현장이자 진화하는 복잡 적응계이다. 사람이 산다는 것은 몸과 몸이 만나서 이루어지는 일이다. 인간에게 일어난 일은 감성, 지성, 영성 등 전 영역에 통합적으로 연결된다. 우리의 삶에서 몸은 어쩔 수 없는 마음의 도구가 아니라 그것으로 완전한 주체이다. 몸에는 삶의 모든 정보가 축적되어 있다. 인간 몸의 모든 활동은 자연과 문화 그리고 인간들을 연결하는 주체로 작용한다. 몸은 자연스럽게 생태계과 연결되어 있다. 몸은 그 어떤 설명 없이도 어머니 지구와 아버지 태양에 문제가 생기면 살 수가 없다는 것을 안다. 머리로 생각하고 궁리하지 않고도 몸이 저절로 알 때가 있다. 몸에서 모든 것이 드러나게 된다. 몸에는 생태 환경과 더불어 살려는 생명의 본능이 들어 있다.

자아도 초월해야 되고 죽는 것도 받아들여야 하지만 죽기 전 마지막까지 '나'인 것이 나의 알몸이다. 그렇게 생각하면 결국은 '알몸' 하나 남는 것이 우리 인생이다. 이렇게 인생은 결국 알몸의 문제인데 그 알몸에 그 사람의 모든 것이 담겨 있다. 그래서 인간은 동물과는 다르게 알몸을 갈고 닦아 자기 성찰을 하며 보다 고귀한 차원의 '격'을 추구하다 가는 존재이다. 책을 읽으며 공부하듯이 몸으로 수련을 하는 것은 우리 인생에서 진실로 아주 귀한 덕목이다.

'알몸'은 도저히 말로 표현할 수 없는 고도의 개념이다. 알몸일 수밖에 없는 인간의 존재를 인간이라면 누구나 결국은 받아들일 수밖에 없다. 보다 현명한 사람이라면 조금이라도 덜 늙었을 때 그 진실을 알게 될 것이다. 인간은 소유가 있으면 약해진다. 인간은 자기를 지키는 그 어느 것에도 의지하지 말고 알몸이 될 때 본연의 자기로 돌아갈 수 있다. 알몸은 늘 부드럽고 신선하며 견고하고 또한 생기와 의미로 가득 차 있다. 우리 모두 알몸으로 손에 손 잡고 춤출 수 있다면 얼마나 멋진 세상일까.

그 누구로부터도 배울 수 있는 사람은 별것을 안 해도 늘 깨달음이 따른다. 인간은 남을 인도하고 싶기도 하지만 또 어떤 때는 힘센 사람을 그저 따르고 싶어 하기도 한다. 하지만 별 욕심 없이 살아가고 순박하게 인간을 만나는 것이 알몸으로 사는 삶을 이해하는 것이고 자연과 하나 되는 것이다. 내게 맞는 사람은 서로의 알몸을 그냥 인정하는 것이다. 이는 포기나 체념이 아니라 그저 평범한 깨달음을 했기에 가능한 것이다.

옷을 모두 벗고 함께 춤을 출 수 있다면 모든 사람들이 자유롭고 솔직해지는 시간이 될 것이다. 내가 아끼는 후배 남자 춤꾼의 실화를 하나 소개하겠다. 이 친구가 몇 년 전에 백두산에 관광을 갔단다. 백두산 꼭대기에 올라가 천지를 본 순간 싹 벗고 들어가고 싶다는 충동을 강하게 느껴 잽싸게 옷을 몽땅 벗고 천지 물에 풍덩 온몸을 담갔다. 맑은 하늘이 보이고 천지의 기운이 온몸에 전달되는 걸 느끼려는 순간 호루라기 소리가 요동을 쳤고 중국 공안에게 풍기문란죄로 체포돼 벌거벗은 채로 끌려가고 말았다. 중국의 실정법에 따라 감옥에 갈 수밖에 없다는 사실을 알고 중국인 1년 연봉만큼의 벌금을 물고 나서야 겨우 풀려났다고 한다.

영국엔 누드 비치가 여러 곳 있다. 난 가본 적이 없지만 사람들의 말을 들어보면 주로 가족들이 많이 찾는다고 했다. 처음엔 어색하지만 10, 20분 지나면서 벗고 있다는 것이 자연스럽게 되고 무한한 자유까지 느끼게 된다고. 자신은 벗지 않고 남의 벗은 모습만 훔쳐보려 했던 이들까지도 결국엔 자신도 모르게 옷을 벗게 되고야 만다고 했다.

우리의 공중목욕탕에선 그 누구도 벌거벗었다고 창피해하지 않고 그저 자연스러울 뿐이다. 그런데 네 살 때 영국으로 가 만 9년 넘게 살다 귀국한 중3짜리 딸아이는 공중목욕탕에 처음 데려갔을 때 기겁을 하면서 너무나 이상하다고 했었다. 난 아직까지도 이 아이를 설득하지 못하고 있다. 너도 언젠가는 아무것도 걸치지 않은 상태가 주는 무한한 자유와 편안함을 느낄 날이 오리라.

영국에 체류 중이던 2002년 여름, 여성문화예술기획에서 '자아를 찾아가는 춤 여행'이라는 강좌를 여름방학 중에 해달라는 요청을 받은 적이 있다. 그때 내건 조건이 첫 수업에 목욕탕을 빌려서 모두들 벗고 만나자는 것이었다. 여자들이 집단적으로 벗을 수 있는 장소가 목욕탕밖에는 없으니까. 물론 빌리는 것이 쉽지 않아 목욕탕 수업은 무산됐지만 그때 난 아무것도 걸치지 않고 무심의 경지에서 자유를 찾아가는 나체 춤 여행을 생각했었다.

목욕탕에서 여자들이 나체로 있는 것만 보면 그들과 다 함께 춤추고 싶은 충동을 느낀다. 실오라기 하나도 걸치지 않고 함께 춤을 춘다면 얼마나 자유롭고 솔직해지며 서로 친해질까. 위아래도 없고, 잘나고 못난 자도 없으며 부자와 가난한 자의 구분도 없이…….

벌거벗고 함께 춤추는 일이야말로 지금 여기, 나와 우리를 온전히 함께 나누는 자각의 수행이 아닐까. 여성들이여, 이번 음력 6월 15일 밤 12시에 계룡산 계곡에서 알몸으로 만나 보름달빛 아래서 손에 손을 잡고 나체 춤을 추어보면 어떨는지요.[3]

---

3   조기숙, 「알몸으로 춤을 춥시다」, 『여성신문』 876호, 2006.4.28.

05

영혼과 영원이 스며든 몸

모든 사람에게 몸은 절대로 똑같지 않다. 생명은 다 같지만 생명체의 모습은 다르게 드러난다. 또한 몸은 평등하여 잘난 몸과 못난 몸이 있는 것이 아니라 각각 다른 몸이 존재할 뿐이다. 심지어 일란성 쌍둥이의 몸도 똑같지는 않다. 자신만의 개성이 담긴 몸을 남과 비교할 수 없고 비교해서도 안 된다. 다만 생명의 기운이 넘치는 몸과 그렇지 못한 그저 늙어가는 몸이 있다.

내 몸은 비록 작고 왜소하지만 부드럽고 착하다. 몸 공부를 오랫동안 해오며 이제는 내 몸에 자부심을 갖게 되었다. 어렸을 때 난 너무 작고 약해서 거의 발육부진 수준이었다. 어느 날 어머니가 발레를 하면 키가 커지고 튼튼해진다는 얘기를 들으시고 없는 형편에 내게 발레를 시킨 것이 내 발레 인생의 시작이었다. 어린 소녀가 발레리나가 되겠다고 결심한 이유는 발레를 열심히 하면 나도 공주처럼 아름다워질 수 있다고 믿었기 때문이었다. 그래서 비가 오나 눈이 오나 열심히 레슨을 받았던 것이다. 그때는 이 길이 이리도 험난한 길일 것이라고는 전혀 예측하지 못했었다.

인간은 어떤 어려운 조건에서라도 스스로 생기를 생성하고 매사에 평정을 유지해야 한다. 끊임없이 스스로 생명력을 창출해내는 것은 인생 최고의 덕목이다. 인간은 몸으로 이 세상에 올 때 자신의 생명력을 갖고 온다. 하지만 개인에 따라 어떤 사람은 생기가 넘치고 혹자는 기가 죽어 있다. 인간은 몸 공부를 하여 생태계에서 기운을 받는 법을 터득하고 스스로 생기를 창발해야 한다. 이런 생각을 하면 내가 발레를 하기 잘했다는 생각이 든다. 내가 발레를 하지 않았다면 어떻게 이 평범한 깨달음을 얻을 수 있었을까.

물질인 몸에는 물질이 아닌 영혼이 들어 있어서 생명을 영위한다. 영혼은 인간이 물질성을 초월할 수 있게 해준다. 인간은 자신의 몸에 스며들어 있는 영혼을 인식한다는 점에서 신과 동물의 사이에 존재한다. 영성의 발전에 의해 인간은 성장하고 진화할 수 있다. 인류는 늘 진화하는데 도착점은 없다. 영혼은 끝없는 자유의 세계이다. 몸은 진화 중이고 그래서 새로움이 늘 생겨난다. 몸에 완벽이라는 개념은 없다. 몸에 존재하는 영혼은 느끼면 강해지고 영성을 사용하면 계속 활성화된다. 인간의 몸은 단지 육신 덩어리가 아니라 영혼의 샘물이 샘솟아 어머니 지구와 통하는 현장이다. 영혼이라는 것은 보이지 않지만 분명히 존재하는 실체이다. 우리의 몸은 영혼이 들어 있는 무한한 가능성의 공간이기에 영혼을 잘 느끼고 갈고닦는 공부를 하는 것은 중요하다.

어떤 사람에게서는 영혼의 자유로움이 물씬 풍기며 생기가 넘쳐흐르고, 어떤 이에게서는 그저 영혼이 탁한 육신 덩어리라는 느낌만 받기도 한다. 영혼이 막힌 사람은 기가 막혀 있거나 빠져 있다. 영혼은 누구에게나 늘 존재하는 실체이고 인간의 진정성을 알게 하는 핵심이다. 우리가 흔히 "영혼 없는 대답"이라는 표현을 쓰는데 이는 진정성 없는 형식적인 반응을 말한다.

영혼을 빛나게 하지 않으면 어머니 지구에게 불효하는 것이다. 영혼을 알면 우아하고 격조 있게 행동하고 말하게 된다. 영혼을 방치해놓으면 몸의 건강을 잃고 몸의 상실까지 이어진다. 이렇게 몸과 영혼은 뼈와 살처럼 불가분의 관계에서 함께 살고 있다.

양인 영혼은 음인 인간의 몸에서 함께 산다. 양의 기운인 영혼은 무한한 자유의 경지이다. 몸에는 영혼의 뜻이 담겨 있다. 우리의 몸에는 우주의 역사가 각인되어 있다. 영적인 것은 미래를 향해 비상하는 힘이다. 다수의 사람들은 몸을 더럽거나 탐욕적인 것 또는 자유로운 영혼을 가두는 억압하는 곳으로 이해하고 있다. 이는 몸과 마음을 나누어 마음이 몸에 비해 더 고귀한 것이라고 여기는 이분법적인 사고 틀에서 나온 생각이다.

21세기에 이르러 '몸'이 중요한 화두가 되었다. 젊은 여자들은 다이어트 강박 때문에 먹고 나면 뱉어내고, 남자들은 식스팩을 만드느라 근육강화제를 먹어가며 죽어라 운동하고 있다. 그럼 그렇게 해서 날씬해지고 식스팩을 만들었다고 그 몸이 건강해지고 행복해지는 것일까. 절대 그렇지 않다. 그렇게 해서 날씬해진 몸은 생기를 잃고 요요 현상으로 금방 원상태로 돌아가고 만다. 식스팩은 생겼는데 몸에는 힘이 없고 생기를 찾기가 힘들어진다. 이런 문제들은 몸을 너무 제3자의 시각에서 대상화해서 생긴 것이다.

인간은 우주의 달과 무수한 별들과 소통하기 위해서 영성을 갖고 있다. 영성이 없으면 몸은 그저 육신 덩어리로 전락하고 만다. 영성은 보이지 않는 내면과의 소통도 가능하게 한다. 소매틱을 공부해서 영성이 고양되면 어머니 지구, 이모 삼촌인 별들과의 소통 능력이 향상되고 몸이 생태계의 핵심 구성원이라는 것을 인지하게 된다. 인간의 몸이 중요한 것은 몸에 영혼이 스며 있기 때문이다. 영혼의 힘으로 인간은 벼랑의 끝까지 가볼 수 있다. 그 벼랑의 끝에서 떨어져야 날개가 펼쳐진다. 뇌도 완전히 내려놓고 혼수상태가 되면 그 무엇인가를 만날 수도 있다. 이렇게 나를 완전히 잊어봐야 삶의 열정이 나온다. 자신의 몸으로 지금 여기에 몰두하면 아무것도 생각나지 않는 영적인 체험을 하게 된다.

살아 있는 몸은 영혼이 살고 있는 집이고, 이 집은 바뀌는 환경에 능동적으로 적응해간다. 우리가 추구하는 것은 내 몸을 알고 몸에 스며들어 있는 영혼에 자유를 주는 것이다. 영혼의 자유를 모르면 일단은 동물과 차이가 없어지고 인격의 고양이 불가능해진다. 소위 말하는 영혼이 풍부한 사람이 되지 못하는 것이다. 그러면 건강과 정서에도 문제가 생기게 된다. 영혼이 스며들어 있는 몸을 아는 것은 소우주인 자아를 찾게 되는 길이다.

그런데 자아란 찾는 즉시 내려놓아야 할 개념이다. 마치 에베레스트 정상에 올라가 정상인 것을 확인하는 즉시 깃발 꽂고 사진 찍고 바로 내려와야 하는 것과 같다. 왜냐하면 내려오는 것까지가 등산의 완성이지 정상에서 내려올 수 없으면 그건 실패나 다름이 없기 때문이다. 정상에서 내려오는 것처럼 영혼을 탐구하고 내려놓아야 영혼의 자유를 확장할 수 있다. 즉 몸에 있는 영혼의 자유를 추구하면 몸의 개념이 확장되는 것이다. 내 몸에 스며든 영혼을 느끼고 이 순간에 영원을 느낄 때 우주를 향한 자유를 얻을 것이고 세상을 품는 것이 가능해진다.

06

몸은 쉬기를 원한다

잘 쉬는 것은 어머니 지구와 아버지 태양의 품으로 스며드는 것이다. 이는 자연과 합일되어 생태를 살리는 일이다. 잘 쉬는 것은 뭔가를 해내려고 용쓰지 않는 것, 놔두는 것이고 실제로 '아무것도 하지 않는 것'을 하는 것이다. 무엇인가 하려고 용쓰지 않고 아무것도 하지 않을 때 창조가 일어난다. 무엇을 하려는 욕심보다는 내 몸을 잘 쉬게 하는 것이 보다 창조적인 일이다. 쉬는 것을 낭비라고 생각하는가. 그냥 낭비하며 시간을 좀 보내는 것도 나쁘지 않은 일이다.

몸은 쉬기를 원한다. 쉬는 것은 온몸의 세포마다 마디마디 생기를 채워 넣는 의식이다. 쉰다는 것은 몸에 스위치를 끄고 생각하지 않는 것이다. 현대인은 쓸데없는 생각을 많이 하면서 뇌를 혹사하는데 생각을 내려놓고 머리를 가볍게 할 필요가 있다. 모든 것을 떠나서 마치 태어나기 이전의 상태가 되듯이 초기화시키는 것이다. 몸 공부 수업이나 소매틱에 기반을 둔 응용무용(applied dance), 그리고 커뮤니티 댄스 수업 때 제일 중요하고 가장 먼저 해야 하는 것이 몸을 잘 쉬게 하는 것이다.

잘 쉬는 것은 인간에게 주는 것이 많다. 우선은 이완에 큰 효과가 있다.

그래서 소마 응축에 대한 최고의 치유를 이룬다. 이완은 소마에 안정을 주고 몸과 뇌의 기능을 극대화시켜서 움직임의 범위를 확장시켜주고 창의적 사고를 이끈다. 이완은 긴장에서 해방시켜주고 마음을 비우게 함으로써 자신을 성찰하게 한다. 또한 이완은 영적인 능력을 향상시킨다. 인간이 이 땅에 왔을 때는 그 뜻이 있고 역할이 있다. 이완이 되면 순수한 의식에 몰입할 수 있게 되고 자신이 이 땅에 오게 된 뜻을 알게 된다.

잘 쉬는 것은 생기를 창출하고 축적하는 길이다. 잘 쉬는 것은 무념무상의 상태가 되어 아무것도 하지 않고 아무 생각도 안 하는 것이다. 이는 분명 성장과 발전을 위한 토대이다. 잘 쉬는 것은 긴장, 만성피로, 스트레스로 인한 무기력한 상태에서 자신을 해방시켜주는 것이다. 이럴 때 자신에게 스며들어 있던 온갖 생각, 욕망, 불안 등을 없앨 수 있다. 잘 쉬는 것은 몸의 긴장을 풀고 마음속 생각까지 비우는 것이다. 생각을 하는 것조차도 쉬는 데는 방해가 된다. 무심의 상태가 되어야 한다.

잘 쉬는 것은 트라우마 치유에 상당한 효과가 있다. 몸의 기억이 과거 한순간에 갇혀 있어서 지금 여기서 몸과 마음이 제대로 움직이지 않는 것이 트라우마이다. 몸이 특정 과거의 어떤 시간에 붙들려 있는 것이다. 과거의 어떤 상처로 인해 자신의 시계를 과거에 고정한 채 새로운 차원의 체험을 거부하고 현재의 일을 외면하는 것이다. 몸을 잘 쉬게 하고 초기화시키는 일은 과거에서 현재로 내 몸을 가져오는 일이다. 멈춰버린 시간을 움직여서 미래로 나아가게 하는 것이 바로 치유의 핵심이다.

몸의 문제 중 가장 큰 문제가 응축과 긴장이고 이에 대한 치유가 바로 쉬기이다. 몸이 긴장되면 일단은 움직임이 제한된다. 몸의 움직임만 제한되는 것이 아니라 정신 영역에도 영향을 주어서 상상력, 창의력을 발휘할 수 없게 한다.

요즘 사람들은 몸에 좋다면 재즈, 사교댄스, 에어로빅, 필라테스, 요가, 등산, 무용 등 별의별 운동을 다 하고 몸에 좋다면 별것이라도 다 먹으려 한다. 이렇게 늘 무엇인가를 하려 하고 먹으려 하는 것만이 능사일까. 나는 아무것도 하지 않는 것을 제안한다. 그저 햇볕을 쬐고 맑은 공기를 마시며 생태에 내 몸을 맡긴 채 쉬는 것이다. 인간의 몸은 어머니 지구의 품에서 진정 쉬기를 원한다.

인간은 동물 중 유일하게 직립보행을 한다. 즉 인간의 몸은 누워 있을 때를 제외하곤 늘 중력에 저항하고 있다. 이 중력을 우리 몸의 단전 부위와 척추가 받쳐주고 있다. 때문에 골반이 비뚤어졌거나 척추가 바르지 않으면 디스크는 물론 다른 여타 질병이 유발된다. 별의별 운동을 다 하더라도 자세가 바르지 않은 상태에서 한다면 소용이 없다. 아니 오히려 건강을 해친다. 바른 자세 이전에 더 중요한 것이 바로 몸을 쉬게 하는 것이다. 운동 이전에 자신의 몸 상태를 알고 느끼고 잘 쉬게 해줘야 한다. 하루 종일 중력에 저항해서 긴장했던 몸을 적절히 쉬게 해줘야 하는 것이다.

며칠 전에 문득 딸아이 자세를 보니 고개를 오른쪽으로 살짝 기울여 오른 어깨가 약간 내려가고 왼 어깨가 살짝 올라간 비뚤어진 자세를 하고 있는 것이 아닌가. 지적을 해주니 본인이 자신의 자세를 전혀 모르고 있었으며 엄마의 말이라 그런지 별로 먹히지가 않았다. '대장간에 식칼이 논다'는 속담처럼 한국 최고의 몸 움직임 전문가로 인정받는 내가 딸 앞에선 그냥 무력한 엄마에 불과하다니.

그 일이 있고 난 후 지하철에서 지나가는 사람들을 보니 왜 그리 비뚤어진 사람들이 많은지. 어깨가 비뚤어진 사람, 상체를 뒤로 젖히고 다니는 사람, 허리를 앞으로 숙이고 다니는 사람, 심지어는 골반이 비뚤어진 사람들까지. 정확한 조사가 아니라 나 개인의 눈으로 본 것이지만 사람들의 70% 이상은 몸의 어딘가가 비뚤어져 있었고 90% 이상은 몸에 심한 긴장을 하고 있었다. 그런 자세로 걷고 뛰고 운동을 한들 다 무슨 소용이 있단 말인가. 대국민 바른 자세 운동이라도 해야 하는 것 아닌가 싶을 정도다.

그런데 바른 자세 이전에 더 중요한 것이 있다. 바로 몸을 쉬게 하는 것. 우리는 늘 건강을 위해 뭔가를 해야 한다는 강박관념에 사로잡혀 있다. 왜 몸에 좋다는 운동은 다 하려 하고 좋다는 음식은 다 먹으려 하는지. 하루 종일 중력에 저항해서 긴장해서 살아야 했던 몸을 적당히 쉬게도 해줘야 하는 것 아닌가. 그렇게 종일 일한 당신의 몸에 운동이란 미명하에 또 뭔가를 시키면 몸이 배겨나겠는가.

어떻게 하면 몸을 제대로 쉬게 해줄 것인가. 우선 중력으로부터 저항하느라고 긴장했던 몸을 완전히 중력으로부터 해방시켜줘야 한다. 무용을 가르치다 보면 몸이 너무 긴장되어 있어 이완이 잘 되지 않는 경우를 종종 본다. 특히 무용을 전문적으로 하는 사람들이나 몸에 대해 나름대로 안다고 자부하는 사람들은 몸에 힘과 권위가 들어가서 이완이 일반인보다 더 어렵다.

　몸을 이완시키는 방법은 어렵지 않으니 독자들께서도 한번 시도해보시길. 온몸에 힘을 빼는 것, 특히 목에 힘을 빼는 것이 가장 중요하다. 소위 사회적으로 잘 나가는 사람들일수록 목에 힘이 많이 들어가 있는 경우가 많다. 자, 이제 몸과 마음을 비우며 가능한 한 몸을 쫙 펼치고 바닥에 눕고 다시 온몸 특히 목에 긴장을 풀었는지 확인한다. 그리고 상상해보라. 자신의 몸이 이 지구의 기를 그대로 받아들여서 당신의 등이 지구의 한가운데로 쭉 빨려 들어가고 있다고. 또는 대서양 한가운데서 수압을 그대로 받으며 바다의 바닥으로 쫙 내려가고 있다고. 이것이 가능하다면 이제 당신은 몸이 자유롭게 허공을 날고 있는 것을 보게 될 것이다. 단 몸을 완전히 비웠을 때만.[4]

4　조기숙, 「목에 힘 빼고 몸을 쉬게…」, 『여성신문』 891호, 2006.8.18에서 발췌

07

몸은 놀기를 원한다

    노는 것은 몸의 자유를 찾는 것이고 뇌의 회로가 개발되는 창조적인 일이다. 또한 몸에 생기를 창출해서 생기를 회복하는 일이다. 몸이 살면 삶이 산다. 노는 것은 창의성과 가능성을 싹틔우는 일이다. 잘 놀면 몸이 살아나서 생명력을 고양시키고 몸이 갖고 있는 창의성을 증대시킨다.

    잘 노는 것의 대표적인 사례가 축제이다. 축제는 자연 속에서 인간, 신, 동물과 식물이 다 함께 생명을 즐기는 것이다. 인간의 삶과 죽음의 본능을 충족시켜주고 인간 사이의 결속을 다지는 놀이가 축제다. 논다는 것은 생명체들이 화해하고 의기투합해서 더불어 살기 위한 것이다. 혼자서 노는 것은 불가능하고 누군가와 함께 어울려서 놀아야 한다. 놀면서 다양한 환경에서 공존하는 법을 배운다. 사고의 다양성과 인간의 차이도 접한다. 잘 놀려면 배려가 필요하다. 몸을 보면 배려심이 배양되고 배려심이 생기면 몸을 더 잘 읽을 수 있게 된다.

    잘 노는 것은 잘 쉬는 것과 같이 생기를 창출하는 법이다. 또한 노는 것은 인간이 평등해지는 순간이자 제의이기도 하다. 놀이의 중요한 기능 중 하나는 인간을 고통의 기억에서 무디게 하거나 완화하는 것이다. 또한 잘 노는 것은 몸을 단련할 수 있게 할 뿐만 아니라 심리적 감각까지 향상시킨다. 노는 것은 자신의 몸에 매력을 만드는 일이기도 하다.

인간은 사실 놀기 위해서 일하는 것이다. 잘 놀 수만 있다면 우리의 인생이 얼마나 멋지겠는가. 잘 쉬고 잘 놀면 우리 몸은 저절로 건강해지고 생기를 형성한다. 몸은 숙명처럼 타고난 것이 아니라 수양에 의해서 끊임없이 변하고 진화해간다. 잘 놀면 건강해질 뿐 아니라 삶의 즐거움을 만끽할 수 있게 된다. 놀이는 몸의 '생기'를 북돋우는 데 아주 유용하고 적절한 방식이다.

내가 존경하는 멋쟁이 C교수가 평소에 자주 하는 말이 있다. "죽음은 두렵지 않으나 다만 잘 놀지 못하는 것이 아쉬울 뿐이다." 그의 건배사는 늘 "인생 뭐 있나, 먹고 놀자"이다. 사실 인간사 별것 없다는 말이 맞다. 아무리 재산이 많아도 죽을 때 단 한 푼도 가져가지 못한다. 자기 배 앓아 낳아서 금지옥엽 기른 자식과도 결국은 각자의 길을 가게 된다. 자식에게 우리가 해야 할 유일한 것은 기대치를 완전히 내려놓고 마음으로 떠나보내는 것이다. 위대한 일을 많이 해서 죽은 뒤 이름을 남길 것을 기대해본다면 그것은 가능할까. 훌륭한 사람이야 그럴 수도 있겠지만 그것 역시도 죽음 앞에서는 다 허망한 일이다. 가장 멋진 죽음은 그저 아무것도 안 남기고 자연으로 스윽 돌아가는 것이다. 죽어 이름 남기면 뭐 하겠는가. 살아 있을 때 생기 넘치게 멋진 삶을 살면 그만이다.

나는 내 수업에서 굳이 무엇인가를 하려고 할 필요가 없다는 점을 늘 강조한다. 그냥 놀듯이 편하게 공부하면 좋겠다는 생각이다. 의도적인 목적보다는 그냥 지금 여기를 즐기는 것이 필요하다. 노는 것은 혼자서보다는 같이 해야 한다. 같이 놀면서 관계를 이해해야 한다. 놀면 타인을 섬세하게 알게 되고 배려하는 마음이 더 잘 생긴다. 삶이란 놀라고 있는 것이고 몸이란 쓰라고 있는 것이다. 놀 때 놀지 않으면 삶은 점점 삭막해지고 몸의 기운은 없어진다.

똑같은 것만 반복하며 살면 몸은 진화하지 않고 뇌의 회로도 개발되지 않는다. 열정이 몸의 원동력이고 몸은 환희가 있어야 하는데 노는 것은 몸이 기운을 살아나게 하여 열정과 원동력을 회복시킨다. 춤추기처럼 재미있는 놀이도 없다. 이런저런 움직임을 하면서 놀면 모든 세포와 마디의 감각이 되살아난다. 그래서 잘 노는 것은 몸의 감각을 살리고 관계에 대한 이해를 하게 한다. 놀지 못하는 인생은 참으로 재미없고 건조한 삶이다. 놀지 못하는데 삶에 대한 깨달음과 재미가 있을 리 없다. 사실 인간에게 가장 중요한 현실은 바로 우리 몸이고 이 몸으로 생기 있게 사는 것이다. 그 생기는 누가 가져다주는 게 아니라 스스로 샘물처럼 솟아나야 한다. 그것을 위해서 가장 좋은 방법이 노는 것이다. 그래서 인간은 축제를 하는 것이다. 축제는 몸에 대한 겸허함과 감사함을 갖고 인간과 인간이 만나서 노는 것이다.

잘 노는 것은 소마 응축을 치유한다. 현대인은 너무 바쁘고 정신없이 살고 있다. 그리고 무엇인가를 너무 많이 하려고 한다. 왜 그렇게까지 살아야 할까. 그런다고 더 잘 사는 것일까. 대다수의 한국 남자들의 놀이법은 술 마시는 것이다. 그것도 1차 2차 3차, 차수를 늘려가면서 취할 때까지 마신다. 게다가 남자들끼리는 스스로 놀지도 못해서 여자 도우미를 찾는다. 잘 노는 성인 놀이 문화가 정말 필요하고 중요하다. 어린이에게 제일 큰 공부는 놀게 놔두는 것으로 놀 때 몸이 생기를 갖고 살아난다. 성인도 마찬가지이다. 어른들도 아이들처럼 아무 생각 없이 다양한 방법으로 그냥 신나게 놀 수는 없을까?

　노는 것은 인간을 평등하게 하기에, 놀 때에는 계급이 사라진다. 그래서 각종 페스티벌이 발달한 것이다. 잘 놀면 사회적 적응력이 생겨서 생존경쟁에서 살아남기가 쉬워지고 잘 놀지 못하면 변하는 상황에 적응하기가 힘들어진다. 잘 노는 것은 바로 몸으로 움직이며 노는 것이다. 많은 사람들은 먹고살기 바쁜데 놀 시간이 어디 있냐고 반문할 것이다. 노는 데에는 그렇게 긴 시간과 특별한 계획이 필요하지 않다. 짬짬이 틈틈이 어디서라도 움직임을 즐길 수 있으면 그것이 놀이가 된다. 그리고 자신이 하는 일을 가능한 즐기면서 할 수 있다면 그것 역시도 노는 것과 연결된다. 이제까지 우리는 그저 먹고살아야 한다는 생존에 대한 처절함으로 몸을 혹사시켰다. 이제부터는 긴장을 풀고 온전히 자신의 몸으로 돌아와 놀아야 한다.

08

건강이란 무엇인가

   건강이란 무엇인가. 소극적으로 정의하면 아프지 않은 것을 뜻한다. 인간은 왜 아픈가? 이에 대한 분석은 소매틱 계열에서는 메소드마다 약간씩의 차이가 있다. 알렉산더(F.M. Alexander) 테크닉에서는 비기능적 움직임 패턴(Dyfunctional Movement Patterns)에서 아픔의 근거를 찾는다. 학문으로서의 소매틱스를 구축한 토머스 하나(Thomas Hanna)는 감각운동 인지 장애(Sensory Motor Amnesia)로 인한 아픔을 주목한다. 근육 재훈련 요법을 주창한 크레이그 윌리엄슨(Craig Williamson)은 타락한 운동감각(Debauched Kinesthesis)으로 인해 인간이 아픔을 겪는다고 역설한다. 움직임을 통한 인지를 주창한 모세 펠던크라이스(Moshe Fendenkrais)는 규정화된 패턴으로 인해 아픔이 발생한다고 주장한다. K소매틱에서는 몸과 마음의 긴장 패턴에 의해 아픔이 발생한다고 파악하고 있다.

   이렇게 다양한 원인 분석에 따라 아픔을 완화하고 해결하는 해법도 조금씩 다르다. K소매틱에서는 몸이 갖고 있는 자연치유력에 대한 신뢰에 기반하여 몸이 스스로 그러함을 회복하여 자연스러운 상태를 찾는 것을 중시한다. 또한 고유수용감각을 일깨워서 생명력을 복원하고 잘못된 뇌와 움직임 패턴을 알아차리고 움직임의 새로운 패턴을 찾아, '습'을 바꾸는 것을 아픈 것의 치유의 핵심 내용으로 강조한다. 공부를 하면 평생 바꿀 수 없다고 생각한 습을 바꿀 수 있다.

건강한 몸은 부드러운 몸이다. 진정 건강한 몸은 남에게 화려하게 드러나는 것이 아니라 자연스러움(스스로 그러함을 찾는)을 회복한 편안한 몸이다. 몸은 건강과 직결돼 있고 몸이 지향하는 것은 건강이다. 건강은 한 부분에 국한되지 않고 온몸의 조화의 문제이다. 사실 건강이란 수치나 이론으로 정의할 수 없다. 균형이 파괴되어 건강이 망가지면 균형이 파괴된 것을 느낌으로 알게 되는 것이다. 건강은 신체적으로나 정신적 혹은 사회적으로 탈 없이 모든 것이 조화를 이루는 편안한 상태를 말한다. 그래서 웰빙(well-bein) 상태, 즉 잘 사는 것을 건강하다고 말할 수 있는 것이다.

인간이라는 생명체는 자신을 태어나게 한 생태 환경에서 생기를 부여받아야 살 수 있고 건강할 수 있다. 건강은 개인만의 문제가 아니라 생태와 연결되어 있다. 또한 건강은 육신만의 문제가 아니라 마음과 깊게 연결되어 있다. 온갖 건강법을 찾기보다는 내 몸을 있는 그대로 아는 것이 중요하다. 몸이 아픈 것은 생명이 진행되는 과정에 따른 것으로 이제 좀 쉬라는 신호이다. 우리 몸에는 수많은 보호 장치가 있어서 약간 아프거나 문제가 생기는 정도는 챙겨주기만 해도 자체 해결이 된다. 몸이 심하게 아픈 것은 몸과 마음의 균형이 깨졌을 때 드러나는 현상이니 조화와 균형을 회복할 기회이기도 하다. 건강에 지나치게 집착하기보다는 별다른 애를 쓰지 않고 있는 그대로 편안히 사는 것이 건강하게 사는 것이다.

생의 목표를 몸으로 건강하게 느낄 때 천국 또는 이데아가 지금 여기서 실현된다. 살아간다는 것은 몸의 건강을 자연스럽게 유지할 수 있는 상태를 말한다. 동양에서는 같이 사는 것을 강조한다. 자연은 우리가 정복해야 할 대상이 아니라 함께 살아가야 할 큰 차원의 '우리'인 것이다. 동양에서는 우주적 차원에서 생명체가 함께 건강하게 사는 것, 서로를 이해하는 것을 늘 강조했다. 다친 것을 극복하는 것은 몸이라는 우주의 스스로의 작용으로 스스로 그러함을 찾으며 되는 것이다.

사람은 병으로부터 최후통첩 정도를 받았을 때에 비로소 자신의 삶의 패턴을 다시 생각하게 된다. 특히 평소에 건강했던 사람들일수록 자신의 몸의 상황에 더 소홀하다. 자신이 건강하다는 확신은 몸에 대해 달리 생각할 여지를 차단하는 것으로 몸의 시각에서는 좋지 않을뿐더러 위험한 생각이다. 나는 작년에도 암벽 등반, 빙벽 등반을 일상적으로 하던 건강한 사람이 하룻밤 사이에 갑자기 죽은 경우를 봤다.

그 누구든 어느 정도 건강의 문제는 있다. 아파야 생명이고 그래야 몸이고 삶이다. 건강은 스스로 만드는 것이지 밖에서 누가 주는 것이 아니다. 내 몸은 내가 책임져야 한다. 건강한 사람이 많을수록 사회 또한 건강해진다. 사람이라면 누구나 몸과 마음을 어떻게 건강하게 할 것인지 고민한다. 하지만 그 건강에 대한 개념은 웰빙에 대한 지나친 관심을 얘기하는 것이 아니라 어쩌면 웰다잉(well-dying)에 대한 준비이다.

건강과 행복은 몸에서 출발한다. 몸을 움직이는 것이 보약이다. 몸 공부의 핵심은 내 몸을 알고 잘 움직여서 스스로 생기를 창출하고 진화해가는 것이다. 내 몸을 알 때 타인과의 진정한 소통이 가능하다. 나의 감정은 나의 마음이나 정신의 문제라기보다는 나의 몸의 문제이다. 건강은 생각으로 증진하는 것이 아니라 몸으로 구체적으로 하는 것이다. 특히 마음의 안정을 위한 뇌신경계 이완, 호흡 수련, 움직임 명상, 고유수용감각 수련 등은 모두 몸으로 직접 하는 것이다.

몸은 인간의 기본이자 삶의 모든 것이다. 노자는 인간에게 몸이 없다면 도대체 뭐가 있겠느냐며 이미 수천 년 전에 몸의 중요성을 강조했다. 몸이 없는데 무슨 우리에게 걱정이 있겠는가. 근심걱정이 다 몸의 문제이다. 건강하게 살다가 한순간에 딱 갈 수만 있다면 이것이야말로 최고의 이데아일 것이다. 그러나 이것이 누구에게나 오는 행운은 아니고 이를 위해 평소 몸 공부를 하고 건강하게 살아야 내게도 그날이 올 수 있으리라 생각한다. 내가 몸 공부를 하는 이유는 건강하게 살다가 한순간에 딱 가기 위해서이다.

누구에게나 자신의 몸은 이 세상에 유일한 것으로 그 자체로 귀하고도 귀하다. 언젠가는 죽을 생명이지만 살아 있는 동안 건강하게 살아야 한다. 인간이 몸을 갈고 닦아 건강을 유지하는 것은 죽을 때까지 해야 하는 일이다. 당연히 건강해야 하지만 지나치게 건강에 집착하는 사람은 건강하기 힘들다. 건강의 노예가 되면 건강해야 한다는 강박이 우리를 해친다. 지인 한 사람은 술도 담배도 하지 않고 늘 '건강'이란 말을 입에 달고 건강만 챙기면서 살았는데 은퇴하자마자 바로 암으로 돌아가셨다. 이 역시도 과유불급(過猶不及)이라 건강에 대한 지나친 집착은 건강을 내팽개쳐버리는 것만큼 문제가 있는 것이다.

건강 집착만큼이나 문제인 것이 건강에 대한 지나친 자신감과 실제로 너무 건강한 것이다. 몸에 아무 문제가 없다는 것은 문제가 생겼을 때의 대처 능력이 생기지 않았다는 뜻으로 별로 좋은 것이 아니다. 건강이나 에너지도 너무 차 있으면 유지하기 힘들고 끝내는 기울어지게 마련이다. 너무 에너지가 센 사람은 그냥 가만히 있는 게 더 낫다. 골골 백세라는 말도 있지만 몸이 약한 사람은 자신의 몸의 문제와 건강의 약점을 늘 파악하고 있어서 더 큰 문제를 예비할 수 있다. 항상 장사같이 건강하던 사람이 어느 날 푹 쓰러져서 아주 가버리는 경우를 자주 본다.

정말 죽는 것은 한순간이고 그렇게 순간에 죽는 것은 참으로 깨끗하게 죽는 것이기도 하다. 그 어느 몸도 완벽한 몸은 없고 몸마다 장단점이 있다. 몸은 단 한순간도 정지되어 있지 않아서 언제나 건강한 몸은 있을 수 없다. 아주 건강한 사람이라도 건강을 해치는 것은 한순간이다. 그것도 모르고 자신은 타고난 건강한 몸이라고 믿고 몸을 함부로 굴리면 몸이 나빠지는 것은 한순간이다. 평상시 건강했기 때문에 나빠지고 있는 몸을 머리로 인정하고 싶어 하지 않는 것일 수도 있다. 즉 우리의 몸은 늘 처음이고 언제나 수련을 해야 하는 것이지 타고난 건강은 없다는 것이다.

몸은 정직하기에 건강한 일을 해야 건강해진다. 건강은 마음이 담긴 몸의 움직임에 의해서 확보되고 유지된다. 생명체는 움직이면 살고 정지하면 죽는다. 그렇다고 아무 움직임이나 다 건강에 좋은 것은 아니다. 몸에 무리가 없고 억지스럽지 않고 부드러운 움직임이어야 한다. 부드러움은 그 사람의 내공만큼 드러난다. 몸이 바르고 움직임이 부드러운 자에게 건강은 주어진다. 어찌 보면 움직임 자체가 건강의 명약이라고도 할 수 있다. 그 움직임은 새로움을 추구하는 것이어야 한다. 움직임에 새로움(모험)이 없으면 움직임이 아니고 몸과 뇌가 늙어가게 된다. 판에 박힌 것은 성장을 도모할 수 없는 것이고 삶도 아니게 된다. 몸이 있는 이유가 무엇인가? 탐구하라고 있는 것이다. 바다가 물을 사양하지 않듯이 몸이 새로운 움직임을 왜 사양하겠는가?

사람의 몸과 행동에는 그 사람의 정신과 수준이 깃들어 있고, 그의 현재 상태를 반영하고 있다. 몸이 건강하다는 것은 그 사람의 마음과 영혼의 상태도 훌륭하다는 의미이다. 아무리 마음이 착하고 멋진 꿈을 갖고 있어도 병들어 몸이 아프면 그 모든 것이 허무해져버린다.

그리고 자신의 건강이 소중하다는 걸 알면 보다 큰 범주의 몸인 공동체의 중요성도 몸이 알게 된다. 건강한 몸이란 개인적 차원의 몸만으로 그치는 것이 아니라 공동체에 대한 소통과 나눔을 동반한다. 자신과 자신의 몸이 귀하다는 걸 알기에 타인과 생태 환경도 소중하다는 것 역시 알게 되어서 생태감수성이 생긴다. 그러면 기꺼이 다른 생명을 모시고 생태계를 지키는 삶을 살게 된다. 몸이 없는 사람은 존재하지 않는다. 우리의 몸은 독립적이지만 늘 생태 환경과 관계 속에서 존재한다.

병이란 무엇인가? 인간은 누구나 병을 조금씩 달고 산다. 병은 몸이라는 일종의 '기계'에 이상이 생긴 결과로 나타난다는 시각도 있지만 그렇지 않은 경우도 많다. 특히 만성통증은 신체 일부의 기능적 이상이라기보다는 그의 상황, 마음 상태, 움직임 패턴에 의한 내부 감각 시스템의 오류 때문에 생긴다. 불안장애나 우울증 등의 감정 조절 장애 역시 마찬가지다. 이런 경우 기계에 이상이 생겼을 때처럼 병원에서 처방하는 치료법을 실시하는 것만으로는 치유가 불가능하다. 감정과 병은 모두 그가 살아온 것의 결과임을 알아서 스스로 그 원인을 찾아야 몸의 조절 장애와 만성통증으로부터 벗어날 수 있게 된다. 그러니 내 몸의 의사는 나라는 말이 맞는 것이다.

09

내 몸은 대청소를 원한다[5]

    몸을 깨끗하게 하고 공간을 확보하는 방법 중 확실한 것이 대청소를 하는 것이다. 내 몸과 내가 사는 공간을 텅 빈 공간으로 만드는 방법은 버리는 것이다. 텅 빈 공간은 무한한 가능성이다. 곤도 마리에[6]는 집 정리로 세계적인 스타가 되었다. 곤도는 집 정리는 삶에서 가장 중요하고 그러기 위해서는 설레지 않는 것들은 버려야 한다고 주장한다. 워낙 곤도 마리에의 집 정리가 세계적으로 뜨다 보니 집 정리 자격증 과정까지 생겼다고 한다. 집뿐만이 아니라 몸의 내부도 좀 비우고 청소를 해야 한다.

    건강은 타고나는 것이 아니라 스스로 만들어나가는 것이다. 먹고 운동한 것, 정신적인 스트레스와 삶의 패턴 등 다양한 요소들이 축적돼 현재 그 사람의 건강으로 나타난다. 그러니 건강이야말로 '사필귀정(事必歸正)'이라 아니할 수 없다. 교수가 된 지 10년이 넘은 인문대 교수의 연구실에 가본 적이 있다. 방 안이 온통 책과 잡지, 논문 등으로 너무 복잡해서 정

---

5   조기숙, 「내 몸은 대청소를 원한다」, 『여성신문』 893호, 2006.9.1. 수정 보완.
6   곤도 마리에(Kondo Marie, 1984~)는 일본의 세계적인 정리 컨설턴트로서 『정리의 기술』, 『정리의 힘』, 『설레지 않으면 버려라』 등 베스트셀러의 저자이다.

신이 없었다. 교수 된 지 20년이 넘은 분의 연구실에 가니 10년차 교수의 방과는 비교도 되지 않게 훨씬 더 많이 쌓여 있었다. 책, 학술지, 책상, 의자, 원탁, 소파, 냉장고, 옷걸이, 텔레비전, 비디오, 간단한 주방용품 등. 이 연구실에선 발 디딜 틈도 없어서 사람이 지나다니려면 숨을 들이마시고 몸을 홀쭉하게 한 뒤 옆으로 다녀야 한다.

그에 비해 내 연구실은 아무것도 없어서 넓어 보인다. 최소한의 책만 있고 가능한 빈 공간을 유지하려 하기 때문이다. 그래서 내 연구실은 한 사람이 춤을 춰도 될 만큼의 공간이 된다.

공간을 깨끗이 잘 사용하는 방법은 무엇일까. 평소에 쓸데없는 것들을 잘 버리는 것이다. 그러고도 뭔가 계속 쌓이면 1~2년에 한 번씩 대청소를 해줘야 한다. 대청소의 비결은 가능한 한 있는 물건들을 싹 들어내는 것이다. 사람이 죽음을 준비할 때도 짐을 정리해야 한다. 죽고 나서 돈도 아닌 짐을 남겨서 자식들에게 귀찮은 일을 시킬 필요는 없다.

우리 몸도 마찬가지다. 태어남과 동시에 인간은 계속 먹으면서 살아가기 때문에 우리도 모르는 사이에 몸에는 불필요한 노폐물이 쌓인다. 이 노폐물은 비만, 당뇨 등 성인병으로 연결된다. 그러니 건강을 위해서는 몸과 위를 비울 필요가 있다. 그 방법은 바로 단식이다. 단식이야말로 건강을 위해 꼭 필요한 일이다. 특히 40세가 넘은 사람들은 1~2년에 한 번씩은 몸의 대청소를 위해 단식을 할 필요가 있다.

하지만 단식은 칼의 양면과 같아서 생명을 살릴 수도 죽일 수도 있다. 단식에 대한 충분한 이해와 지식을 가지고 시작해야 하며 준비식과 회복식을 제대로 하지 않으면 오히려 건강을 해칠 수도 있다. 밥을 굶으면 금방 배고파 죽을 것 같지만 사실 단식하는 동안에도 우리는 물도 마시고 공기도 마시기에 생명에는 아무 지장이 없다. 준비가 되어 있지 않으면 단식을 해서는 안 된다. 단식이 힘든 사람에게는 해독을 권한다. 해독은 아주 굶는 것이 아니라 생식과 효소를 먹으면서 위의 노폐물을 청소해내는 것이라 일상생활이 가능하다.

우리는 늘 잘 먹고 위를 채울 궁리만 했지 위를 비우는 것에 대해서는 생각하지 않는 것 같다. 방을 깨끗이 잘 관리하는 비결이 대청소와 정리인 것처럼 우리 몸을 건강히 관리하기 위해서도 적게 먹고 적당한 때에 위를 완전히 비워내는 대청소를 해줘야 한다. 위를 쉬게 하고 청소하는 것을 통해서 그간 쌓였던 노폐물과 쓰레기를 해결할 수 있다. 그러면 먹는 것보다도 훨씬 더 건강해질 수 있다. 현대인은 못 먹어서 문제가 아니라 많이 먹어서 문제이다. 물론 아직도 기아에 허덕이는 사람들이 있고 이는 그들에게 해당되는 얘기는 아니다.

단식은 먹으면서 이루지 못했던 건강을 회복할 뿐만 아니라 육체적 수행과 정신적·영적 성장도 할 수 있다. 그래서 종교 지도자들과 수행자들이 단식을 하는 것이다. 여기서 영적 성숙은 완전히 다른 차원으로 거듭날 수 있는 환골탈태의 탈바꿈이라 할 수 있다. 즉 몸의 단계에서 영혼의 단계로의 초월인 것이다. 진리는 저기 저 너머로 가서 그곳에 있는 것이 아니라 바로 지금, 여기, 내 몸에서 초월을 이루는 것이다.

10

소식으로 건강을 지키자[7]

    한국의 전통 미학은 '여백의 미'이다. 꽉 채우기보다는 여백을 남기는 것인데 그림뿐만이 아니라 춤에서도 '장단을 먹는 것' 등의 여백미가 전통적인 특징이라 할 수 있다. 이 개념은 몸에도 그대로 적용된다. 빈 공간은 무한한 가능성이다. 배를 꽉 채우게 먹는 것보다는 적당히 먹는 것이 건강에 좋다. 배를 꽉 채우면 위는 그것을 소화시키느라 힘들게 일을 해야만 한다. 내 몸 안에 공간을 확보하는 것은 모든 기, 혈이 잘 지나가게 하기에 유의미하다. 배를 채우기보다는 적당한 공간을 보장해주어야 한다.

    내가 존경하고 좋아하는 선배 부부의 얘기를 하겠다. 부부는 민주화운동에 매진하느라 아이들이 어렸을 적에 제대로 돌볼 수가 없었다. 아버지는 감옥에 갇혀 있었고 어머니 역시 남편 뒷바라지에 민주화운동으로 바쁜 탓에 아이들은 자기들끼리 자라다시피 했다. 아이들을 잘 먹이지도 못했고 부모가 모두 키가 작은 편인데도 고맙게도 아들은 키 178센티, 딸은 165센티로 훤칠하게 잘 자랐다. 그 성공이 너무나 부러워서 선배에게 뭘

---

7   조기숙, 「소식으로 건강을 지키자」, 『여성신문』 886호, 2006.7.7

먹였느냐고 물으니 그가 하는 말이 매일 저녁 밖에서 전화해 "애들아, 밥통에서 밥 꺼내고 냉장고에서 김치 꺼내 먹어"라고 했다는 것이다.

'식(食)은 명(命)이다'라는 말이 있듯이 먹는다는 것은 너무도 중요하다. 그런데 '잘 먹는 것'이란 과연 어떤 것일까. 우리 사회는 재미있게도 먹는 것에 대한 양극단적인 생각을 갖고 있다. 그 하나는 배부르게 실컷 먹는 것에 대한 가치 부여다. '먹고 죽은 귀신은 때깔이 다르다' '뚱뚱해져도 나중에 다 키로 간다' 등의 말을 한 번쯤은 들어봤을 것이다. 역사의 격동기를 살아오면서 제대로 배부르게 밥을 먹어본 적이 없는 부모 세대들에게 자식들을 실컷 먹이는 것은 절체절명의 과제였다. 그런데 지금은 너무 먹어서 문제가 되는 세상이 되었다. 자식들에게 너무 먹여서 나타난 현상이 어린이 비만이다. 비만은 만병의 근원이며 비만아들은 바람 든 무처럼 겉으로만 멀쩡하지 실상 건강하지가 않다. 심지어는 갱년기 여성에게나 나타나는 골다공증 증세를 보이는 비만 남자 어린이도 있다고 한다.

이와는 반대로 과식의 위험을 경고하는 속담도 있다. '배 8부에 의사가 필요 없다'는 말은 과식을 피하면 건강을 지킬 수 있다는 뜻이다. 내 평생 적게 먹거나 굶어서 병들거나 죽은 경우는 한 번도 본 적이 없다. 고혈압, 당뇨, 뇌경색, 각종 암 등 심각한 현대병은 대부분 너무 먹고 움직이지 않아서 생긴 병들이다. 먹는 것은 에너지를 공급하는 중요한 일이지만 한편으로 필요한 에너지 이상의 양을 먹거나 인스턴트 음식을 많이 먹으면 몸 안에 노폐물이 쌓인다. 이 노폐물이 바로 현대병의 근원인 것이다.

이를 막기 위한 가장 기본적인 방법이 과식을 하지 않는 것이다. 좀 더 본격적인 방법인 소식은 소화 흡수 기관에 부담을 주지 않고 체내에 노폐물이 적체되지 않기 때문에 병의 근원을 없앨 수 있다. 처음 얘기한 아이들이 건강하고 헌칠하게 자란 것은 밥과 김치 위주의 넉넉지 않은 식사량 때문이었던 것이다.

특히 40세 이후엔 소식이 더욱 중요하다. 40년 이상 위가 하루도 쉬지 않고 일했으면 이제는 좀 쉬게 하면서 그동안 쌓인 유해물질을 청소할 여유를 줘야 한다. 이를 위해 권하고 싶은 방식이 1일 2식, 즉 아침을 먹지 않고 점심·저녁만 먹는 것이다. 1일 3식은 그저 습관일 뿐이다. 아침을 안 먹는 것에 익숙해지면 오전 내내 위와 몸이 가볍고 기분이 상쾌하며 점심을 먹어도 흡수와 소화가 잘 된다. 아침을 안 먹으면 허기가 져서 오전 내내 일을 할 수가 없다고 하는 사람들을 보면 살이 찐 사람들이 제법 있다. 물론 이는 한 사례이며 사람마다 몸이 다르고 삶의 패턴이 다르기 때문에 꼭 아침을 안 먹을 필요는 없다. 강조하고자 하는 바는 소식이고 1일 2식인 것이다.

특히 50이 넘어서 1일 2식을 하면 건강에 좋고, 시간도 절약하고, 게다가 경제적인 효과도 있으니 그야말로 '1석 3조'가 아니겠는가. 이제부터라도 건강을 위해서 위를 혹사시키지 말고 적당히 비워두길 바란다. 물론 실천은 여러분의 몫이다. 참고로 절식 모금 운동을 한 사례를 공유한다. 2011년 기쁨나눔재단의 염영섭 신부님과 함께 하루 1식 절식운동을 해서 그 밥값에 해당되는 돈을 모아 방글라데시의 결식아동들에게 보냈었다. 너무 먹어서 문제인 분들에게는 식사를 좀 적게 하게 하고, 한국에서 한 끼의 식대가 굶어서 죽어가는 방글라데시에서는 한 어린이를 살릴 수 있는 자금이 되는, 일거양득의 의미가 있는 캠페인이었다. 지금도 이 일은 유용하다고 생각한다.

11

몸은 민주주의[8]

　우리는 살아 꿈틀거리는 연결되어 움직이는 몸에 주목한다. 몸 민주성은 내 몸과 타인의 몸의 관계뿐만이 아니라 내 몸의 모든 곳이 평등하기에 민주적인 관계 맺기를 해야 한다는 것이다. 우리의 몸의 각 부분은 각각의 역할이 있고 모두 중요하다. 이 평등성과 세계와의 관련성이 다 중요하다. 몸의 민주성이라는 개념은 각 부분을 움직이며 유기적으로 연결을 이어가는 무용을 통해서 더욱 명료해진다. 예를 들자면 보통 발바닥하면 낮은 차원이나 덜 중요한 몸의 부분으로 인식하는 경우가 있는데 사실 발바닥은 인간의 몸과 세상(공간)이 만나는 바로 그 현장으로 상당히 중요한 부분이다. 그래서 발바닥에는 온갖 기와 혈이 통과하고 있다. 머리가 중요한 만큼 발바닥도 중요하고 우리 몸의 그 어느곳도 중요하지 않은 곳이 없다. 단 그 역할이 다를 뿐이다. 몸을 보면 이 사회를 이해할 수 있는 지혜를 터득한다.

　무용은 이러한 몸—민주성을 탐구하는 데 유용한 방식이다.

8　조기숙, 「가부장적 남성, 진짜 장애인」, 『여성신문』 874호, 2006.4.14. 수정 보완.

몸-민주 개념은 내 몸과 타인의 몸의 관계를 새롭게 이해하는 틀을 제공한다. 몸-민주성 형성 과정은 사회적 상호작용, 자기 이해의 확장과 인격 형성 과정의 이해를 풍부하게 하는 경험을 하게 한다.

몸은 민주적일 뿐만 아니라 몸이 바로 민주주의이다. 몸은 민주적 의사소통의 수단이 아니라 의사소통 그 자체이다. 몸에 스며들어 있는 민주적 본질이 개인의 몸에서 또한 인간관계에서 드러나는 것이다. 인간은 몸으로 주체적으로 세상을 보고, 냄새 맡고, 만지고, 느끼고, 생각하고, 말하고, 경험한다.[9] 아직도 다수의 사람들이 몸은 마음의 명령을 받아서 움직이는 수동적인 육신이고 몸에서도 위계가 있어서 중요도가 다르다고 생각하는 경향이 있다. 몸은 더럽지도 탐욕적이지도 않고 몸 안에서 서로 경쟁하고 높고 낮음을 정하지도 않는다. 몸에 대한 이러한 생각은 몸과 마음을 나누어 마음이 몸을 조종하는 주인이라는 이분법적인 사고의 틀에서 나온 비민주적인 사고이다. 사람들이 알고 있는 것이 무엇이든, 생각, 감정, 이미지, 감각은 그들의 민주적인 몸에서 주체적으로 경험한다.

니체가 강조했듯이 몸은 바로 나이다. 즉 몸은 자신의 삶이 담긴 주체로서 생명의 실현의 장이다. 몸이 민주주의라는 뜻은 자신의 몸에 대한 책임, 의무 그리고 자유 모두를 말하는 것으로, 자신이 몸의 주체가 되어야 되고 자신의 생존에 필요한 일은 자신의 몸으로 해내야 된다는 것이다. 몸이 대상화, 상품화되는 세상에 살다 보니 내 몸이 타자가 돼버린 경우가 많다. 예쁘게 보이려고 다이어트를 하고 멋지게 보이려고 식스팩을 만든다. 그러면서 정작 자신의 몸의 소리를 듣고 몸을 돌보고 살피는 일

---

9   Hanna, T., "What is Somatics?: Part I", *Somatics*, Spring Summer, 2003, pp.50~55.

에는 둔감하다. 또한 자신의 생존을 위한 최소한의 노동도 하지 않는 사람들이 많다. 자신의 인격을 성장시키기 위한 몸 공부 실행은 주체의 몸으로 가능하다. 주체의 몸이 직접 하지 않으면 그 누구도 대신해줄 수 없다. 이런 성장을 할 때 우리의 몸은 육신 덩이에서 소마로 승진하게 된다.

민주적인 몸의 관계는 중요하다. 우리의 일상을 살펴보자. 오늘도 텔레비전 드라마에선 출근하는 남편 옆에서 다소곳이 서서 재킷을 들고 있다가 입혀주고 가방과 손수건을 가져다 손에 쥐여주는 아내가 등장한다. 그 아내 역시도 직업이 있는 여자이다. 저 여자는 언제 준비하고 출근하나. 저런 모습이 직장 다니는 여자들에게 가능할까. 그런데도 그런 장면이 아직까지 남편과 아내의 전형적인 모습인 양 그렇게 표현되고 있다.

인간은 모두 얼굴과 몸통, 그리고 팔과 다리 한 쌍씩을 가지고 태어난다. 그래서 팔이나 다리가 하나밖에 없거나 보고 듣는 기능이 불편한 사람들을 우리는 장애가 있다고 표현한다. 어찌 보면 장애라는 건 불편함이 없는 사람들이 만들어낸 편견일 수도 있다. 내가 알고 있는 장애우들은 그들이 갖고 있는 최대한의 능력을 사용하면서 불편함을 극복하고 건강하게 잘 살고 있다.

진짜 장애인은 외관상의 장애는 없으나 주체적으로 몸을 쓰는 데 장애가 있는 사람이다. 몸은 쓰라고 있는 것인데 자신의 생존을 위한 최소한의 노동조차도 누군가가 해줘야 하는 사람들이야말로 장애인이다. 이들은 지속적인 치료와 관리를 받아야 하는 사람이다. 이들의 가족 역시 다른 장애인 가족들과 마찬가지로 경제적·심리적 부담이 매우 크다.

우리나라에서 법적으로 인정하는 내부 장애는 신장 장애, 심장 장애, 간 장애, 호흡기 장애, 간질 장애 등으로 현재 총 7만 4381명. 전체 등록 장애인 156만 8,261명 가운데 21%를 차지하고 있다고 한다. 보건복지부는 관련 전문가들의 연구를 거쳐 중증 피부질환 장애, 소화기 장애, 비뇨기 장애, 혈우병, 에이즈, 알코올 약물 중독, 치매, 기질성뇌증후군 외 내부기관 장애와 발달장애, 정신적 중증장애 등을 중심으로 장애 범주를 확대해 나갈 예정이라고 발표한 바 있다. 이러한 장애의 범주에 위에 열거한 사항에 해당하는 남자들을 넣자고 제안하고 싶다. 온전한 육신을 갖고도 그것을 쓰지 못하고 사는 절반 이상의 대한민국 남자들의 그들이다. 멀쩡한 육신을 갖고도 자신의 생존에 관한 일을 스스로 해결하지 못하고 어린아이처럼 누가 옆에서 해줘야 살 수 있는 남자들이다. 영국에서는 왕자들에게 화장실 청소시키는 교육을 한다. 이는 참 괜찮은 교육이라고 할 수 있는데 바닥 일과 노동을 알게 하기 위한 것이기 때문이다. 앉아서 머리 쓰는 것이 아니라 몸으로 실제로 하는 교육이다.

나의 어머니께서 살아 계신 동안 내내 말씀하셨던 명언은 "일하지 않는 자는 먹지도 말라"였다. 해놓은 밥과 반찬을 냉장고에서 꺼내 먹는 것도 못 하는 사람, 빨아서 장에 넣어둔 옷도 꺼내 입지 못하는 사람, 텔레비전 보면서 옆에 있는 리모컨을 가져오라는 사람, 아침에 꼭 깨워줘야 일어나는 사람, 직장 생활과 집안일을 병행하며 바쁜 아내를 몸종으로 부리려는 사람 등. 집에서 손 하나 꿈쩍 안 하는 사람 등 자신이 먹고, 자고, 입는 일조차 혼자서 해결하지 못하는 이런 사람들이 정말로 불쌍한 장애인들이다. 우리나라엔 이런 진짜 장애를 갖고 있는 남자들이 득실거린다. 이는 주체의 몸에서 스스로를 소외시키는 것이기에 남성 자신에게 가장 안좋은 삶의 태도이다. 물론 젊은 사람들은 많이 바뀌고 있다.

　육아의 가치를 인정해주지 않자 이제 여자들이 아이를 낳지 않거나 하나만 낳는 식으로 무언의 혁명을 진행하고 있다. 이제 사회도 육아 해결 방법을 모색하고 있다. 자녀 육아보다 여자를 더 힘들게 하는 것은 남편 육아다. 이제 여성들이 남편 육아에 대한 조용한 액션을 취해야 할 때가 되지 않았을까. 인간의 몸은 쓰라고 있는 것, 이러한 장애인을 퇴치하기 위한 방법을 함께 궁리해보자고 전국의 여자들에게 외치고 싶다. 남녀, 부모 자식, 친구 관계에서 평등하고 민주적인 관계는 책임, 의무 그리고 자유 모두를 몸으로 함께 하는 것을 말한다.

12

몸 아우라

몸 움직임의 공간에서 몸의 내부와 외부가 상호 소통하며 몸 아우라가 형성된다. 이 아우라는 다른 생명체에게는 존재할 수 없고 인간이라 해도 모두 아우라가 있는 것은 아니다. 아우라는 계산할 수 없는 세계이다. 이미지 공간인 몸은 그 아우라를 드러낸다. 영혼이 있는 사람은 앉아 있건 서 있건 걸어가건 간에 몸에서 아우라를 발산한다. 몸 아우라는 늘 변화하는 현재의 세계이고 영혼 그리고 집단이 공유하는 창조의 세계이기도 하다. 몸 아우라에 대한 인식은 지금 여기의 그 몸의 매력을 읽는 것이다.

우리는 다른 사람을 볼 때 그 사람의 몸을 먼저 보게 된다. 타인이 보는 나의 몸은 물리적 신체(physical body)뿐만이 아니라 모든 것이 스며들어 있는 몸(soma) 아우라이다. 그래서 소매틱을 공부한 전문가들은 몸을 보면 그 사람 전체를 알 수 있다. 하지만 더 정확하게 다른 사람을 알기 위해서는 보거나 만지거나 함께 일을 하는 등 몸을 부딪치며 경험해야 한다. 인간의 몸 아우라는 몸의 육체적 특성에 따라 주어지거나 규정되는 것이라기보다는 우리의 경험이 뇌에 축적되어 어떤 패턴이 형성되면 만들어진 개성이다. 내 몸과 타인의 몸이 구분되는 것은, 내 몸의 경험이 만들어내는 나만의 개인적이며 의식의 산물이다. 내가 느끼는 감정이나 나의 생각 자체가 나만의 고유한 것이라는 개성 역시 그러하다. 그 개성이 몸에서 드러나는 것이 몸 아우라이다. 그 아우라에 그 사람의 감정이나 생각, 정체성이 드러난다.

몸 아우라는 개인적이고 또한 객관적인 관계에서 형성된다. 몸들끼리 상호작용을 하면서 감정 교류와 신경 감응이 일어나고 이것이 창조적으로 작용할 때 아우라가 생긴다. 몸의 생기가 생명체를 위해서 잘 방전(放電)되어야 현실이 변화되고 이를 잘 실행한 몸에는 아우라가 형성된다. 몸 아우라에는 인간의 의식과 매력이 드러나고 그럴 때 몸은 현실을 살아내는 창조적인 힘이 된다. 이 몸 아우라는 움직이는 몸이자 이미지 공간이다. 한 인간의 삶과 매력은 그 몸의 아우라로 나타난다. 말이나 설명보다는 몸의 아우라가 더 강하게 타인에게 그를 인식하게 한다.

몸과 삶에는 공히 한순간 나타났다가 간다는 순간성, 매 순간이 처음이라는 현재성 그리고 늘 움직인다는 운동성이 동시에 존재한다. 몸 공간에 대한 논의는 근대 서구사회의 이분법이 규정해놓은 높은 경지의 정신, 자아, 도덕의 감옥에서 탈출해서 내 몸에 들어가는 것부터 시작된다. 이 내면으로 들어감은 개인적 차원을 초월해서 공동체적이고 지구적 체험으로 확장된다. 내면에 들어가봐야 내 몸에서 탈출할 수 있게 된다. 그 탈출하는 순간에 나를 알게 된다. 일상의 무미건조한 몸에서 생기를 창출해내는 것이 몸의 힘이자 의미이다. 몸이 지닌 힘을 진화를 위해 사용하는 것이 무용과 몸학을 하는 사람들의 과제이다. 몸의 체험은 낭만적이고 목가적인 것이 아닌 현대사회의 소외와 물화를 극복하고 지구와 교류하는 것이다. 몸의 내면으로 들어가는 체험은 자아 속에 갇혀 있는 자신을 극복하는 것부터 시작된다.

몸 아우라는 실제의 몸이지만 동시에 무한한 상상의 공간이기도 하다. 즉 몸 아우라는 보이는 것뿐만이 아니라 보이지 않는 무한한 것이 살아 있는 공간이다. 몸 아우라는 보이는 것과 보이지 않는 것이 다 적용되어서 만들어진 것이다. 사람을 보고 어떤 인상을 받는 것은 몸 아우라가 작용하는 것이다.

몸 아우라는 몸을 새롭게 하고, 그 새로움을 알아차릴 때 몸 아우라는 더 빛나게 된다. 몸 아우라의 탄생을 요구하는 것은 바로 공동체에서의 관계이다. 공동체는 어떤 것이고 왜 중요한가. 역사 이래 공동체는 실제로 인간이 만나고 소통하며 역사를 진행해온 힘이다. 그저 밥 세 끼 해결하고 몸을 방치한 채 눈을 멀게 하는 그런 세상에 맞서 몸을 해방시켜야한다. 이때 몸은 주어진 신체의 개념이 아니라 무한한 창조의 아우라가 된다. 몸의 건강 역시 힘센 육신이 아니고 감성과 생기가 살아 있는 깨달음을 의미한다. 우리의 일상과 몸속에 스며들어 있는 권위적인 구태를 생기로 바꿔내어서 몸 아우라를 만드는 것은 인간의 과제이다.

몸 아우라는 어떤 사람에게 서려 있는 독특한 분위기이고 매력이다. 이는 다른 사람이 흉내 낼 수 없는 것으로 몸에서 발산되는 영혼의 광채이다. 영성이 풍부한 사람에게는 이 아우라가 풍기는데 그런 사람에게서 창조적인 삶이 나온다. 삶은 한여름의 꿈과 같이 너무도 짧게 머물다 사라지는 허무한 것이다. 하지만 그 한순간에 영원을 담고 있다. 몸 아우라를 알아보는 것은 순간이지만 그 느낌은 영원한 것이다. 몸 아우라는 가까이 느낄 수 있지만 잡을 수 없는 먼 세계이기도 한다. 몸 아우라는 아름다움과 연결된다. 몸의 아름다움에 대한 근본적인 성찰은 몸은 진리이고 결국 아름다움을 지향한다는 것이다. 인간의 힘은 아름다움에서 나온다. 발레는 날고 싶은 인간의 욕망이 가장 잘 표현한 예술이기에 숭고함을 갖고 있다. 몸은 인간의 꿈틀거리는 생기가 아름답게 드러나는 것이다.

13

몸과 춤

나의 직업은 무용과의 발레 교수로서 학생들에게 발레를 가르치고 발레 안무가로서 작품 활동을 하는 것이다. 사실은 소매틱스와 몸 공부를 하게 된 것도 몸을 잘 알아서 안무가이자 무용수로서 작품을 더 잘 만들고 춤을 더 잘 추기 위해서였다.

일반적인 움직임과 무용 움직임(춤)은 어떻게 다를까? 움직임을 의도를 갖고 구성해놓은 것이 춤이다. 움직임을 춤이 되게 하는 요소를 미학적이고 철학적으로 규명해야 한다. 움직임을 춤으로 만드는 춤의 형성의 원칙이 무엇일까? 이 원칙은 일상성을 탈피하고 미메시스의 강압에서 벗어나서 구체적인 내용 전달보다는 새로움을 창조하는 것이다. 그래서 의미의 다양성과 해석의 가능성이 열려 있는 새로운 차원으로 인간의 미적 체험을 확대시키는 것이다. 춤은 자신이 만들어낸 움직임으로 현실과는 관계없어 보이는 놀이를 하는 것이다. 이는 현실과는 다른 세계를 만드는 창조적 일이다. 춤은 자연과 문화, 인간과 세계를 통합한다.

춤이란 한마디로 정의하기 불가하고 깨달음이 와야 알 수 있다. 이 글에서는 춤에 대한 정의보다는 내가 춤에 대해 깨달은 내용을 나누고자 한다. 움직임의 자유는 움직임 자체의 제한성에 의미를 부여하는 능력이다. 이것을 무시하고 표현이 앞선다면 그 표현은 움직임의 부재를 가져올 위험을 갖는다. 반대로 무용이 표현과 재현 모두를 무시한다면 무용은 스포츠와 동일하게 되어버린다. 표현과 재현은 서로를 규정하는 관계일 뿐만이 아니라 인간의 주체성의 면에서 서로 상호 관계를 맺으며 힘을 합치는 관계이다.

　춤은 있는 것도 없고 없는 것도 없다. 우리가 생각하는 춤이라는 것은 지극히 제한적이고 아무것도 아닐 수 있다. 몸은 무한한 가능성인데 유한한 생각으로 규정해왔기 때문이다. 춤은 내 안에 세상을 받아들이고 새로움을 향해 계속 나아가는 것이다. 또한 자신을 위대하게 만들지 말고 깨버리는 것이기도 하다.

　무용 움직임(춤)은 사람들 사이의 약속된 기호의 표현 이상의 것으로서 무엇인가를 전달하려는 수단 이상의 것이다. 춤추는 것의 본질은 춤 자체에 있다. 춤의 스토리나 내용이 춤을 규정하는 것이 아니라 반대이다. 즉 춤은 움직임 속에 있는 것이지 내용에 있는 것이 아니다. 따라서 관객이 해야 할 것은 무용수의 움직임을 정밀하게 묘사하는 것이 아니다. 그 움직임에서 자신의 상상력을 발휘하고 창의적으로 해석하는 것이 중요하다. 춤은 그 자체로 인간의 원초적 상상력을 건드린다.

　현실 움직임과 예술 움직임(춤)은 명료하고 굳건한 대립이 약화되고 있기는 하지만 움직임이 춤이 되게 하는 그 어떤 것은 분명히 존재한다. 몸과 움직임의 관계는 야누스인가 동전의 양면인가? 춤 공연은 객체와 주체가 상호 소통하고 통섭되는 역사적인 순간이다. 춤의 목적은 말할 수 없는 것을 하는 것이다. 춤에서 전달하는 내용을 너무 강조할 때 움직임

(춤) 자체의 약화 또는 파괴를 초래할 수 있다. 춤은 표현하려는 주제를 강조함으로써 추상화되는데 이것은 춤 자체의 부재를 초래할 수 있고 원래 춤이 지닌 역동성을 왜곡할 위험을 가져온다. 춤은 그 내용을 파악하거나 해석하려는 게 아니라 춤 자체이고 시간과 공간에서 살아 꿈틀거리는 몸의 새로운 움직임이다.

춤의 애매모호성은 창조성의 근원이다. 생명체의 움직임을 인간의 움직임으로 변환하는 것이 애매모호성을 불러일으킨다. 애매모호성은 규정이 힘든 혼돈이다. 춤 작품은 무로부터 유의 창조가 아니라 표현할 수 없는 애매모호한 것의 드러남이다. 이러한 표현할 수 없는 것, 애매모호성은 해석의 다양성과 연결된다. 움직이는 방식(메소드)이 하는 역할은 춤에 들어 있는 생기를 표출하고 나누는 데 있다. 이 점에서 애매모호한 움직임은 상상력과 결부되어 있다. 그런데 이 상상에서 깨어나서 움직임 자체를 보게 하는 것이 바로 표현할 수 없는 애매모호성이고 이것이 무용의 핵심 성격이 된다.

춤이란 몸이 주체가 되어 우주의 움직임의 패턴을 알아가는 과정이다. 우주의 움직임에도 세 가지가 원리가 적용된다. 수직성, 전면성 그리고 균형성이다. 춤은 이 움직임의 패턴을 반영하고 또한 수정하면서 창조하는 적극적인 창조 활동이다. 그래서 춤을 추는 것은 자유롭게 이것저것 해보면서 아름다움을 향해 가는 것이다. 춤은 우주의 생명체이면서 다른 생명체와는 차별성을 가지고 있는 자신을 이해하는 길이다. 춤은 몸이 주체가 되어서 생명력을 고양하고 인격을 성장시키는 무궁한 창조 활동이다. '춤'은 개인에게만 해당되는 문제가 아니라 공동체의 성장을 인도하고 진화를 지향한다. 이럴 때 춤은 매 순간이 명상이요 깨달음에 이르는 길이다. 무한한 자연의 움직임에 비교하면 인간의 몸은 빈약하기도 하지만 그 몸이 있기에 자연을 체험할 수 있게 된다. 인간은 그가 사는 사회에서 함께 몸/마음/영혼의 성장을 추구하기 위해서 춤을 추며 영혼과 몸이 혼연일체가 되는 것을 체험한다. 춤이란 영혼으로 하는 몸의 공부이다. 우리는 도저히 말로 할 수 없을 때 춤을 춘다.

자기 몸을 이해하고 사랑하는 것이 춤이다. 춤을 통해 깨달음을 얻고 자아를 찾으면, 그와 동시에 내 안의 모든 것을 비울 수 있고 남을 받아들이게 된다. 잘하겠다는 욕심을 버리고 마음을 비울 때 잘할 수 있다. 자신이 하고 싶은 동작을 모두 폼 나게 한다고 멋진 작품이 되지는 않는다. 춤은 내공만큼 부드러워진다. 춤은 순환계, 호흡계, 근골격계 같은 신체 시스템의 기능을 증진시키고, 신체 이미지를 향상시키는 데 도움이 된다. 무용은 몸, 마음과 영혼의 성장과 진화를 추구하는 몸 예술이다. 그리고 감성, 지성 그리고 영성이 겸비되어야만 가능한 자기 수련 방법이기도 하다. 나는 춤을 추면서 나의 몸을 알게 되고 영혼이 성장하는 것을 체험하게 되었다.

무용을 한다는 것은 보다 우주적인 생명 행위이고 보다 근본적인 소통 행위이다. 춤 공연에서 소통은 보다 우주적이고 생명체적인 접근을 필요로 한다. 춤은 춘다는 것은 우주의 패턴을 알아가는 과정이라고 할 수 있다. 내면의 의식과 감정, 심지어는 무의식의 세계까지 몸의 움직임을 통해 감각을 느끼면서 진행되는 것이다. 따라서 춤을 추면서 자신을 접하게 되고 스스로의 느낌, 감정과 의식을 갖게 되어 결국 하나의 생명체이자 소우주인 자아를 찾게 된다.

그러나 자아란 것은 찾는 즉시 버려야 하고 그때부터는 남들에 대한 배려와 돌봄으로 자아의 개념이 확장되어야 한다. 자신뿐만 아니라 우리 모두를 '자아'라고 하는 경지로 자아의 개념이 확장될 때 비로소 우리의 정신적이고 육체적인 아픔을 치유하는 춤의 기능이 발현된다. 춤은 심신을 치유하고 살리기 위해 자아의 뒤편에 숨겨져 있는 순수한 무의식의 세계로 들어가게 한다.

춤의 의미는 몸으로 있는 그대로 '지금, 여기' 현존에 대한 이해를 통해 삶을 보다 가치 있게 살게 하는 데 있다. 우리는 자신을 가두는 많은 억압적인 기제 속에서 살고 있다. 춤이 중요한 이유는 '보이는 것'과 '바라보는 것'을 한 몸에서 통합해서 동시에 이룬다는 점이다. 이렇듯 춤은 내면의 벽을 쌓는 것이 아니라 자아의 개념을 허물고 세상과 소통하며 우주의 넓이만큼 내면을 확장시키는 것이다. 자신의 내면의 깊이는 우주의 깊이와 연결되어 있다. 춤의 자유로움은 자아를 깨는 의식의 확장과 막힘의 장을 허무는 열려 있는 혁신성에 있다.

춤은 몸과 그와 관련된 것들에 중점을 두어 드러나고 있는 몸의 움직임에 기초하고 있으면서도 자유로운 상상에 기반을 둔 것이다. 하나[10]는 춤을 가르치고 설명할 때 사용되는 구두언어의 힘을 인정하지만 역설적이게도 춤은 비언어적이기 때문에 강력하다고 말했다. 인간이 춤을 추는 것은 본능적이고 우주적인 것이라고 했을 때 춤은 비언어라는 것을 전제로 한다. 이는 구두언어로 개념화하기는 힘들거나 불가능한 것을 나타내고 싶은 강한 충동에서 시작된다. 이는 몸에 대한 이해를 기초로 한 몸에

---

10 Hanna, J., *Dance, Sex, and Gender: Signs of Identity, Dominance, Defiance, and Desire*, University of Chicago Press, Ltd, London, 1988, p.14.

너지 흐름과 나눔이 요구되는 소통의 형태라고 할 수 있다. 이 에너지의 몸적 소통의 방식으로 스텝과 동작들, 그리고 이들이 연결되고 조합되는 구조가 구축되며 이 구조가 의미를 형성하게 된다. 란스데일(Lansdale, Adshead-Janet)[11]이 주장하는 '불명료함' '애매모호함'은 바로 생명체로서의 춤의 본성에서 찾을 수 있고 이는 바로 춤은 에너지 운동으로 감각적이고 시각적인 운동 에너지 경로에 의해서 소통한다는 점이다.

인간은 모든 것을 말할 수 있기를 희망하지만 사실 그럴 수 없다. 인간은 말로 할 수 없을 때 춤을 춘다. 아주 사소한 몸동작 하나하나가 다 중요하다. 춤은 텅 빈 공간을 만드는 것이고 비워야 가볍게 된다. 예를 들자면 동양신화에서 춤의 신인 '제강'의 몸은 얼굴 없는 텅 빈 공간으로 되어 있다. 텅 빈 공간은 창조의 시작이다. 역시 동양신화에 나오는 관흉국은 가슴에 구멍이 뚫린 사람들이 사는 마을이다. 제각기 다른 사연들로 삶의 고통을 아는 사람들이 모여 사는 것이다. 꽉 차고 완벽한 것에서는 새로운 것이 나올 수 없다.

춤은 온몸으로 하는 생각이다. 그렇다면 생각은 무엇인가. 생각은 뭔가 내 가슴에 인간과 세계를 품는 것이다. 그렇다면 내 가슴이 세계를 어디까지 품고 내 세상이 어디까지 확장될 것인가. 이것이 바로 생각이고 진리를 구성하는 것이다. 춤은 이 생각을 몸으로 하고 작품으로 하는 것이다. 무용가는 자신의 몸과 가슴에 세계를 품는 만큼 자신의 세계는 확장되고 그가 만난 사람들이 그 몸 안에 들어와 있다.

춤은 나와 세상과의 관계이다. 하늘 아래 펼쳐진 호수처럼 한 점 숨김

---

11 Lansdale, Adshead-Janet, *Dancing Texts: Intertextuality in Interpretation*, Dance Books, 1999.

없이 솔직해야 한다. 어찌 보면 고통과 고독이 힘이다. 장님은 어둠을 볼 수 있듯이 고독은 고독 너머의 세상을 알게 한다. 자신도 고독하지만 남의 고통을 돌봐주는 힘이 춤이다. 춤은 혼자서만 하는 것이 아니라 옆 사람과 함께 추는 것이다. 혼자 춤추면 자기 논리에 갇히게 된다.

춤은 변화이고 문맥을 깨뜨리는 것이다. 그래서 장애물에 맞서서 뚫고 나가야 하는 지속적인 도전이다. 머리부터 가슴까지, 가슴부터 발끝까지 차이를 존중하고 다양성을 포용하는 것이 춤을 추는 사람의 기본 자세이다. 개인의 변화란 무엇인가? 변화는 개인의 단위가 아니라 관계 속에서 가능하다. 단순 기량은 오히려 변화에 장애가 될 수 있다. 온몸이 깨어 있으며 몸의 솔직한 감각이 날카로운 통찰력이 될 수 있다.

춤은 사랑이다. 사랑을 위해 춤추라. 사랑이 곧 진리이다. 춤 자체가 재미있고 보람 있어야 한다. 춤을 춘다는 것은 전혀 안 해본 움직임을 해보면서 자신을 해방시키는 것이다. 춤을 춘다는 것은 자신을 알아가는 과정, 하나의 생명체이면서 다른 생명체와는 차별성을 갖고 있는 자신을 이해하고 알아가는 과정이다. 춤을 추면 내면의 의식과 감정, 심지어는 무의식의 세계까지 자신을 성찰하게 된다. 인간은 혼자서는 살 수 없고 관계를 맺고 같이 사는 존재이다. 몸을 움직이는 것(춤)은 보다 우주적인 생명 행위이고 근본적인 소통 행위이다.

춤을 추면서 타인을 접하게 되고 타인의 느낌, 감정과 의식을 알게 되어 결국 삶을 알게 된다. 그때부터는 타인에 대한 배려와 돌봄이 자신과 연결되어 있다는 개념이 체화된다. 춤의 의미는 몸으로 있는 그대로 '지금, 여기' 현존에 대한 이해를 통해 삶을 보다 가치 있게 살게 하는 것이다. 인간은 누구나 독자적으로 움직이며 동시에 주위 환경과 선택적인 화학작용을 한다.

춤이 일상이 되고 밥이 될 수 있게 할 방도를 찾아내야 한다. 내 춤을 어떻게 만들 것인가, 스토리를 만들면 우주와 연결되고 이게 바로 '아모르 파티(운명을 사랑하라)'가 되는 것이다. 운명을 사랑하면 더 이상 운명을 탓할 필요가 없게 된다. 그 어떤 춤(삶)도 희로애락과 결함이 있어 완벽한 춤은 없지만 춤마다 춤추는 사람의 개성이 드러난다.

육체를 초월한 영혼[12]

한 무용가가 솔로 공연을 했을 때의 일이다. 즉흥 음악으로 첼로가 연주되고 보이스 아티스트의 다양한 소리와 함께 춤을 공연하고 있었다. 움직임과 소리가 아주 긴밀하게 연결이 되는 듯도 하고 제각기 노는 것 같기도 한 현상이 반복되다가 10분, 20분 공연 시간이 흐를수록 춤과 음악이 서로에게 빨려 들어가며 영혼의 파동처럼 느껴지기 시작했다. 무용수는 자신도 모르게 그 영혼의 파동에 이끌리며 1시간가량 춤을 췄다. 그는 이 공연을 마친 후 10분가량 자신이 터널 같은 곳을 빠져나가 환한 빛의 세상으로 나와서는 허공으로 날아오르는 듯한 기분을 느꼈다고 한다.

이 체험을 '오르가슴을 넘어서는 판타지'라고 해석할 수 있을 것 같다. 재미있는 점은 이것은 터널을 지나 빛의 세계로 나아가는, '체외이탈 체험(Out-of Body-Experience)'과 닮아 있다는 점이다. 그렇다고 그것을 체외이탈 체험이라고 하기에는 무리가 있으니 일단은 '근체외이탈 체험' 정도로

---

12 조기숙, 「육체 초월한 영혼과 사랑」, 『여성신문』 884호, 2006.6.24. 수정 보완.

해두자.

왜 그에게 이런 체험이 가능했을까. 열심히 춤을 춘다고 해서 누구나 이런 경험을 하진 않을 것이다. 이는 인간의 '실재(reality)'인 몸에 충실해서 모든 기운을 소진하고 지극히 솔직한 행동을 할 때 터득하게 되는 것이다. 즉 육체가 완전히 연소된 다음 단계로서의 '초육체(영혼)'의 경지가 아닐까. 그렇다면 몸을 죽도록 쓰는 사람들은 이 체험을 할 수 있을까.

육체와 영혼은 함께 존재하며 춤은 지극히 육체적이면서 동시에 영적인 행위이다. 영성이 없이는 인간의 심금을 울리는 춤을 추기 힘들다. 앞의 무용가의 체험은 육체와 영적인 성장을 함께 도모하는 이에게 나타나는 것이라 여겨진다.

이 체험에서 공통적으로 터널 내지는 산도와 비슷한 곳을 통과한 이유나 빛이 의미하는 것은 무엇일까. 터널은 인간의 출생 체험으로부터 오는 것 같다. 태어날 때의 산도 경험을 뇌는 기억하지 못하지만 출생과 같은 강도의 육체적인 상황에 처할 때 무의식 상태에서 몸은 기억하는 것은 아닐까. 터널 후의 빛은 자신의 육체와 자아를 뛰어넘은 자신의 빛일 것이다.

춤을 춘다는 것은 인간의 영혼과 육체가 함께 성장할 수 있는 기회를 의미한다. 춤에는 자기 고유의 색깔과 내공이 있으며 이는 그가 지니고 발전시켜왔던 고유한 성품이자 성향이고 그의 정신적 높낮이를 보여준다. 인간이 내적인 성장을 통해서 진리를 터득하는 데는 여러 가지의 길이 있겠으나 이렇게 육체에 충실해서 진리에 다다르는 것도 하나의 길이 아닐까 한다. 내가 춤을 추며 깨달은 진리는 나와 네가 갈라져 있는 것이 아니라 하나이기 때문에 남과 생명에 대해 무조건적으로 사랑할 수밖에 없다는 것이다. 이 글을 그냥 하나의 '작업 가설(working theory)'로 받아들여 몸과 영혼 그리고 사랑에 대해서 생각해보는 기회로 삼으시길 바란다.

춤은 3단계로 진화한다[13]

'춤이란 무엇인가'라는 질문은 '인생이란 무엇인가'만큼이나 어렵고 애매한 질문이다. 광의의 의미로는 '인간의 몸으로 하는 모든 움직임'을 총괄해서 일컫기도 하고 사람마다 자신만의 정의를 내리기도 하지만 개인적으로 춤은 다음과 같은 단계로 '진화'한다고 생각한다.

---

13 조기숙, 「춤은 3단계로 진화한다」, 『여성신문』 888호, 2006.7.21.

우선 '전예술적 단계'의 춤은 지극히 몸적이고 과학적인 단계다. 현재 이 자리에서 볼 수 있고 실험할 수 있어야 하는 과학처럼 춤도 재생이 가능해야 한다. 이 단계는 누구나 쉽게 춤을 접하고 특정 동작을 따라하며 연마하는 단계다. 정신적으로나 영적으로는 자유롭게 날아다닌다 해도 결국 제한된 몸으로 돌아올 수밖에 없는 인간은 육체를 가진 존재이고 죽으면 육체는 부패해서 사라지는 물질에 불과하다는 사실에 눈뜨게 된다. 춤을 통해 몸과 죽음의 문제를 깨닫게 되는 단계인 것이다.

　그다음이 '예술적 단계'이다. 여기서 자신의 존재를 자각하고 죽음을 인식하는 인간의 의식이 춤 속에서 강하게 드러난다. '보는 나와 보이는 나' '생각하는 나와 생각되는 나' '춤추는 나와 춤춰지는 나'와 같이 주체와 객체가 한 몸에서 넘나들며 함께하는, 춤을 통해 인간의 마음을 읽고 인식하는 단계다. 그래서 최근 정신분석학에서는 춤동작을 통해 심리를 연구하기도 한다. 또한 삶과 죽음이 무수히 교차하는 이 단계에서 춤은 죽음을 피하고 영원을 얻기 위한 처절한 시도라고도 할 수 있다. '내 예술'이라는 예술가로서의 자기의식과 소유 개념을 가짐과 동시에 예술가로서 문제의식을 갖는 단계이기도 하다.

　마지막으로 혼과 영의 영역인 '초예술적 단계'로 접어든다. '내 예술'이라는 자기의식을 초월하는 단계인 것이다. 이 단계에 들어선 춤꾼은 주체적인 자신의 춤을 추면서도 자아와 죽음을 넘어서는 상태에 이르게 된다. 이 단계에서의 춤은 종교적인 경지에 이르게 되며 자연과학이나 인문학으로는 더 이상 해석이 불가능하고 신학이나 종교학으로 해석해야 한다.

　오직 인간만이 춤이라는 예술 행위를 할 수 있는 동물이다. 동물들에게도 전예술적 단계에 해당하는 몸의 움직임은 있지만 정신적이고 영적인 춤은 인간만이 가능하다. 동물의 움직임은 단순한 몸짓이지만 인간의 춤은 흉내가 아닌 상징을 내포하고 있다. 영성이 풍부한 춤꾼은 자신의 몸에 몰입해서 탈혼의 경지까지 다다르면서 자아로부터 초월할 수 있다.

이 초월이 바로 그 이전과 다른 새로운 것을 창조할 수 있는 원천이다. 이처럼 자아를 초월한 인간은 끊임없이 솟아나는 샘물과도 같은 영성을 지닌 창조자가 된다. 이 정도의 경지에 이르면 인간과 생명에 대한 사랑에는 아무 조건도 필요 없게 된다. 또한 무궁무진한 세계에 대해 자신이 알고 있는 것이 지극히 일부분임을 깨닫고 스스로 또 다른 탐구에 정진하게 된다. 자신의 삶을 사랑하고자 한다면 춤을 추어야 한다.

춤은 중력을 극복하고 서야 한다. 이 말은 자신을 끌어내리는 무거운 짐이 어떤 것인지 알고 극복할 수 있는 의지를 가져야 한다는 것이고 즉 자신을 사랑할 줄 알아야 한다는 것이다. 춤을 춘다는 것은 자신에 대한 사랑이고 존중이다.

소매틱스

01

학문으로서의 소매틱스

하나의 학문으로서의 소매틱스(Somatics, 몸학)[1]는 감성, 지성 그리고 영성이 통합된 몸(soma)을 연구하는 학문으로 1975년 토머스 하나(Thomas Hanna)에 의해서 구축되었다. 몸에 관한 연구는 주로 의학과 생리학에서 이루어졌지만 21세기에 이르러서는 인문학, 사회과학, 예술학 등 학문의 전 영역으로 몸 담론이 확장되었다. 이제는 다양한 시각에서 몸을 연구하는 시대가 되었고 몸에 대한 정보들이 넘쳐나고 있지만 이러한 정보의 홍수 속에서 명료해질 것만 같았던 몸의 이해가 더욱 난해하게 되었다.

몸학은 학문 분야에서 어느 영역에 속할까. 몸학은 다양한 학문 분야와 연결되는 지극히 학제간(interdisciplinary) 학문이라 딱히 특정 학과에 속한다고 하기 어렵다. 하지만 무용이나 체육 등 몸을 전문적으로 쓰는 학과에는 반드시 전공이 있어야만 한다. 또한 몸에 대한 이해와 몸 공부는 인간이라면 누구에게나 해당되기에 꼭 필요한 교양이라고 할 수 있다.

---

1 소매틱스는 soma 와 −tics 의 합성어로 몸(soma)을 연구하는 학문이다. 여기서의 몸(soma)은 그리스어를 어원으로 하며 단순히 정신과 대비되는 의미의 육체(body)와는 구분되는 살아 있는 생명체로서의 몸을 의미한다.

교양은 인간의 품격과 나라의 국격을 드러내는 아주 핵심적인 덕목이다. 그래서 인간은 죽을 때까지 교양을 쌓아나가야 한다. 교양은 자신의 사고에 끊임없이 변화와 성장을 도모해나가는 것으로, 그러기 위해서 늘 공부하며 수준을 높여야 한다. 또한 교양은 늘 한계를 넘어서려 하기 때문에 만족하는 것은 금물이다. 대학에서의 전공은 사회에 나와서 그 분야의 직업을 갖지 않으면 큰 의미가 없게 되지만 교양은 죽을 때까지 삶과 함께한다. 그래서 대학마다 휴머니타스 칼리지나 호크마 교양대학 등 교양을 강조하는 시스템을 구축하고 있다. 교양을 얄팍한 지식을 나열하는 잡학과 절대 혼돈해서는 안 된다.

몸학의 특징[2]은 이론뿐만이 아니라 실기를 병행하고 구체적인 체험을 중시한다는 점이다. 몸을 가장 잘 알 것 같은 무용수들이 정작 몸에 대해 왜곡된 시각을 가진 경우를 종종 본다.

무용인들의 몸에 대한 오해는 두 가지로 요약될 수 있다. 첫째, 몸은 기량을 보이기 위해서 조련해야 하는 대상이나 도구라는 생각이다. 그래서 늘 거울 앞에서 자신의 몸을 대상화하여 혹독하게 다룬다. 춤 예술의 주체는 안무가나 교사이고 정작 무용수는 그들에 의해서 조련당하는 대상이 되고 만다. 이럴 경우 춤을 추면서 자신의 춤 체험에 대한 감각이나 의식 또는 각성은 이루기 힘들게 된다. 몸을 혹독하게 다루어 무리하게 춤을 추다 보면 통증을 동반하고 그러다 보면 몸은 반란을 꾀하게 된다. 이럴 경우 자신이 추는 춤에 대한 의미 부여나 해석도 가능하지 않다. 그러다 고통이 축적되면 결국은 그 몸은 춤으로부터 도망가게 된다.

---

2   이 글은 Dance Post Korea에 2016년 1월 4일에 게재된 글을 약간 수정한 것임.

둘째, 몸은 춤추는 사람의 내면(마음)을 표현하기 위한 악기라는 생각이다. 즉 몸은 정신을 표현하는 수단이자 하인이고 마음은 몸을 조정하는 주체이자 주인이라는 믿음이다. 이는 몇 세기간 서양에서 이어져온 이분법적 사고가 반영된 것이라고 할 수 있다. 그렇다면 과연 마음은 어디에 있는가. 마음은 저 하늘에 있는 것인가 땅속에 있는 것인가. 도대체 마음이 어디에 어떻게 있기에 몸이 마음을 표현해야 하는가. 그리고 몸이 악기라면 그 악기는 누가 연주하는가. 악기를 다루는 연주자에 의해 조련되는 존재가 춤추는 몸인가. 이 생각을 따른다고 해도 춤추는 몸을 명기로 만드는 게 목표가 되고 몸은 연주자에 의해서 조련되어야 하는 대상이 된다.

포스트모던 시대가 도래했고 이분법적 사고는 커다란 도전을 받게 된다. 이분법에 대한 자기반성이 니체, 메를로퐁티 등 서양 학자들 사이에서 진행된다. 니체는 '몸이 바로 나다'라고 말하며 일원론적 전인성을 강조했고 메를로퐁티는 현상학에서 몸의 구체적인 체험과 몸에서 일어나는 현상을 읽어내는 것의 중요성을 역설했다. 이러한 맥락에서 1975년 토머스 하나에 의해서 몸학(Somatics)이 하나의 학문으로 구축되게 된다. 머스 커닝햄 이후 포스트모던 무용수들은 일원론적 시각을 지향하여 몸에 정서, 마음, 영혼이 들어 있다고 믿는다. 그래서 춤추는 몸은 더 이상 도구나 악기가 아니라 그 자체로 주체가 되는 것이다.

몸학의 가르침에 의하면 춤추는 몸은 그 자체로 주체이고 주인이다. 인간은 몸으로, 몸에 의해 자신의 춤 체험의 의미를 축적하며 춤과 인격이 함께 성장한다. 춤추는 몸은 내면 깊숙이 성찰하지만 결코 작은 자아로 끝나는 것이 아니라 세상과 소통하고 타인을 포용하여 우주만큼 확장

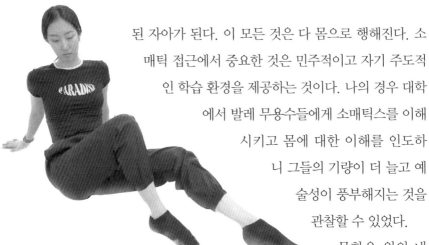

된 자아가 된다. 이 모든 것은 다 몸으로 행해진다. 소매틱 접근에서 중요한 것은 민주적이고 자기 주도적인 학습 환경을 제공하는 것이다. 나의 경우 대학에서 발레 무용수들에게 소매틱스를 이해시키고 몸에 대한 이해를 인도하니 그들의 기량이 더 늘고 예술성이 풍부해지는 것을 관찰할 수 있었다.

몸학은 위의 내용을 실행할 수 있는 최고의 길이다. 소매틱스의 실기는 몸 공부를 해서 지친 몸과 마음을 치유하고 스스로 생기를 창발하게 하는 공부법이다. 그 생기를 품어내어 세상에서 산소와 같은 역할을 하기 위한 것이다.

몸학에서는 제1자적 시각에서 고유수용감각(proprioceptive senses)으로 체험하면서 몸과 세상을 알게 된다. 이 점은 제3자적 관점에서 관찰되는 것으로는 알 수 없는 다른 차원을 감지하게 한다. 몸학은 살아 움직이는 삶의 총체로서의 몸을 연구하는 학문이다.

몸(soma)이란 무엇인가에 대한 답은 결코 명쾌하거나 간단하지 않다. 현대의 뇌과학이 발달함에 따라 몸과 마음이 분리된 것이 아닌 뇌의 기능적 측면에서 상호 연결되어 있음이 증명되었다. 토머스 하나와 같이 뇌신경학과 심리학을 함께 연구하는 학자들이 많으며 우리나라에서도 뇌를 통해 사람을 읽고 마음을 읽는 것에 대한 연구를 접할 수 있다. 최근에 심리학과 신경과학 분야의 권위자로 알려진 신경학자인 리사 펠드먼 배럿은

『이토록 뜻밖의 뇌과학』(2022)을 출간했다. 배럿은 이 책에서 뇌는 몸을 운영하는 네트워크로 생명을 유지하기 위해 가장 효율적인 방법을 모색한다고 보고 있다. 뇌는 경험을 기억하며 그 경험을 바탕으로 감정을 예측한다고 주장한다. 그녀의 주장에서 가장 흥미로웠던 것은 한 인간의 성장 과정은 타인에 의해 발달한다는 것이었다. 또한 뇌라는 네트워크는 끊임없이 생성되고 가지치기를 하며 효율적으로 운영된다고 언급한다. 우리는 다른 몸으로부터 영향을 받아 생리적 경험과 신경학적 변화를 일으키고 뇌의 네트워크를 만들고 있다는 것이다. 더 나아가 이 네트워크는 장소와 시간성을 뛰어넘어 서로가 연결되어 영향을 주고받는다는 것이다. 이는 우리의 몸이 서로에게 영향을 주고받으며 소마의 1자, 2자, 3자 체험을 반복함을 뒷받침하는 증거가 된다고 할 수 있다.

02

소매틱 메소드(몸 수련법)

몸학적 사고의 선구자들은 다음과 같다. 우선 진화생물학자 찰스 다윈(Charles Darwin, 1809~1882)은 1859년 『종의 기원』을 통해 진화론이라는 혁명적인 이론의 토대를 정립한다. 정신분석학자 프로이트(Sigismund Freud, 1856~1939)와 칼 융(Carl Jung, 1875~1961)은 의식과 무의식을 언급하며 무의식적으로 행해지는 것들을 의식의 영역으로 가져와 알아차리고 조절할 수 있음을 주장했다. 라이히(Wilhelm Reich, 1897~1957)는 오르곤 이론[3]을 주장하며 몸과 마음과 영성의 통합적인 존재로 인간을 바라보았다. 그는 몸의 에너지(기, 생명력)를 측정할 수 있고 모든 살아 있는 유기체에 존재하는 우주적 에너지는 정신적이라기보다는 생명 물리학적인 현상이라고 주장했다. 또한 키에르케고르(Søren Kierkegaard, 1813~1855)는 실존주의[4]를 통해

---

3   라이히는 『오르가슴의 기능(The Function of Orgasm)』(1927)에서 오르가슴은 건강한 사람의 자연적인 기능이므로 성적 에너지를 오르가슴으로 해소하지 못하면 신경증이 생길 수 있다고 주장했다. 그리고 몸을 기반으로 정신적 문제를 해결하기 위한 치료법으로서 오르곤 이론을 주장했다.

4   키에르케고르는 각 개인이 자신의 삶을 의식적으로 선택하는 것이고 그에 따르는 책임을 져야 한다고 주장했는데 이러한 그의 생각은 실존주의 사상의 기초가 되었다.

몸의 중요성을 강조했다.

현대 무용인들에게 가장 영향을 준 철학자는 메를로퐁티(Maurice Merleau-Ponty, 1908~1961)와 니체(Friedrich Wilhelm Nietzsche, 1844~1900)이다. 메를로퐁티는 지각이 이루어지는 장소인 몸을 강조하는 사상을 펼침으로써 프랑스 철학계에 몸에 대한 사고를 넓히게 하는 새로운 담론의 장을 열었다. 육화된 감각으로 인식을 설명함으로써 자기 존재를 인식하는 방식에서 몸의 중요함을 설명하였다. 그는 몸의 의미는 몸에서 드러나기 때문에, 의식의 기본 체계를 몸의 지각에서 찾았다. 즉 의식에서 지각의 변화가 일어나는 것이 아니라 몸에서 그 지각의 변형이 일어난다는 것이다. 이것이 바로 메를로퐁티의 철학에서 가장 중요한 개념 중 하나인, '육화된 의식'이라는 개념이다.[5] 춤추는 몸은 움직임으로 바로 그 육화된 세계의 현존을 드러낸다. 춤에 있어서 표현적이라는 것은 순수한 몸과 몸에서 나오는 움직임의 형태 그 자체이다. 이때의 몸은 무용수의 지성, 감성, 정서가 스며든 몸이 육화되어 드러나는 방식으로 이는 아주 작고 간단한 움직임에서도 드러나는 특정한 것이다.

니체는 '몸이 바로 나다', '춤은 거대한 지성이다', '나는 춤추지 않은 신은 믿지 않는다', '가장 심오한 철학보다 당신의 몸 안에 더 많은 지혜가 있다' 등 수많은 상징으로 몸에 대한 성찰을 뱉어냈다. 나는 니체의 몸에 대한 성찰에 매혹되어 무용역사기록학회 회장을 할 시기에 한국니체학회와 공동으로 춤추는 몸에 대한 학술제를 개최하기도 했다. 니체는 실로 유럽의 철학계에 몸에 대한 담론을 확장시키고 몸의 중요성을 누구보다

---

5   Merleau-Ponty, M., *Phenomenology of perception*, London: Routledge & K. Paul, 1962.

도 강조한 철학자라 아니할 수 없다.

그런데 사실 서양에서 몸에 대한 인식이나 몸을 중요하다고 주장한 학자들보다 역사적으로 더 오래전에 동양에서는 이미 몸에 대한 성찰과 수련이 있었다. 기원전 5세기에 노자[6]는 '우리에게 몸이 없다면 더 이상 무엇이 있겠는가'라고 하며 몸의 중요성을 역설했다. 제 몸을 소중히 여기는 것이 모든 것의 시작이고 자신의 몸을 소중히 여기는 자는 세상을 돌볼 수 있다고 하였다. 세상만큼 자신의 몸을 사랑하는 이에게 세상을 맡길 수 있다. 도교에서 자기 유지는 자신의 몸을 존중한다는 것을 의미한다고 한다. 도교에서는 인간의 몸을 신비하게 여기며 국가와 비교한다.

노자의 사상은 도가사상(道家思想)으로 이어졌는데 이는 인생의 이치와 진리를 수련을 통해 깨닫는 것에 중점을 둔다.[7] 이 도가사상은 자신의 내면에서 균형을 찾고 이를 유지하는 것이 중요하다고 강조한다. 특히 도가는 인간의 기운과 생명력을 통합하고 균형과 조화를 추구하며 자연의 일부로서의 인간이 자연과 함께 조화롭게 공존할 수 있는 것을 역설한다. 이를 위해 대자연의 기운을 받아 명상이나 좌선, 요가 등의 수련 활동을 권장한다. 이 수련의 특징은 강제로 무언가를 이루려고 애쓰는 것이 아니라, 자연스러운 흐름을 이해하고 그와 함께하는 것의 중요성을 말한다.

이러한 학자들의 사상이 바탕이 되어 그 수련법을 현대화한 대표적인 몸 공부(소매틱 메소드) 선구자들로는 알렉산더(F.M. Alexander)와 펠던크라이

---

6   중국의 철학자. 우주만물의 이치에 대해 최초로 생각한 사람으로, 그가 발견한 진리를 도(道)라 설명했다.
7   노자, 야스토미 아유미 편, 『도덕경』, 김현영 역, 삼호미디어, 2020.

스(Moshe Feldenkrais)를 들 수 있다. 소매틱 교육자(somatic educator)들은 실천적인 측면에 있어서 많은 기여를 하였는데, 그들은 대부분 자신의 개인적인 질병이나 근골격계 장애의 경험에 근거해서 신체적인 건강(fitness)과 병리(pathology) 사이의 긴밀한 연관성을 인식했다.

연극배우인 알렉산더는 자신의 문제가 되었던 자세 교정을 위해 연구를 시작했고 자아 교육의 영역을 새로운 기법으로 탐구한 개척자이다. 그가 구축한 메소드는 알렉산더 테크닉이란 이름으로 세계적으로 공급되어 있다. 그 메소드의 특징은 좋은 자세를 갖게 하는 것에 있다.

물리학자이자 유도 유단자였던 펠던크라이스는 알렉산더 테크닉을 접한 후 자신의 경험과 지식들을 활용하여 이론과 실천적인 측면에서 한 걸음 더 나아간 자신만의 테크닉을 개발했다. 그는 움직임을 통한 자각(ATM, Awareness Through Movement)과 접촉을 통한 감각 각성을 할 수 있는 기능 통합 몸 교육 방식을 개발하였다.

이런 선구자들을 시작으로 몸학은 지속적으로 발전되어왔으며 현재에는 예체능 분야의 실기 전문가와 교육자들, 바디워커, 물리치료사, 카이로프랙터, 무술가, 심리치료 전문가, 바이오피드백 전문가 등의 직업군들과 함께 공동체를 형성하고 교류하며 발전하고 있다. 특히 본 K소매틱에서는 서양에서 구축한 소매틱 메소드의 개념과 용어를 그대로 수입하기보다는 한국과 동양의 역사와 철학에 더욱 적절한 메소드를 연구하고 개발하는 것을 목적으로 꾸준히 활동해오고 있다.

몸학은 무용가들이 자신의 작품과 춤체험을 연구하는 데 이론적인 토대를 제공한다. 한국에서는 무용학과 실기 석박사 과정이 여러 대학에 개설되었는데 학생들이 자신의 졸업 작품을 연구하는 데 몸학은 핵심적인 방향타가 되리라고 믿는다. 또한 무용가인 교수들이 자신의 작품을 연구하는데도 구체적인 연구방법을 제시하고 있다. 몸학은 이론에 그치는 것이 아니라 몸을 움직이는 실천, 즉 몸 공부를 하는 데 기반을 제공한다.

위의 논의된 내용을 정리하자면 몸 공부는 몸이 무엇인지 알게 인도하고 몸의 움직임의 원리를 알게 한다. 모든 사람에게 같기도 하지만 다른 몸의 차이를 느끼게 한다. 몸에 대한 심도 깊은 공부를 간단명료하고 즐겁게 해서 자신의 몸뿐만이 아니라 타인의 몸을 알고 배려하게 한다. 몸으로 소통하고 경청하게 하여 인간 관계 맺기를 보다 잘하게 한다. 몸 공부가 몸으로 끝나지 않고 세상으로 확대되어 세상의 이치를 알아 자신을 성찰하게 한다. 또한 몸을 잘 쉬게 하여 몸에서 나오는 자신이 갖고 있는 창의성을 십분 발휘하게 한다. 몸으로 인격을 고양하고 스스로 몸에 생기를 창출하게 하여 보다 건강하게 살 수 있게 한다. 이러한 깨달음은 마침내 인간이 손에 손 잡고 다 함께 춤추는 아름다운 세상을 만들게 한다.

03

한국소매틱연구교육원

K소매틱 메소드는 내가 서양의 소매틱스를 참고하되 동양의 몸철학에 기반하여 동양인의 몸과 정서에 맞게 연구·개발한 수련법이다. 이는 신경 가소성과 고유수용감각을 개발하여 인간을 더 건강하고 진화하게 하는 것을 목표로 한다. K소매틱 메소드는 마음이 스며들어 있는 소마의 움직임으로 뇌를 재배치하여 만성적인 고통에서 해방하게 인도한다.

이러한 메소드를 연구한 나는 제자들과 함께 2014년에 한국소매틱연구교육원(이하 K소매틱)을 조직하였다. K소매틱은 소매틱스를 연구하고 교육하는 전문 단체로 전문적으로 몸을 사용하는 사람들뿐만이 아니라 일반인들도 몸에 대한 이해를 증진시키고 삶의 질을 향상시킬 수 있도록 기여함을 목적으로 한다. 연구원들은 발레리나와 소매틱스를 전문하는 분들로 구성되어 있다.

나는 영국 유학 중인 1998년부터 소매틱 계열의 다양한 메소드를 배우며 몸 공부를 하게 되었다. 몸 공부를 하면서 자신의 몸에 대해서 알게 되었고 몸에 대한 콤플렉스도 극복할 수 있게 되었으며 아무것 없이도 행복할 수 있는 길이 몸에 있다는 것을 깨달았다. 내 삶을 새롭게 살게 해준

소매틱스에 감사한다.

그런데 기본 철학과 사고 자체가 동양의 영향을 받아서 구축된 서양의 소매틱 메소드에는 핵심적인 것이 부족하다는 것을 알게 되었다. 그것은 서양의 논리적 사고와 과학적 언어로는 설명이 되지 않는 것으로 '기'의 흐름과 지구적 관점에서의 몸에 대한 접근이다. 그래서 나는 어머니 지구와 아버지 태양과의 관계 속에서 몸에 대한 이해를 강조하고 동양적인 접근을 넣어서 K소매틱 메소드를 구축했다. 물론 발레 전문가로서 발레에서 강조하는 몸의 움직임 원리도 흡수하였다. 구체적으로는 소마 힐링 터치(SHT)를 개발하였고, 생태감수성을 위한 교육을 하고, 응용무용(applied dance)이나 커뮤니티 댄스 등의 메소드도 개발하였다. 이런 지난한 과정을 거쳐서 K소매틱 조직을 구축하고 제1자, 제2자, 제3자 체험을 구조화해서 그 내용을 자세하게 정립했다.

내 몸의 원리와 움직임을 이해함으로써 내 몸에서 생겨나는 일들을 잘 파악할 수 있다. 이를 통해 남의 몸도 이해하고 큰 몸이라 할 수 있는 우주 자연의 현상까지 이해력을 넓혀야 한다. 인간의 몸은 우리에게 무한한 지혜와 가르침을 제공한다. 몸에서 배우는 것이 얼마나 깊고 넓은지 모른다. 몸의 자연스러운 흐름을 따라야 조화와 균형을 이룰 수 있다. 우리의 몸은 스스로 모든 것을 조화롭게 이끌어가는 힘을 가지고 있기에 자연스러운 몸의 원리를 막지 말고 그 흐름에 맞게 움직여야 한다. 그러면 몸의 조화와 균형을 찾을 수 있다. 운동이나 훈련의 이름으로 자연스러운 몸의 흐름을 통제하지 말아야 한다. 몸은 자연스러움을 거부할수록 문제가 생길 수밖에 없다.

K소매틱에서 접근하는 몸 공부는 다음의 내용을 중시한다. 우선은 자

신의 몸을 지구적 생태 환경에서 이해해야 한다는 점이다. 태양이 없으면 인류는 숨을 쉴 수도 살 수도 없다. 모든 K소매틱의 실기는 어머니 지구와 아버지 태양에 대한 감사함에서 출발해야 한다. 즉 생태감수성을 살리는 일부터 시작되는 것이다. 그리고 삶의 혁명을 바라기보다는 일상의 구체적인 실천과 작은 변화가 중요하다. 대단한 것을 하려고 하기보다는 자신의 몸과 몸이 처한 생태 환경을 알고 이에 능동적으로 함께하는 것이 중요하다.

억지로 하는 훈련으로는 성장과 변화를 기대할 수 없다. 오히려 몸이 훈련에서 받은 고통을 기억하여 그러한 상황에서 도망가려 한다. 무리하게 연습한 무용수들이나 운동선수들이 안정된 상황이 되면 열정을 잃고 도망가는 것이 다 그런 이유이다. 자신이 스스로 주인이 되어서 수행하는 행복한 방식의 수련이라면 좋아서라도 그 길을 끝까지 가게 된다. 소매틱스의 수련 방법은 몸이 주인이 되어 수행하는 자기주도형(self-directed) 공부 방식으로 몸이 진정한 주체가 되게 된다. 이를 위해서 보다 효율적이고 편하고 섬세하게 느끼면서 움직임을 수행할 필요가 있다. 작고, 가볍고, 부드럽게 움직일 때 자신이 무엇을 어떻게 하고 어떤 효과가 있는지 알아낼 수 있게 된다. 이렇게 매 순간 알아차림의 과정을 거치다 보면 성장과 진화는 자연스럽게 달성하게 된다. 몸의 성장은 마음과 영혼의 성장까지 바로 연결되는 것이다.

K소매틱의 특징은 생태적인 관점에서 몸을 이해한다는 것이다. 섭생에서 먹는 것만큼 중요한 것이 산소이다. 생명체는 산소 없이는 살 수 없다. K소매틱은 생태감수성을 갖고 우리가 살고 있는 지구 생태 환경의 보존을 위해서 온몸으로 실천하고자 하는 공동체이다.

K소매틱 메소드의 특징은 네 가지로 요약된다. 첫 번째는 소마 힐링 터치(SHT)법이다. SHT는 K소매틱만의 고유하고 특별한 메소드이다. K소매틱은 기(에너지)의 흐름과 전이를 기반으로 소마를 성장하게 하는 메소드이다. SHT는 생명체에 대한 사랑과 경청을 기본으로 생태 환경에 스며들어서 몸을 쉬게 하는 메소드이다.

두 번째는 몸에 대한 아주 섬세한 접근이다. 그 어떤 소매틱 메소드보다 작고, 섬세하고, 깊다. 또한 무엇인가를 하려 하지 않고 깨어 있으며 알려고 한다. K소매틱은 성공보다는 성장에, 자랑보다는 사랑에 관심이 있다.

세 번째는 자신을 알아가는 모든 몸 공부 과정이 춤이 되게 한다는 점이다. 그래서 K소매틱의 거의 모든 활동가들은 예술가가 된다. 춤을 멋지게 추겠다는 의지가 없는데도 몸을 잘 움직이면 그것이 춤이 되는 미적 체험을 하게 된다. 그러면서 자신에게 들어 있는 천재성을 찾게 되고 창조적이 되는 것이다. 이렇듯 소매틱 공부의 모든 과정에서 미적이고 창조적인 체험은 아주 중요한 핵심이다.

네 번째로 K소매틱에서는 동작을 탐구하게 인도한다. 즉 소마 전문가는 동작을 가르치는 사람이 아니라 움직임을 탐구하는 방식을 인도하는 전문가다. 소마 전문가는 참가자가 자신의 몸의 주체가 되어 스스로 탐구하여 자신의 내면에 잠재된 창의성을 향상하여 미적인 경지까지 오르게 한다. 또한 참가자의 감각의 영역을 깊이 파고 정서적으로 풍부한 사람으로 성장하게 한다.

이런 메소드의 특징을 갖고 있는 K소매틱은 교사 연수, 장애우 교육, 기업의 임직원 교육 그리고 불면증, 불안증의 치유 등 다양한 삶의 현장에서 활약하고 있다. 정리하자면 K소매틱은 다음과 같은 연구와 교육사업을 수행하고 있다.

연구개발 활동	교육사업
• 소매틱스에 대한 연구 활동 • 예술, 치유 전문가들의 학술, 철학 구축 • 소매틱 기반 응용무용(applied dance) • 커뮤니티 예술의 프로그램 개발 • 국민 건강 증진을 위한 컨텐츠 제공 • 커뮤니티 단합을 위한 예술활동 컨텐츠 제공과 촉진 • 소매틱 분야 외국의 선진적인 정보 소개	• 소매틱스 교육사업 • 소매틱스 전문가 양성 교육 • 기업 임직원 교육 : 몸으로 리더십, 공동체성 함양 • 몸의 상태를 알고 성장하게 하는 몸 코칭 • 소매틱 교육을 통해 지역사회의 문화 발전에 이바지

몸 공부의 방식과 단계

몸 공부는 몸이 주체가 되어 구체적으로 몸을 움직여서 하는 공부이다. 몸 공부의 첫 번째 단계는 자기 관찰의 과정이다. 즉 움직임이 몸의 어디에서 어떻게 일어나는지를 아는 것이다. 무리하게 억지 동작을 수행하면 자신을 알 수 없다. 이것이 몸 공부가 기록이나 기량을 위한 훈련과 본질적으로 다른 점이다. 스스로 무엇을 할 수 있고 또 무엇은 어떤 이유로 할 수 없는지 명료하게 알아야 한다. 이것을 알아차림 또는 인식이라고 한다. 이런 알아차림이 기반이 되어 새로운 방식의 움직임을 시도할 수 있게 되고 자신의 움직임 방식을 보다 효율적으로 개선할 수 있게 된다.

몸 공부의 방식은 억지나 무리가 전혀 없고 스스로 주체가 되어서 즐기면서 하는 자기주도형 학습 방식이다. 그래서 소매틱 수업에서는 100을 할 수 있는 사람은 즐기면서 80~90 정도까지만 하면 된다. 이렇게 하면 공부가 너무도 즐겁기 때문에 또 공부를 진행하게 된다. 그러다 보면 100이었던 능력이 110에서 120으로 향상된다. 무용이나 운동에서 100을 할 수 있는 사람에게 120을 요구하며 혹사시키는 방식하고는 완전히 다른 방식이다. 그렇게 혹사를 당하다 보면 일시적으로는 무리해서 120을 이룰지 몰라도 괴롭고 지겨워서 자꾸 도망가게 된다. 그래서 결과적으로는 100을 할 수 있었던 능력이 90으로 떨어지고 게다가 억지로 하다 보면 몸에 무리가 가서 결국에는 몸과 마음을 망가뜨린다.

K소매틱에서 하는 몸 공부는 아주 편안한 조건에서 부드럽게, 느리고 즐겁게 진행된다. 이렇게 몸 공부를 하다 보면 몸을 움직이거나 춤을 추는 것이 재미있어진다. 그러면 몸의 건강과 마음의 평온을 이룰 수 있게 된다. 그렇게 움직임을 즐기면서 자신의 몸과 마음을 알아가면 그 과정 자체가 의미 있을 뿐만 아니라 자신의 능력을 가장 효율적으로 향상시킬 수 있게 되는 것이다. 억지로 무리해서 연습할 때는 알아차림이 가능하지 않다. 단지 그간 해왔던 동작을 반복적으로 연습하여 그 패턴을 강화시킬 뿐이다. 이럴 경우 연습은 성장을 가져오는 것이 아니라 치유가 힘든 고집과 고통을 갖게 한다.

몸 공부는 마음의 평화와 여유 그리고 행복이 무엇인지를 알게 인도한다. 몸 공부에서는 그 어느 스태프도 자기 동작을 따라하라고 요구하지 않는다. 소마 전문가는 촉진자가 되어서 참석자가 스스로 움직이는 체험을 통해 자신을 알 수 있게 환경을 조성해주고 안내할 뿐이다.

몸 공부를 해서 몸을 아는 것은 사실 마음을 알고 우주를 알기 위한 과정이기도 하다. 매 순간 자체가 성장이 과정이자 결과이기도 한 것이다. 이런 공부를 통해서 자신의 몸과 마음, 더 나아가서는 생태 환경에서 다른 생명체와의 관계를 파악할 수 있는 안목을 갖게 인도한다. 이 모든 것은 마치 우리의 삶과도 같이 그 누구도 해줄 수 없다. 반드시 자신이 스스로 몸을 움직이는 체험을 통해서만 터득할 수 있다. 자신을 비우고, 있는 그대로 알아보려 할 때에만 자신이나 타인을 있는 그대로, 명확하게 이해하고 생명체 간의 미묘한 차이를 인지할 수 있게 된다. 그 사람만의 독특한 움직임, 뼈(마음)의 구조와 근육의 긴장 상태와 몸의 습관을 알 수 있게 된다.

소매틱 수업은 지구와 태양에 감사하는 생태감수성을 기반으로 한다. 자신이 자연과 더불어 움직이고 춤춘다는 생각으로 수업에 임해야 한다. 예술의 이름으로 특정 동작을 주입하거나 강요해서는 안 된다. 동작의 의미를 터득해서 학습자가 스스로 자신의 다양한 움직임을 체험하게 인도한다. 다양한 방식의 움직임에 대해서 토론하고 논의해야 한다. 또한 학습자가 몸과 움직임에 대해서 토론하고 그것을 주제로 다양한 동작에 대해서 논의할 수 있는 환경을 마련해주어야 한다.

몸 공부의 단계는 다음과 같다. 첫 번째는 자신의 몸과 마음을 생태 환경에 직면하여 파악하는 것이다. 문제를 파악하였으면 다음 단계는 이를 극복하기 위해서 자기 치유와 성찰을 하는 과정이다. 그다음 단계가 성장을 이루는 것이고 이것이 매 순간 조금씩 축적되어 결국에는 질적인 변화를 이룬다. 그래서 이 방식은 인간의 성장을 지속 가능하게 하는 것이다. 이 과정 자체가 중요하기 때문에 결과를 위해서 과정을 희생하지 않고 매 순간을 즐기면서 공부하고 성장해간다. 몸 공부를 통하여 몸의 최적화 (optimization) 상태를 이루는 것이다. 움직임으로 몸과 마음을 알아가는 과 정을 통하여 자신과 다른 생명체와의 만남의 체험을 쌓아가게 될 때 더불 어 공유하고 성장하는 삶을 살 수 있게 된다. 몸 공부는 세상에서 가장 효 율적이고 재미있는 방식으로 몸과 마음을 치유하고 성장시키는 최고의 자기 수양법이다.

뇌 가소성을 활성화하라

　뇌 가소성이란 무엇인가? 신경 가소성이라고도 하는 뇌 가소성은 적응하고 변화하는 뇌의 능력을 말한다. 보통은 일정한 나이가 지나면 뇌의 능력은 더 이상 향상되지 않는다고 생각해서 공부도 한때라는 말도 있는데 이에 정면으로 반박하는 이론이 등장한 것이다. 뇌 가소성은 그 어떤 자극에 의해서 신경을 재구성하고 뇌의 고정 패턴이 바뀔수 있다는 것이다. 뇌 가소성으로 인간은 만성 질환으로부터 치유될 수 있고 또한 죽을 때까지 성장할 수 있게 되는 것이다. 뇌의 가소성을 발휘하기 좋은 것은 학습, 인지 운동, 신체 운동, 건강한 생활방식, 새로운 경험, 사회적 상호 관계, 마음 챙김과 명상 등이 있다. 하지만 그중에서도 뇌의 고정 패턴에 가장 좋은 것이 몸을 새로운 방식으로 움직이는 것, 춤이라고 주장하는 논문이 몇 편 나와 있다.

　몸 공부(Somatic learning)란 몸을 알고 치유하게 하고 성장시키게 하는 전인적인 공부이다. 몸 공부는 일상적 활동에서 몸의 문화성과 더불어 자연성이 무엇인지를 구체적으로 깨닫게 한다. 몸 공부란 말이 머리로 하는 공부를 연상시키고 좀 이성적이라는 느낌이 들어서인지 몸 살림이라는 용어를 쓰는 분들도 계시다. 몸 공부는 배려, 양보, 성장하는 방법을 터득하는 일이다. 몸 공부 수업은 인간에 대한 깊은 배려와 쌍방 소통에 기반한 교육이다. 이를 위해서 인지와 각성을 통한 고유수용감각을 발달시키는 것이 몸 공부의 목표이다. 그래서 구체적으로 몸의 능력이 향상되면 스스로 기운을 생성하고 마음을 수행할 수 있게 되는 것이다. 몸 공부를 하는 이유는 몸의 뜻을 규명하고 그 의미를 강화하여 보다 나은 삶을 살기 위해서이다. 몸 살림이나 몸 챙김이라는 이름으로 여러 가지 메소드들이 있다. 몸 공부는 보다 구체적이고 체계적으로 풍부하게 몸을 공부할 수 있게 메소드가 연구되어 있다.

움직이는 자만이 배울 수 있다. 몸으로 하는 공부가 진짜다. 몸으로 자신을 아는 것과 타인의 몸에서 배우는 것이 다 몸 공부의 내용이다. 몸으로 체험하고 터득한 것은 결코 망각되지 않는다. 몸 공부는 자신의 몸을 개척하여 그 능력을 무한히 향상시키고 생명체를 사랑하게 한다. 몸 공부는 개인의 차원에서 끝나지 않고 인간 사회를 이해하게 하고 우주의 원리를 알게 한다. 그래서 몸 공부한 사람은 인간관계와 자연과의 조화를 잘하게 된다. 즉, 몸 공부는 몸으로 도를 닦는 것이라고도 할 수 있다.

치료와 치유는 다르다. 간단하게 치료는 구체적인 의료 행위로서 아픈 상태를 고치는 것이다. 치유는 보다 예방적인 차원으로 자신이 주체적으로 행할 수 있는 몸적인 실천 행위라고 할 수 있다. 하지만 큰 범주에서 치료와 치유는 다 아프거나 병든 상태를 극복하는 데 목적이 있다. 내가 관심을 갖는 것은 치료나 치유보다 성장에 초점이 있는 코칭이다. 즉 보통의 자연스런 상태에서 더 성장하게 하는 것에 중점을 둔다. 가르치려 하지 않고 스스로 터득하게 한다는 점에서 소매틱스와 코칭은 아주 비슷한 성격을 갖고 있다고 할 수 있다.

몸 공부를 위해서는 주의(attention), 지각(perception) 그리고 감각(sense) 또한 아주 중요하다. 몸 공부에서는 많이 '하는 것', 즉 양보다는 주의를 기울여 내 몸을 섬세하게 '알아차리는 것'이 중요하다. 주의를 기울여 내 몸을 감각하고 지각하면 내 몸의 안 보였던 부분이 보이고 몰랐던 자신을 알게 된다.

몸 공부에서 제1자 체험은 자신을 알게 하는 체험이다. 하나의 소우주라 할 수 있는 자신의 몸 자체를 알게 하는 것이다. 이것은 주로 몸의 내면에서 일어난다. 예를 들자면 자신의 체온을 느끼고, 호흡의 속도와 방식을 알아차리고, 맥박의 강도와 흐름을 느끼고 위의 상태를 느끼는 것이다. 이렇게 자신을 알게 됐을 때 자기 치유와 성찰이 가능해진다. 이런 체험이 쌓였을 때 타인의 몸도 읽을 수 있고 생태계 생명의 흐름도 알게 되어 다른 생명체와 교감하고 치유하는 능력이 생긴다.

몸 공부는 움직임으로 생기를 불러일으키는(embody) 것이다. 그래서 몸 공부에서는 구현에 대한 이해가 중요하다. 훈련과 수련을 구분할 필요가 있다. 훈련의 주체는 가르치는 사람이고 수련의 주체는 수련하는 본인이다. 훈련은 주체인 선생의 지도에 따르는 것이다. 수련은 스스로 자기 관찰을 하고 몸이 깨어 있는 상태에서 몸에서 드러나는 생명을 섬세하게 느끼면서 성장해가는 것이다. 몸 공부는 신체 능력의 향상에만 머물지 않고 정신적이고 영적인 능력까지도 연결된다. 몸을 살리는 것은 감각을 깨우고 마음을 고요하게 하고 우주의 흐름에 몸을 맡기는 것이다.

몸 공부는 세상에서 아주 중요한 공부 중의 하나이다. 몸 공부로 감각이 향상되면 몸의 모든 미세한 부분까지 의식이 확장된다. 그러면 자신만의 몸의 아름다움이 생긴다. 그래서 몸 공부를 하는 것은 몸에 매력을 만드는 일이기도 하다. 몸 공부를 통해서 몸과 우주의 변화와 세상의 이치를 깨닫는 일은 생명을 고양시키는 중요한 실천이다. 막연히 앉아서 머리로 하는 것이 아니라 구체적으로 몸(soma)을 수련하여 능력을 향상시키는 것이다. 몸을 살림으로써 인격과 영성을 진정으로 고양할 수 있게 되는 것이다.

많은 사람들이 자신의 몸에 대해서 잘 모르고 무지한 '몸맹(盲)' 상태에 있다. 어렸을 때 우리는 긴 시간을 공부하여 문맹(文盲)을 면할 수 있게 되었는데 어느덧 글 읽기가 자유로워진 후에는 얼마나 오랜 세월 글공부를 했는지 그 자체를 잊어버렸다. 사실 인간은 자신이 자신의 몸을 모른다는 사실도 모르고 살고 있다. 몸도 공부를 해야 알 수 있다.

자기 관찰의 과정은 쉽고 편한 범위에서만 효과적으로 행해질 수 있다. 무리해서 자신의 한계선을 넘으면 쉽고 편하게 움직일 수 없게 된다. 그런 상태에서는 이미 존재하는 자신의 동작 패턴을 사용하되 더 힘을 주고 애써서 하게 된다. 이미 자신이 할 수 있는 것을 단순 반복하는 것이다. 자신의 원래 패턴을 반복하면 자신이 무엇을 할 수 없는지에 대한 한계선만 뚜렷하게 각인될 뿐, 한계선을 넘을 수 있는 패턴의 변화는 이루어질 수 없다. 학습에 있어서 이렇게 반복에 사용되는 노력은 불필요한 노력이고 학습을 방해하는 요인이 된다.

구체적인 움직임 공부는 우선 뇌의 학습 기능을 활용하여 일정 기능과 연관이 있는 동작들을 탐구하고 발전시키는 과정이다. 이를 통해서 근육의 이완, 골격의 정렬, 그리고 관절의 유연성을 이룰 수 있다. 움직임의 미묘한 차이를 정확하게 인지할 수 있는 능력이 큰 변화를 일으킨다. 몸 공부는 우선 자신과 타인의 몸 상태와 움직임을 있는 그대로 파악하는 것부터 시작한다. 처음부터 잘못된 것을 찾아내어 뭔가를 가르치려고 하지 않는다. 일단은 그 어떤 입장을 갖지 않고 순수하게 자신의 몸과 마음의 상태를 파악하는 것이 몸 공부의 시작이다.

이렇게 주체적이고 즐거운 방식으로 몸을 쉬게 하고 놀게 하면서 몸과 마음의 능력을 향상시키는 것이다. 이를 통해 자신을 알게 되고 성장하게 하는 것이 몸 공부의 핵심이다. 이는 몸만으로 끝나지 않고 보다 높은 수준으로 인격을 향상시키며 인간사와 우주에 대한 이해를 증진시키는 공부 방식이다. 몸 공부는 구체적으로 몸의 능력을 향상시키는 것과 이에 동반되는 마음과 영혼, 사회적인 문제까지 포함하고 있다. 몸은 공부를 하지 않으면 그저 죽음을 향해 늙어갈 뿐이다. 그러면 삶의 질이 현저히 떨어지고 살아도 산 것이 아니게 된다. 하지만 몸을 살려내면 나이가 먹을수록 몸은 지혜로워지고 삶은 고양된다.

몸 공부는 스스로 자신의 몸을 아는 몸의 깨달음을 말한다. 여기서 중요한 것은 '스스로'이다, 즉 남이 해주거나 강요하는 것이 아니라 스스로 할 수 있는 환경을 마련하여 몸과 마음이 깨닫는 것이다. 이를 위해서는 몸과 마음의 비움, 즉 이완이 필요하다. 이완될 수 있게, 그래서 몸 안에 온전히 마음이 함께해서 저절로 학습이 이루어지게 하는 것이다. 그래서 몸 공부 실기에서는 절대 강요하거나 억지로 시키지 않고 자신 안에 이미 내재하는 것이 저절로 드러나게 한다. 몸을 긴장시키거나 비효율적으로 무리해서 움직일 필요가 없다. 그저 부드럽고 느리게 동작을 하면서 섬세하고 깊게 느끼고 어떻게 움직였는지 알아차리면 된다. 그러면 움직임을 즐기게 되고 저절로 깨달음이 오게 된다. 스스로 부드럽고 느리게 자신의 몸을 알아차리면 몸의 문제와 마음의 상처에 직면하게 된다. 몸은 마음과 영혼과 연결되어 있다. 몸 공부로 몸의 각 부분과 하나하나 직면해서 알아가다 보면 저절로 몸의 문제가 해결되고, 더 나아가 인격 성장과 영성의 고양까지 이룰 수 있게 된다.

몸 수련이 축적되면서 그 알아차림이 뇌로 전달되어 뇌도 똑똑해진다. 몸 공부는 실로 마음도 풍요롭게 하고 뇌 또한 향상시키는 방법이다. 우리의 몸과 삶에서 불필요하고 비효율적인 것을 알아차려야 보다 효율적으로 살 수 있다.

몸 공부는 움직임으로 '지금 여기' 현존의 의미를 알게 하고 깨달음에 이르게 하는 자기 수련법이다. 이를 통해서 자신의 마음에 고요와 평정을 찾게 되는 것이다. 몸 공부를 하는 것은 매 순간 '지금 여기'의 과정을 성실히 행하는 것으로 그러다 보면 저절로 자신의 인격도 수양되어 멋진 삶을 살게 된다. 이렇게 몸의 능력이 향상되면 개인의 차원에서 끝나지 않고 바로 생태계와 연결되어 총체적인 삶이 향상되게 된다.

몸 공부는 대단히 마음을 먹고 어디를 가야만 할 수 있는 것이 아니라 일상생활에서 수시로 할 수 있다. 50분 일한 뒤 10분 정도 휴식할 때 몸을 부드럽게 움직이며 몸을 챙기면 된다. 하지만 혼자서 할 수 있을 정도까지 되려면 아무래도 전문가의 인도하에 최소 1~2년은 소매틱 수업을 받아야 한다.

실기 후에는 자신이 행한 체험을 통해 몸에 어떤 일이 일어났고 그리고 마음은 어떠했는지를 이야기하는 체험 나누기 시간을 갖는다. 그리고 그 체험의 내용을 체험 기록(Somatic data)으로 남긴다.

05

체험의 종류

　몸적 체험을 개인에게서 지구적 차원으로 확장하는 것은 자신의 몸이 자연의 일부라는 것을 인정할 때 가능하다. 몸은 정신을 포함할 때 새로운 도전이 가능하고 그 도전에서 몸의 생기가 창출된다. 내가 몸의 세계에 몰두하는 이유는 현재를 인식하고 각성하는 지금 여기를 체험하기 위해서다. 몸의 정치성과 문화성 그리고 자연성을 주체적으로 회복하기 위해서 깨달음을 시도하는 것이다. 꿈이 중요한 것이 아니라 꿈꾸는 현실을 가질 수 있게 하는 것이 몸에 있다.

　K소매틱에서 실행하는 체험의 종류에는 제1자, 제2자, 제3자 체험이 있다.

　제1자 체험은 스스로 몸의 움직이는 체험을 통해서 자신을 알게 되는 것을 말한다. 1자 체험은 인간에게 가장 먼저 일어나는 몸 체험이다. 몸에서 일어나는 자체적인 체험으로 밖에서는 잘 보이지 않지만 스스로는 느끼는 체험이다. 인간의 몸은 개인마다 제각기 다른 특징을 지닌다. 그러므로 1자 체험은 다른 사람과 같은 체험을 했어도 타인과는 다르게 나타나고 느껴진다. 고유수용감각(proprioceptive senses)을 가장 잘 발전시키는 체험이 1자 체험이다.

1자 체험에는 몸을 움직이는 다양한 체험과 무용 수업 등이 있다. 이는 몸을 움직이지 않고 앉아서 머리만으로 터득하는 방법의 대안이기도 하다. 몸으로 직접 체험해서 터득하지 않으면 분명히 한계가 있다.

1자 체험의 동작들에 대해서 아름답지 않다거나 너무 느리거나 진부한 동작이라고 판단할 필요는 전혀 없다. 어떤 몸짓이나 움직임이나 상태도 판단하지 않고 '놔두기' 한다. 아무것도 하지 않고 살아 숨 쉬는 것만 충분히 느껴도 좋다. 1자 체험자는 자신의 체험을 통해 몸에서 어떤 일이 일어나고 있는지 주의 깊게 알면 된다. 그래야 습관화된 동작 패턴의 틀에서 자유로워질 수 있고 원하는 열린 상태에 도달할 수 있다. 고통과 같은 뾰족한 감각도 무기력 같은 둔한 감정도 변화된다. 미묘한 변화가 인간의 몸을 완전히 바꾸어놓을 수 있다. 풍부한 상상력과 그것의 몸과의 연관성이 조화를 찾아낼 수 있다. 작은 움직임으로 하는 1자 체험이 큰 알아차림과 보람을 느낄 수 있게 한다. 이러한 1자 체험을 지속적으로 행할수록 자신의 몸의 세부사항들을 뚜렷하게 알게 된다.

제2자 체험은 2자(you)와의 관계 속에서 자신의 몸을 체험하는 것이다. 2자 체험은 스스로 알 수 없거나 알아도 어쩔 방도가 없을 때는 2자의 직접적인 접촉을 통해 알게 되고 치유하게 되는 것으로 일명 살 체험이라고도 한다.[8] 살 체험은 너의 손길이 내 몸에 스며들어 내가 '몸의 알아차림(sacral awareness)'을 하게 하는 체험이다. 이때 2자 체험을 하게 해주는 너(you)는 결코 무엇인가를 해주려고 하면 안 되고 그저 상대의 몸에 스며들어서 그

---

8   김정명, 『예술지성―소마의 논리』, 명지대학교 출판부, 2016.

리듬을 타고 그 몸과 함께 돼야 된다. 쉬운 예를 들자면 타인의 손을 잡고 있으면 접촉을 통해서 체온 등을 느낄 수 있다. 이러한 접촉을 통해서 인간은 자신의 몸이 숨 쉬고 존재한다는 사실을 느끼게 된다. 이처럼 2자 체험이란 2자의 접촉으로 인해 나를 느끼고 알게 되는 체험이다.

소마 전문가의 입장에서는 자신을 내려놓고 상대방의 몸에 스며들어가서 그 흐름을 타는 것이 2차 체험이다. 이러한 제2자 체험은 몰랐던 자신을 알게 하고 그 약점을 보완하여 총체적인 성장을 할 수 있게 한다. 주로 소마 전문가가 손으로 내담자의 몸의 어느 부분을 살짝 만지는데 그 손으로 내담자의 몸으로 들어가는 것이다. 그렇게 자신을 내려놓고 내담자의 몸의 흐름을 탔을 때만이 다양한 몸의 정보를 알게 된다.

2자 체험을 통해서 소마 전문가는 내담자의 체온의 정도, 호흡의 속도와 흐름, 맥박의 흐름과 강약 그리고 혈관을 흐르는 감각 거기에 마음의 상태까지 알아낼 수 있다. 내담자는 소마 전문가의 터치로 자신이 몰랐던 몸의 상황과 문제를 알게 되고 소마 전문가는 제1자 체험을 통해서 또 다른 세계와 조우하게 된다. 이와 같이 2자 체험은 자신이 몰랐던 자신의 문제를 알게 하고 또한 바깥 세계와 통할 수 있는 길을 제공해준다.[9]

한국소매틱연구교육원에서 개발한 소마 힐링 터치(SHT)가 대표적인 제2자 체험 방식이다. 마사지도 제2자 체험이라고 할 수 있다. 하지만 흔히 하는 마사지 방식은 문제가 있는 경우가 많다. 그 이유는 몸의 소리를 듣거나 소통하지 않고 마사지사들이 자신이 배운 것을 사람을 대상화해서

---

9   김정명, 「토마스 하나의 소마이론 : 체험양식의 변조를 중심으로」, 『무용역사기록학회』 제36호, 2015, 135~138쪽.

일방적으로 해주기 때문이다. 그래서 받는 사람은 감각이 둔해지고 마사지의 강도는 점점 더 세지며 중독성이 생기게 된다. 진정한 2자 체험은 일방통행이 아니고 세심한 경청을 통해서 받는 사람의 감각과 존엄을 살리고 소마에 생기를 불어넣어주는 것이다.

2자 체험은 1자 체험을 포함하고 있다. 즉 실행하는 소마 전문가 역시도 2자 체험을 하게 해주면서 동시에 자신은 1자 체험을 하는 것이다.

제3자 체험은 같은 공간에서 제3자의 체험을 보면서 그것을 자신의 체험으로 받아들이는 것을 말한다. 3자 체험은 1자 체험과 같은 공간에서 동시에 이루어진다. 예를 들자면 공연을 보고 감동해서 몸과 마음, 영혼에 공감이 오는 것을 들 수 있다. 실제로 좋은 공연을 보면 어느 정도 몸을 움직이는 효과가 있다고 한다. 3자 체험은 몸을 읽는 것을 기반으로 움직임을 읽어내는 것을 동반한다.

사실 춤 공연의 의미는 춤추는 몸과 관람하는 몸이 유기적으로 통하고 호응하는 것이라고 할 수 있다. 눈에 보이는 동작뿐만이 아니라 그 환경을 만드는 '기'가 얼마나 중요한지 모른다. 그것은 몸으로만 느낄 수 있다. 훌륭한 춤은 관객의 몸이 그 움직임에 몸을 싣고 함께 체험하게 되는 것이다. 3자 체험이라는 것은 호흡, 리듬, 에너지, 촉각 등의 몸성으로 의미를 창출하는 일이다. 아무리 춤의 기량이 좋고 멋진 동작을 나열해도 관객에게 이런 체험이 일어나지 않으면 그 춤은 몸성이 취약한 춤이다. 그런 춤을 관람하는 사람의 몸에는 아무 감동도 남게 되지 않는다.

춤을 보고 있으면 그 동작의 리듬에 몸을 맡기게 되고 기분이 좋아지고 공연자의 신체 리듬이 느껴진다. 즉 춤추는 사람과 관람하는 사람의 몸 사이에 접속이 일어나는 것이다. 접속이 되어 몸이 공명하면 춤의 스토리나 내용이 아니라 춤추는 사람의 몸과 정서에 동조해서 내면 깊은 곳에 영양분이 남게 된다. 이것이 바로 3자 체험의 의미이다. 즉 뇌가 아닌 몸이 만들어낸 의미인 것이다.

공연을 보면서 3자 체험을 하며 미적인 감동을 받을 때는 그 움직임이 풍부하고 깊을 때이다. 제3자의 움직임을 보면서 그 동작이 자신의 몸속에 쏙쏙 스며드는 감각을 느낄 때, 즉 움직이는 사람과 호흡을 같이할 때 공감이 일어난다. 3자 체험을 일으키려면 팔 동작 하나에도 감정이나 깊이가 있어야 한다. 춤을 잘 춘다는 것은 단지 기량의 문제가 아니라 움직임의 풍부함과 깊이가 있어야 한다는 것이다.

인간의 몸은 시각으로 보는 움직임에 무의식적으로 동조한다. 그래서 좋은 무용작품을 볼 때 자신의 몸도 움직이는 체험을 하는 것이다. 1자 체험을 하는 동작자와 3자 체험을 하는 목격자 모두에게 체험이 펼쳐지는 순간, 판단이나 해석은 지양한다. 체험에 옳고 그른 것은 없으며 어떤 행동, 반응 또는 존재 상태에 있는가가 중요하다. 이러한 3자 체험은 역지사지를 가능하게 하여 다른 시각에서 세상을 바라볼 수 있게 하고 다양한 시각에서 세상을 이해하게 한다.

체험의 종류

체험	개념	예
제1자 체험	• 스스로 몸을 움직이면서 직접 체험하는 것 • 혼자서 하는 것(체험의 다수가 제1자 체험) • 감각	• 다양한 몸 공부 • 무용 수업 등

제2자 체험	• 2자(you)의 터치를 통한 체험(일명 살 체험)	• 소마 힐링 터치
	• 타인을 받아들이고 다른 세상을 품는 것	• 각종 마사지
	• 2자 체험을 하게 해주는 사람은 자신을 내려 놓고 타인의 몸(세상)에 스며드는 것	
	• 2자 체험은 1자 체험을 포함함	
	• 감각, 촉각	
제3자 체험	• 제3자의 체험이 자신의 체험이 되는 것	• 공연 관람
	• 3자의 행위가 같은 공간에서 동시에 일어남	• 경기 관람
	• 공연자와 관람자의 몸에 접속이 일어나는 것	
	• 3자 체험은 1자 체험을 포함함	
	• 감각, 시각, 청각	

위의 세 가지 체험을 다 해볼 때 우리는 자신의 내면을 깊이 있게 보면서 동시에 내면에서 초월할 수 있게 된다. 이런 체험들을 통해서 개인적 차원의 배려, 경청, 행복, 건강뿐만 아니라 사회적 차원의 문명 성찰 및 공동체 의식 함양, 그리고 생태적 차원에서는 다른 생명체와 공존하는 생태감수성을 성취할 수 있다.

K소매틱의 소매틱 수업은 참여자의 상황에 따라서 이 세 가지 체험을 다 할 수 있게 그 내용이 적절하게 구성돼 있다. 제3자 체험 덕분에 춤을 추겠다는 의지나 의식이 없는데도 결국 춤추는 유쾌한 체험을 하게 된다. 이 점이 K소매틱의 특징이자 여타의 소매틱 메소드와 차이점이라고 할 수 있다.

K소매틱 몸 공부의 구조

제1자 체험	제2자 체험	제3자 체험
잘 쉬기	소마 힐링 터치(Soma Heal-ing Touch)	자세 읽기
잘 서기		소마 편향 파악
잘 걷기	소마 잠(soma sleep)	소마 응축 파악
바른 자세	감싸주기(covering)	감각 언어
내 호흡 알기	돌려주기(rolling)	몸적 참여
몸의 직립성	당려주기(pulling)	움직임 읽기
몸의 전면성	밀어주기(pushing)	몸에 스며든 정서 읽기
몸의 균형성	뼈 감각하기(sensing bones)	몸으로 미적 언어 교감
잘 놀기		
몸의 창조성		
소마의 흐름과 연결		
몸의 미적 체험		
• 고유수용감각 향상	• 접속, 경청과 배려	• 교감, 소통, 사회성
• 감각	• 감각, 촉각	• 시각, 청각, 감각
• 내 내면 읽기	• 신뢰, 소통	• 해석하기

뇌 가소성 → '습'을 바꿈 → 인간의 성장

나는 주변에서 통증을 수반한 동작을 무리하게 수행하다가 결국은 육체와 마음이 다 망가져버리고 무용을 포기하는 경우를 종종 보았다. 이는

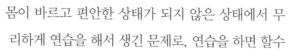

몸이 바르고 편안한 상태가 되지 않은 상태에서 무리하게 연습을 해서 생긴 문제로, 연습을 하면 할수록 육체가 망가져서 결국은 무용이 불가능해진다.

K소매틱에서 제안하는 방식은 무용가뿐만이 아니라 모든 인간이 효율적으로 움직임을 수행하게 한다. 보다 근본적으로 잘 살기(well-being)를 실현하기 위한 것이다. 이것이 가능해지면 이는 몸만의 문제로 끝나지 않고 삶 자체가 가능성을 갖게 된다. 깨달음은 누구에게나 그냥 주어지는 것이 아니라 이를 위해서 공부한 결과로 얻게 되는 것이다.

문제의 해결이 곧 또 다른 새로운 문제의 시작이기도 하다. 아는 것이 없으면 모르는 것이 뭔지 모른다. 인간은 10을 알면 10을 모르고 100을 알면 100을 모른다. 그래서 인간은 죽을 때까지 몸 공부를 하다 아는 것과 모르는 것이 동시에 축적된 채 죽어가는 존재이다.

06

고유수용감각

고유수용감각(proprioception)이라는 용어는 1906년에 영국의 생리학자 찰스 셰링턴(Charles Scott Sherrington, 1857~1952)에 의해서 최초로 사용되었다. 셰링턴은 고유수용감각이란 인간이 몸의 움직임을 감각하는 데 핵심적인 역할을 하는 것이고 운동감각과 운동기능을 일으키는 원동력이라고 설명하였다.[10] 베리 스틸만(Barry C. Stillman)[11]은 운동감각과 고유수용감각을 비슷한 의미로 사용하고 있지만, 두 개념은 동일한 뜻으로 보기는 어렵다고 강조한다. 그는 운동감각은 움직임에 의해서 발생되는 감각이고 고유수용감각은 몸의 위치에 대한 감각이라고 그 차이를 명료히 하고 있다.

고유수용감각이란 바깥의 영향을 받기 이전에 발생하는 몸 자체의 감각으로 자신의 몸을 스스로 느낄 수 있는 인간의 원초적 감각이다. 생명체인 몸은 그 중심을 기점으로 양측으로 나누어지고 그 중심은 신경계를

---

10 김진미 · 김경미, 「감각통합치료에서 고유수용성 감각 활동에 대한 고찰」, 『대한감각통합치료학회지』 제5권 제1호, 2007, 53쪽.

11 Stillman, B.C, "Making sense of proprioception: The meaning of proprioception, kinaesthesia and re-lated terms", *Physiotherapy*, 88. 11(IFOMPT, 2002), pp.667~676.

포함하고 있는데 바로 거기서 감각 피드백이 측면의 운동기능을 조정, 변화를 유도한다.[12] 인간의 몸이 중심을 잡고 서고 앞으로 나아가며 균형을 잡게 하는 본질적인 능력이 고유수용감각에서 나온다.

사실은 고유수용감각이 무엇이고 어떤 것인지 학계에서 충분히 연구되어 있지 않아서 그 개념이 명료하지는 않다. 고유수용감각에 대해서는 의학계보다는 몸학(Somatics)과 심리운동 분야에서 연구되고 있다. 어떤 연구자는 이 감각을 운동신경감각과 거의 동일한 감각으로 규정하기도 한다. 하지만 다른 연구자는 고유수용감각을 6감으로 간주하기도 한다.

5감은 신체의 감각 수용기인 눈, 코, 귀, 입(혀), 피부 등의 감각기관으로 수용하는 시각, 후각, 청각, 미각, 촉각을 일컫는다. 이렇게 5감까지는 많이 연구되었고 소개되어 대중도 나름대로 이해하고 있다. 이 5감은 외부에서 어떤 정보가 몸에 입력될 때 그것에 대한 인지가 주로 수동적으로 이루어진다. 그래서 주체적으로 그 정보의 내용이나 질에 변화를 일으키지는 못한다.

인간이 살아가면서 터득하는 모든 것들은 뇌에만 국한된 게 아니라 몸 세포 마디마디에 퍼져서 스며들어 있다. 이것을 인간마다 고유하게 수용하는 감각이라는 의미에서 '고유수용감각(proprioceptive sense)'이라고 명명했다. 소매틱스의 창시자 토머스 하나는 고유수용감각이란 인간의 몸에서 일어나는 최초의 알아차림이라고 설명한다.[13] 몸은 고유수용감각을 통해 다른 차원을 감지한다. 고유수용감각이라는 용어는 토머스 하나가 각성

---

12 Hanna, T., "The field of somatics", *Somatics*, 1(1), 1976, pp.30~34.
13 김정명, 앞의 책, 219쪽.

의 영역, 즉 6감이라고 명명한 개념이 의료 용어로 발전한 것이다. 고유수용감각을 통해서 몸의 다양한 감각을 느끼고 정보를 축적할 수 있다. 몸의 고유수용감각은 매 순간 몸에서 생성되는 내적 정보와 교류하면서 피드백을 제공한다. 체험에서 제공되는 몸의 정보는 사실 확인 절차를 거칠 필요도 없이 즉각 사실이 된다.[14] 고유수용감각을 통해 자신의 몸을 체험하면 이전에는 알 수 없었던 몸에 대한 새로운 사실을 깨달을 수 있다.

최현석[15]에 의하면 고유수용감각은 체험을 통해서 자기 자신의 고유한 감각을 수용하여 지각(perception)하는 것을 뜻한다. 고유수용감각은 인간이 움직이는 체험을 통해서 느낀 것들을 중추신경계로 전달하는 감각을 말하기도 한다. 여기서 몸에서 일어나는 일이라 함은 몸의 위치 감각, 움직임, 자세, 근육의 긴장도, 관절에 대한 감각, 균형 감각 등을 일컫는다. 이러한 일들은 온몸에 전체적으로 퍼져 있는 고유수용감각을 통해서 알아차리게 된다. 이 알아차림은 사람마다 다르고 고유하게 수용하는 감각이다. 이 감각은 다른 감각과 달리 느끼는 순간 그 느낌의 주체이자 대상인 바로 자신이 변화되게 되는 감각이다. 고유수용감각은 자신의 의식을 몸에 집중시키고 움직임을 스스로 인식할 때 깨어난다.[16]

고유수용감각은 몸의 인식 능력을 향상시키고 창조적인 작업을 할 수 있는 토대로 작용한다. 고유수용감각은 움직임에서 그저 저절로 생겨나는 것이 아니라 움직임의 체험을 수용하는 과정에서 생겨난다. 고유수용

---

14 위의 책, 57~60쪽.
15 최현석, 『인간의 모든 감각』, 서해문집, 2009, 223쪽.
16 강현숙, 「무용작품 〈이어지다〉의 창작과정 연구 : '고유수용감각'을 중심으로」, 이화여자대학교 대학원 석사학위 논문, 2016, 21쪽.

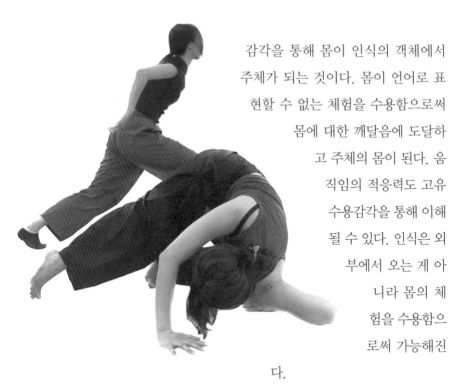

감각을 통해 몸이 인식의 객체에서 주체가 되는 것이다. 몸이 언어로 표현할 수 없는 체험을 수용함으로써 몸에 대한 깨달음에 도달하고 주체의 몸이 된다. 움직임의 적응력도 고유수용감각을 통해 이해될 수 있다. 인식은 외부에서 오는 게 아니라 몸의 체험을 수용함으로써 가능해진다.

고유수용감각은 체험에 대한 수용이지만 동시에 자발성을 전제하는 체험이다. 적응력이 움직임 능력의 핵심이고 인간의 창조성은 바로 이 적응력을 기반으로 하고 있다. 움직임은 단순한 모방이 아니라 실제적인 체험의 축적물이고 이런 체험이 고유수용감각을 성장시킨다. 고유수용감각은 사물의 움직임을 인간의 움직임으로 변환하는 능력을 갖게 한다.

고유수용감각은 몸의 주체적인 체험으로 그 주체인 자기의 몸과 마음에 변화가 생겨나게 되는 것이다. 그럼으로써 몸의 성장과 더불어 몸에 스며들어 있는 마음과 영혼의 진화를 꾀하게 된다. 즉 고유수용감각은 몸적 깨달음과 연결되어 있고 이 깨달음은 바로 정신적·영적 차원까지 영향을 주게 된다. 고유수용감각이 작동하면 시공간 개념이 '지금 여기' 자신의 존재를 알게 하여 바른 자세가 이루어진다. 시공간이 별개의 개념이 아니고 하나이듯이 '지금 여기'의 나의 존재도 몸으로 통섭되어 하나이다. 이 고유수용감각은 몸과 마음을 포함한 자신의 존재를 알게 한다. 뿐만 아니라 자신이 처해 있는 공간적·시간적 상황을 인식하게 하여 세상과의 관계를 이해하게 한다. 또한 크게는 나와 사회, 자연 그리고 우주와의 순환 관계를 파악하게 한다.

고유수용감각이 살아 있어야 바른 자세를 이룰 수 있다. 그 감각은 그냥 내버려두면 퇴화하지만 몸 공부를 통해서 지속적으로 성장할 수 있다. 몸 공부는 인간에 대한 깊은 배려와 소통을 통해서 아주 세심하고 정교하게 고유수용감각을 체화하고 성장시킨다. 바른 자세의 핵심은 개인적으로는 바른 마음과 영혼으로 연결되고 공적으로는 우주와 인간사의 원리를 알게 하는 것으로 확장된다. 바른 자세를 취할 수 있게 되면 몸의 응축이나 왜곡에 의한 불필요한 긴장을 하지 않아도 되는 편안한 상태를 찾게 된다. 바른 자세에서 중요한 것은 움직일 때 감각이 깨어 있어서 움직임을 느낄 수 있어야 한다는 사실이다. 감각을 느낀다는 것은 고유수용감각이 작동해서 자신의 현재의 몸과 마음의 상태를 아는 것을 말한다. 이런 과정을 통해서 자신의 가능성을 알고 성장을 하나하나 실천해가는 것이다. 이것이 바른 자세에서 얻을 수 있는 배움이다.

고유수용감각은 첫째, 주체의 의식적인 움직임이 기본이 되어야 한다. 일상생활을 하다 보면 무의식적으로 움직일 때가 많은데, 이때 놓치는 감각 정보가 많다. 그러한 감각 정보는 알려고 해야 알아차릴 수 있다. 둘째, 자신의 고유한 감각을 수용하는 과정을 거쳐야 한다. 자신의 고유수용감각을 감지한다면 움직임이 향상되고 자신만의 개성적인 움직임을 만들 수 있게 된다. 셋째, 지각과 인식이 항상 동반되어야 한다. 움직임이 향상되기 위해서는 고유수용감각이 작동되어야 한다. 동작을 느끼면서 움직이다 보면 뇌에서 동작에 대한 이해와 논리가 만들어지고 고유수용감각이 생성된다. 그러나 익숙하고 패턴화된 움직임을 반복할 경우에는 다양한 감각 정보를 알아차리지 못하게 된다.

몸 공부는 현대인이 놓치고 둔감해지고 있는 고유수용감각을 체계적으로 살려내는 공부법이다. 세 가지의 체험의 방식을 고르게 잘 활용하면 몸 공부를 할 때의 고유수용감각이 성장한다.

07

소마 힐링 터치(SHT)

소마 힐링 터치(soma healing touch, SHT)는 소마 전문가가 손으로 내담자의 몸의 특정 부분을 만져줌으로써 내담자가 제2자 체험을 하게 해주는 것을 말한다. 이는 내가 직접 창안한 것으로 세계적인 경쟁력을 갖는 메소드라고 할 수 있다. 이 메소드의 핵심은 소마 전문가가 손으로 내담자의 60조 개 세포에 녹아 들어가 한 몸이 되는 것이다.

인간의 손의 감각은 그 어떠한 기계보다 예민하고 정확해서 손으로 많은 정보를 알아낼 수 있다. SHT를 받은 사람들은 거의 다 대단한 만족도와 소마 치유 효과를 얻었다. SHT는 인간을 만나고 삶을 사는 방식이기도 하다.

살 체험이라 할 수 있는 SHT는 인간과 인간의 친밀성(intimacy)과 근접성(proximity) 그리고 인간에 대한 연민(sympathy)에 기반한다. 소마 전문가가 SHT를 하는 것은 자신을 내려놓고 상대방의 몸에 스며들어 그 몸과 함께하는 것이다. 그러면 내담자가 모르는 문제를 전문가는 알게 된다. 내담자는 스스로 몰랐던 자신의 몸을 소마 전문가의 손으로 알게 된다. SHT는 받는 이의 몸과 마음을 내려놓을 수 있게 한다. 소마 전문가에게 기대었는데 기댄 게 아닌 상태가 된다. 자신과 자기 조절 능력을 내려놓고 몸을 전문가에게 맡겨야 한다. 그래야 내 몸이 소마 전문가와 하나 되어 할 일을 알아서 하게 된다. 가진 것이 많은 사람일수록 긴장이 심해서 도저히 자기를 내려놓지 못한다. 대접받고 챙겨야만 되는 게 몸이다. 급한 상황에서 얼떨결에 나오는 동작이 그 사람의 진실이다. 인간의 몸은 그 자체로 보호본능과 능력이 있다. 그런데 두려움이 가로막아서 몰두할 수도 취할 수도 없는 것이다. 그래서 그 두려움을 내려놓고 자존감을 갖게 하는 게 SHT이다.

SHT는 몸의 기억에 대한 믿음에서 시작되었다. 손으로 인간의 몸에 접촉하면 한순간 그 접점에서 상대에 대한 다양한 정보를 얻을 수 있다. 그 순간의 기억은 소마 전문가나 내담자에게 오래 남는다. 몸의 움직임을 기억하는 것은 사실 머리가 아니라 몸이다. 손이 닿는 순간 상대의 체온, 감촉, 호흡 등의 중요 정보들이 내 몸에 스며든다. 그 기억은 시간이 오래 지나도 잊지 않고 되살아난다.

이것의 핵심은 그 어떤 기술이 아니라 인간에 대한 모심의 정신과 세상에 대한 배려의 정신으로 인간을 만지는 것이다. SHT는 근육이나 골격의 힘을 이용하거나 압을 행사하지 않는다. 또한 그 어떤 것을 해주지도 않는다. 그냥 손의 터치로 내담자의 몸에 스며들어가서 함께 흐름을 타는 것이다. 그러면 내담자의 파동, 체온과 호흡이 느껴지고 맥박 소리가 들리고 그리고 몸에 스며들어 있는 정서와 마음까지 읽어낼 수 있게 된다.

우치다 타츠루[17]에 의하면 경(勁, 굳세다. 예리하다)은 미세한 진동 같은 것

---

17   우치다 타츠루, 「소통하는 신체」, 오오쿠사 마노루 · 현병호 역, 민들레출판사, 2019.

이 상대방 신체에 들어가는 것이다. SHT에서는 미세한 진동이 상대의 몸에 들어가서 다양한 파동을 읽어낸다. 몸에서는 심장이 고동치고 들숨 날숨의 호흡을 통해서 수축 팽창이 일어나고 있다. 세포 또한 끊임없이 진동하고 있다. 몸은 자동으로 이러한 진동을 통제하고 발산한다. 귀 기울여 듣는다는 경청(傾聽)이라는 말은 이 진동을 유심히 듣는 것이다. 즉 몸의 신호를 알아채는 것을 뜻한다. 자연의 소리, 지구의 소리를 듣는 것과 비슷한 원리일 것이다. 소마 전문가가 SHT를 해줄 때는 몸을 한 통으로 규정하지 않고 몸을 구성하는 206개의 뼈와 220가지 총 60조 개의 세포에 가능한 부드럽게 녹아 들어가야 한다. 세포는 1분에 50만 개가 사멸되고 동시에 생성된다.

SHT의 방법은 다음과 같다. 소마 전문가는 절대로 처음부터 수강생에게 무엇을 해주려고 하면 안 된다. 그저 그 몸을 파악하고 온몸으로 기도하며 수강자의 몸의 소리를 들어주면 된다. SHT를 해줄 때는 아주 부드럽고 살살 조금씩 인도하면서 내담자의 감각을 극대화시켜야 한다. 모든 기법들은 아주 부드럽게, 매 과정마다 내담자의 몸의 소리를 충분히 들으면서 진행해야 한다. 이 중 가장 기본이 되고 중요한 것은 터치인데 이것은 소마 전문가가 내공이 쌓일수록 그 치유 능력이 점점 향상된다.

터치는 소마 전문가가 손으로 누르거나 무엇을 하는 게 아니라 내담자의 몸에 '살짝' 대고 그 몸으로 들어가는 것이다. 그러면 호흡, 맥박 소리가 들리고 몸을 경청하게 되는 것이다. 내공이 쌓이면 내담자의 몸의 흐름에 따라서 많은 것이 읽혀진다.

터치법이 완전히 숙지되면 그 외의 굴리기(rolling), 당기기(pulling), 흔들기(shaking) 등의 방식을 적절히 병행할 수 있게 된다. 이 모든 것은 뼈의 구조와 기능을 알아야 제대로 실행할 수 있다. 굴리기는 긴장된 부위의 관절을 좌우로 굴려주는 기법을 말한다. 이때는 관절의 기능과 특징을 알아야 된다. 잡아당기기는 팔, 다리 그리고 머리의 자세를 잡아줄 때 해주는 것으로 부드럽게 당겨줘야 된다. 흔들기는 몸을 정렬해주거나 긴장을 풀어줄 때 하는 것으로 마치 체를 치듯이 살살 흔들어준다. 그러면 뼈가 저절로 정렬을 찾게 된다.

'어떤 자세로', '어디를', '어떻게' 만지느냐가 중요하다. SHT는 경청과 배려의 정신을 기반으로 과정을 중시하고 결과는 하늘에 맡긴다는 마음으로 겸허하게 진행한다. 소마 전문가에게는 무엇인가를 해주려고 하는 의지보다는 그저 믿고 들어준다는 태도가 더 중요하다. 사실 스스로 알아내고 직접 실행하게 하는 것이 해주는 것보다 더 본질적인 해결책이다.

SHT의 4단계는 첫째, 두 손을 모으고 비비며 내담자를 위해 기도한다. 이는 소마 전문가의 손을 따뜻하게 하는 효과도 동시에 갖는다. 둘째, 내담자의 어느 곳을 만질 것인지 결정하고 아주 살짝 손을 댄다. 셋째, 내담자의 몸의 흐름에 타고 그 몸에 들어간다. 그래서 체온, 호흡 속도, 맥박 읽기, 감정 등을 경청한다. 넷째, 내담자의 몸에서 하나가 되어 함께 노닌다. 나중에는 둘의 체온, 호흡 등이 동일해진다. 충분히 시간을 주다가 아주 부드럽게 살짝 손을 뗀다.

SHT의 효과에 대해서 다음과 같이 다양한 사례들이 보고되었다.

• 몸과 마음이 안정되고 치유된다.
• 몸의 연결성을 느끼고 자율신경 조절이 향상된다.
• 소마 응축이 해결되어 척추 사이의 연골이 늘어나서 척추의 길이가

길어진다.

- 몸의 운동 범위가 넓어진다.
- 골반과 척추가 제자리를 찾게 되어 척추의 문제가 해결된다.
- 몸통이 넓어지고 바로잡혀 내장이 편안해지며 기능이 활성화된다.
- 허리가 길어지고 펴지면서 늑골(갈비뼈)이 유연해진다.
- 목과 척추의 연결을 알게 되어 목이 이완된다.
- 팔과 어깨의 긴장이 풀리며 오십견 등의 원인 모를 통증이 해결되고 움직임의 범위가 향상된다.
- 소마 전문가가 1대 1로 만져주는 것은 우울증이나 심리 불안에 큰 효과가 있다.
- 긴장이 완화되고 스트레스가 해소된다.
- 소마 이완과 소마 휴식이 된다.
- 혈액 순환 및 체액 이동이 촉진된다.
- 고유수용감각이 촉진된다.
- 자율신경 조절 효과가 있다.
- 몸 내부의 공간이 확보된다.
- 통증 해소에 효과가 있다.
- 소마 편향을 교정한다.
- 기혈의 소통 효과가 있다.
- 건강을 증진시킨다.
- 질병을 예방하는 확실한 건강법이다.
- 몸과 마음의 성장을 유도한다.
- 삶에 대한 이해도 증진시킨다.

- 몸의 유연성을 회복하고 몸의 적응력을 개선한다.
- 마음의 평화를 가져온다.
- 스스로 생기를 만드는 방법을 터득한다.
- 내장기관 기능이 강화된다.
- 수술 후 상흔 치유와 회복에 도움이 된다.
- 관계 개선에 도움이 된다.

SHT는 받는 사람의 제2자 체험뿐만 아니라 해주는 사람의 1자 체험도 동시에 이루어진다. 그래서 소마 전문가가 일방적으로 기를 주어서 기가 빠진다거나 힘드는 일이 일어나지 않고 동시에 두 명의 기운이 생성된다.

SHT의 특징은 뭔가를 하려고 애쓰지 않고 그저 편하고 자연스럽다는 점이다. 그냥 감각이 깨어서 느끼고 알아차리게 된 다는 것이다. 모든 것이 부드럽고 힘을 쓰지 않 아서 부작용이나 문제가 전혀 없다는 것이 특징이다. 또한 자기 주도적 학습법이고 마치 황홀경을 겪는 것처럼 기분을 좋 게 하고 소마를 편안하게 한다.

08

움직임의 원리

움직임은 그 어느 생명체에게나 자동적으로 발생하는 생명을 유지하기 위한 것이다. 그 움직임이 만들어내는 움직임의 원리는 보다 적은 에너지로 보다 효율적인 움직임을 하기 위한 것이다. 이는 누가 알려주지도 않았는데 움직임이 축적되어서 형성된 원리이다. 인간은 이 원리를 이론으로 정리하고 그 효과를 극대화시키는 작업을 하였다. 잘 움직이려면 이 원리를 알아야 되고, 그렇게 되면 일상의 움직임이 건강과 직결되며 또한 일상의 움직임이 춤 예술로 변환되는 창조의 세계로 들어갈 수 있다.

움직임은 일방적 전달이 아니라 움직이는 순간에 발생하는 표현과 상호 소통이다. 움직임 중에 제스처는 인간의 원초적 표현이다. 움직임의 소통적 성격은 언어 이전부터 가져왔던 본질적인 것이다. 인간의 움직임은 사물의 묘사적 표현으로 파악할 수 있다. 움직임은 무의식적 또는 감각적 성격을 갖고 있다. 움직임은 움직이는 사람의 무의식이 표현되는 것이지만 단순한 주관적인 심리 이상을 드러낸다. 움직임에서 표현되는 것은 말로 표현할 수 없는 그 어떤 것이다. 움직임은 사물의 단순 모방이나 재현이 아니라 말로는 표현할 수 없는 것을 표현하는 것이다.

움직임은 매체적 성격을 갖고 있다. 넓은 의미의 움직임에서 시작해서 움직임의 본질을 규명할 필요가 있다. 움직임은 보이고 표현되고 전달된다. 움직임은 그 움직임에 스며들어 있는 마음을 전달하고 표현하는 것이다. 이 마음은 움직임에서 전달되는 것이지 움직임을 통해서 전달되는 것이 아니다. 즉 움직임은 사건이나 사물의 의미를 전달하기 전에 자신을 전달한다. 움직임은 의사소통을 위한 수단이 아니고 그냥 직접적으로 의사가 전달되는 매체이다. 모든 움직임은 자신을 표현하고 전달하는 매체이다. 움직임으로 순수하게 자신을 전하는 것은 외부에서 조종하거나 개량할 수 없는 성격이다. 움직임은 언어로 설명하기 힘든 그저 신비로운 현실이다.

오늘날 신체가 상품화되면서 움직임의 본질이 타락했다. 움직임을 보다 높은 차원의 춤으로 전환하는 데 인간의 잠재된 창조성이 발현된다. 움직임은 명명이 불가하고 무의미하다. 그냥 표현적 성격이 있을 뿐이다.

인간의 움직임은 신체에 의한 한계를 갖고 있다. 몸이 있어서 몸으로 움직임이 발현되는데 몸이 있기에 제약을 갖는 딜레마에 빠지게 되는 것이다. 그럼에도 불구하고 움직임이 발달할수록 인간의 생각도 발달한다. 그래서 몸 공부를 하면 생각이 발달하고 인격 또한 쌓여 나간다.

인간은 움직이면서 세상을 접하게 되고 스스로의 느낌, 감정, 의식을 갖게 되어 결국 하나의 생명체이자 소우주인 자아를 찾게 된다. 그러나 자아란 것은 찾는 즉시 버려야 하고 그때부터는 남들에 대한 배려와 돌봄으로 자아의 개념이 확장된다.

몸의 움직임은 인간의 모든 기능(신체적, 감성적, 정신적, 영적)에서 생명력을 증대시킨다. 움직인다는 것은 보다 우주적인 생명 행위이고 근본적인 소통 행위이자 우주의 패턴을 알아가는 과정이다. 또한 움직인다는 것은 우주의 생명체이면서 다른 생명체와는 차별성을 갖고 있는 자신을 이해하고 알아가는 과정으로 내면의 의식과 감정, 심지어는 무의식의 세계까지 느끼면서 진행된다.

움직임의 의미는 몸으로 있는 그대로 '지금, 여기' 현존을 이해하고 이를 통해 삶을 보다 가치 있게 살게 하는 것이다. 몸은 인간에게 가장 처음 각인되는 생명의 모양, 즉 생명체이다. 생명체는 독자적으로 움직이며 스스로 번식하고 주위 환경과 선택적인 화학작용을 한다. 모든 인간은 몸으로 이 세상에 왔고 몸을 움직이며 삶을 살고 있는데 인간은 과연 몸의 움직임에 대해서 관심을 갖고 있는 것일까. 몸의 움직임을 아는 만큼 몸은 건강해지고 아름다워질 수 있다.

인간의 몸은 단 한순간도 쉬지 않고 움직인다. 우리가 의식하지 못하는 움직임 외에도 우리가 의식하는 움직임도 아주 다양하다. 이런 움직임을 가장 아름다운 방식으로 조직해놓은 것이 춤이라고 할 수 있다. 하지만 그렇게 복잡해 보이는 춤도 사실은 단순한 원리로 설명할 수 있다. 춤을 포함해서 몸의 움직임에는 아주 분명하고 간단한 원리가 있다. 그 원리를 잘 알고 전문적으로 연구하는 사람들이 바로 안무가이고 무용가들이다. 단순한 움직임이 기반이 되어 다양하고 복잡한 구성이 만들어진다. 그러니 원리를 잘 이해하면 구성은 하면 되는 일이다. 그 원리라는 것은 지극히 명백하고 효율성을 갖고 있다.

움직인다는 것은 움직임에 대한 '적응' 능력의 향상, 생명체의 몸은 그 중심을 기점으로 양측으로 나누어지고 그 중심은 신경계를 포함하고 있

는데 바로 거기서 감각 피드백이 측면의 운동 기능을 조정, 변화를 유도한다.[18]

　움직임의 원리는 비단 인간의 움직임만이 아니라 우주 생명체의 모든 움직임에 해당된다. 직립은 인류 진화의 결과이고 또한 인간은 수직으로 서면서 다른 생명체보다 움직임의 범위가 넓고 자유로워졌다. 인간은 몸의 움직임으로 생명의 움직임 원리를 배울 수 있다. 몸으로 자연의 원리를 터득한다는 것의 뜻은 머리로 하는 인식이나 해석의 차원이 아닌 구체적인 체험을 통해서 얻는 깨달음을 말한다. 인간의 몸의 움직임은 살아 있다는 징표이다. 즉 움직이면 산 것이고 정지하면 죽은 것이다.

　어떤 움직임이 좋은 움직임인지는 그 누구도 쉽게 단 한 마디로 규명할 수는 없다. 소매틱에서의 몸의 움직임은 최소한의 노력으로 최대한의 효율을 얻는 것이다. 그러려면 몸이 편하고 자연스러워야 한다. 억지로 하는 움직임에는 깨달음이 있을 수 없다. 몸의 움직임의 원리를 알면 우주의 다른 생명체의 움직임도 파악할 수 있다.

　몸의 움직임은 우주와 같이 복잡하고 알기 힘들지만 인간의 움직임에는 원리가 있다. 그 원리는 위로 향하는 수직성(vertical plane), 앞으로 향하는 전면성(frontality) 그리고 좌우 균형성(spicial spine, horizontality)이다. 이 움직임의 원리를 알면 사실 움직이는 능력이 향상될 수 있고 그 능력은 사회적인 능력과도 연결된다. 움직임의 원리는 분리된 것이 아니라 늘 함

18　Hanna, T., "What is somatics?: Part 1", *Somatics: Magazine-Journal of the Bodily Arts and Sciences*, Volume V(4), 1986, pp.4~8.

께 엮여서 동시에 작용된다. 또한 이 원리는 하나의 원리가 다른 원리에 영향을 미치고 상호작용하게 된다. 즉 몸의 수직성을 이루고 있는 척추의 정렬이 비뚤어지면 바로 균형성도 파괴된다. 이는 유심히 몸을 보면 알 수 있다. 수직성이 전면성을 돕고 또한 균형성을 돕거나 또는 균형성이 수직성에 영향을 주어서 서로의 약점을 보완해준다. 이것이 몸 움직임의 상호적이고 통합적인 성격이다.

몸의 직립성

인간은 직립을 하는 유일한 동물이다. 인간의 몸은 천상과 천하, 하늘과 땅을 연결해서 모든 생명체가 지구에서 생명을 지속할 수 있도록 한다. 직립한 인간의 몸에서 하늘이 땅으로 내려오고 땅이 하늘로 올라가는 통합이 이루어진다. 직립은 식물이 갖고 있는 성질인 땅속 깊숙이 뿌리를 내려서 땅의 기운을 가져오는 능력과 하늘로 뻗어서 빛을 받을 수 있는 능력을 가능하게 한다. 연이 땅에 근거를 두기 때문에 날 수 있는 것처럼 직립한 몸은 땅에 뿌리를 내리고 있기 때문에 하늘을 향할 수 있다. 움직임의 수직면(vertical plane)을 나타내는 서기는 인간 몸의 아주 중요한 핵심 기능이다. 직립으로 인해서 인간의 몸은 하늘과 땅을 연결하고 통하게 하는 바로 그 현장이 되었다. 하늘과 땅은 인간의 몸을 통해서 하나로 통섭된다.

직립은 137억 년 인류 역사의 진화의 산물이다. 직립으로 인해서 인간은 팔의 자유를 얻었고 더 멀리 넓게 세상을 보게 되었다. 손의 기능이 발달하여 손으로 할 수 있는 많은 일들을 수행할 수 있게 되었고 그럼으로써 탁월한 진화를 꾀할 수 있었다. 인간의 직립은 땅으로 잡아당기는 중력과 위로 서려는 힘에 의해 유지된다. 즉 땅을 딛고 하늘을 향한다. 인간은 유일한 직립 동물이기에 만물의 영장 자리를 차지하게 되었다. 하지만 직립보행을 함으로써 손해 보는 몸의 부위도 생겼다. 바로 무릎이다. 인간의 몸무게가 그대로 무릎으로 가게 된 것이다.

발바닥을 쭉 펴서 바닥을 눌러야만 에너지가 올라온다. 즉 뻗는 만큼 뿌리를 내려야 하고 박은 만큼 올라갈 수 있다. 설 때 발바닥으로는 땅에 굳건히 뿌리를 내려서 발바닥으로 땅의 소리를 들어야 한다. 발바닥은 말초신경이 집중되어 있는 곳으로 기운에 민첩한 부위이다. 땅의 기운과 진동은 발바닥을 통해 다리를 거쳐 전단으로 전달된다. 발에는 52개의 뼈와 약 31개의 관절, 94개의 근육, 그물망같이 엮여 있는 신경, 300만 개의 땀샘, 약 30억 개의 모세혈관 등이 밀접히 짜여 있는 곳이다. 특히 진동에도 민감한 부위여서 발바닥으로 지면의 진동을 감지할 수 있다.

머리(정수리)는 더 높이 하늘을 향해야 한다. 이때 발(현실)과 머리(이상)를 연결해주는 것이 척추이다. 척추가 곧게 서 있어야 발과 머리를 온전하게 연결하여 직립을 이룰 수 있다. 직립에서 가장 중요한 것이 척추에 대한 이해이다. 척추는 그냥 통뼈가 아니다. 33개의 뼈와 디스크, 인대 등으로 구성되어 있다. 척추는 강한 기둥이라고들 생각하는데 강함만큼 중요한 것이 유연성이다. 그래서 척추뼈는 완만한 S자 곡선을 그리고 있다. 이 뼈들 사이에는 인대가 있고 이 인대는 융통성이 있어서 움직임을 자유롭게 할 수 있다. 디스크 가운데의 수액에는 감정과 기가 흐른다.

발, 다리, 단전, 골반, 척추, 목 그리고 머리까지 연결되는 수직의 곡선은 직립을 가능하게 하는 몸의 주요 맥이다. 그러나 중력으로 인해서 우리의 척추는 늘 눌리는 상황에 놓이게 된다. 척추는 늘 중력에 저항하는 투쟁을 하고 있는데 자세가 비뚤어지면 척추는 바로 긴장이 되고 중력에 저항하는 힘을 잃고 응축된다. 이때 몸을 바로하고 척추를 위로 늘여주면(pull-up) 척추의 유연성을 되찾고 눌린 것을 펴서 늘일 수 있다. 또한 척추와 등의 감각을 찾으면 척추와 허리 그리고 엉덩이를 연결하는 곡선이 살아나서 아름다운 뒷모습을 찾게 된다.

내 몸은 직립함으로써 하늘과 땅을 연결해주는 바로 그 지점이 되고 나는 바로 이 세상의 주인이 된다. 잘 서려면 우선 뿌리를 잘 내려야 된다. 그 뿌리 위에서 잘 뻗어야 한다. 이는 척추 끌어올리기(pull-up)를 해야 가능하다. 그런데 위로 향하기만 하고 뿌리를 못 내리면 삶이 떠다니고 만다. 열두 가지 재주에 저녁거리가 없다는 속담이 바로 그 말이다. 꿈은 많은데 현실에 뿌리를 못 내리는 경우를 말하는 것이다. 역으로 현실에 뿌리를 내린다고 현실에만 매몰되면 그냥 밥 세끼만 해결하고 사는 것이다. 그러니까 즉 잘 선다는 것의 의미는 현실과 꿈의 균형을 잡아야 한다는 것이다.

이때 발은 현실이고 머리는 이상을 표현하는 메타포이다. 인간이 현실에 뿌리를 내리는 것에만 급급하고 꿈이 없다면 그저 밥은 먹고 살겠지만 성장을 이루기는 힘들 것이다. 역으로 꿈은 충천한데 현실성이 없다면 꿈을 이루기는커녕 제 밥벌이도 힘들게 될 것이다. 어떻게 하면 현실에 뿌리를 내리면서도 꿈을 향해 갈 것인가가 바로 우리가 고민하고 지향해야 할 바이다. 이것을 우리 몸이 말해준다. 현실과 자기밖에는 모르는 속물, 꿈에 들떠서 현실성 없는 이상주의자들을 우리는 몸을 보면 알 수 있다.

몸의 전면성

인간의 몸은 앞을 향하고 있고 앞으로 걷는다. 눈이 앞에 있는 이유도 그래서이다. 몸의 전면성은 시간의 본질을 드러내는 상징이기도 하다. 현재의 시간은 정지된 것 같아 보이지만 실상은 과거에서 와서 미래로 흐르면서 전진한다. 몸은 뒤로부터 와서 지금을 거쳐서 앞으로 나아간다. 우리는 늘 '지금 여기'에 있으면서 앞으로 나아가고 있다. 지금 여기의 개념은 시간 개념에 공간까지 포함해서 몸이 존재하는 바로 그 현존의 위치이다. 몸은 시공간을 포함해서 앞으로 전진하는 존재이다.

인간의 몸은 위로 뻗어 있고 모든 움직임은 정면을 향하여 앞으로 전진한다. 혹시 어쩌다 뒤로 움직이는 것은 앞으로 가기 위해 준비하는 한정적인 경우일 뿐이다. 인간은 앞으로 나갈 뿐이지, 뒤로 돌아가는 일은 없다. 초등학교 시절이 그리워서 돌아가고 싶어도 돌아갈 수 없다. 인간의 역사와 삶은 진화를 향해서 앞으로 나갈 수밖에 없다. 그래서 앞으로 대면하기는 굉장히 중요한 가치이자 움직임의 원리이다.

인간이 나무와 다른 점은 그냥 서 있지 않고 앞으로 걸어 나간다는 것이다. 걷는 것은 잘 서는 것을 기본으로 하고 있다. 이는 모든 동작이 가지고 있는 원리이다. 뒤통수

친다는 말이 있다. 정당하게 앞으로 가면서 정면대결을 해야 하는데 그렇지 못한 경우를 가리킨다.

다음 아폴리네르의 시는 이러한 전면성의 의미를 잘 표현해준다.

그가 말했다. 벼랑 끝으로 오라.
그들이 대답했다. 우린 두렵습니다.
그가 다시 말했다. 벼랑 끝으로 오라.
그들이 왔다. 그는 그들을 밀어버렸다.
그리하여 그들은 날았다.

—기욤 아폴리네르, 「벼랑 끝으로 오라」

몸의 균형성

몸은 좌우 대칭으로 균형을 이루며 평등하게 존재한다. 생명체의 몸은 그 중심을 기준으로 정렬(alignment)되어 있다. 인간의 몸은 가운데에 척추를 중심으로 양쪽으로 나뉘어 있다. 척추는 수직으로 바로 서야 하고 척추 양쪽의 균형감이 필요하다. 이 척추를 기준으로 한 중심은 신경계를 포함하고 있는데 여기서 바로 감각 피드백이 측면의 운동 신경을 조정하는 것이다. 즉 중심 척추 라인이 정렬되어 양쪽 균형의 피드백을 구성한다. 척추가 비뚤어져 있다면 몸의 균형을 유지하기 위하여 몸이 아주 힘들어진다. 그래서 직립과 대면 능력 그리고 좌우 균형 능력은 다 연결되어 있다.

몸의 적응성은 자신을 세상으로부터 고립시키는 것이 아니라 세상의 넓이만큼 확장시키는 방식이다. 인간은 자신의 그릇만큼 세상과 이어져 있다. 인간 내면의 넓이는 세상의 넓이와 이어져 있다. 몸의 적응성은 몸의 자유를 가져다주고 자신의 한계를 깨뜨려 의식의 확장을 가져온다.

움직임은 파악하기가 간단치 않다. 너무나 많은 것이 들어가 있기 때문이다. 움직임에 의한 적응 능력의 향상은 몸의 문제뿐만 아니라 삶의 적응 능력의 향상으로 직결된다. 몸이 몸만으로 끝난다면 우리 모두가 절실하게 몸 공부를 해야 될 이유가 줄어든다. 몸이 몸만의 문제가 아니라 정신, 그리고 구체적인 삶의 문제와 연결이 되기 때문에 몸 공부가 그리도 중요한 것이다. 몸의 적응 능력의 향상은 삶에 아주 중요한 덕목이다.

몸의 균형 지향은 핸들링 개념으로 양쪽으로 적용하기, 회전, 균형 잡기, 조정의 개념이다. 양쪽 적응을 위해서 회전운동을 하는데 앞으로 가기 위해서 그 어떤 상황에 처했을 때 회전해야 하는 경우가 발생한다. 그래서 균형 지향은 영어로 horizontal plane이라고 하지 않고 spatial plane이라고 한다.

인간은 살아가면서 늘 정면으로만 가는 게 아니고 여러 가지 상황에서 적응해야 할 일이 생긴다. 이럴 경우 몸에서 적응 능력을 키워야 한다. 몸의 회전운동과 균형 감각을 키워주면 구체적인 삶에서도 적응 능력이 향상된다. 실제적인 몸의 조정 능력은 동작으로 끝나는 것이 아니라 삶과 연결되는 것이다.

척추의 회전은 중요한데 더 나은 방향으로의 척추 회전은 머리부터 발끝까지 우아하고 편안하게 전환하는 데 필요하다. 머리부터 발끝까지 회전할 때 전체 골격에 걸쳐 잘 분산된 움직임을 회복하는 것이 중요하다. 좋은 회전운동이 무엇인지, 어떤 느낌인지, 일상생활에 접목시키는 방법을 알게 한다. 회전은 일상 활동의 기본 기능이다. 인간은 하루에 만 번 이상 머리를 회전한다. 신체의 특정 부위는 너무 많이 움직이는 반면 다른 부위는 뻣뻣한 상태로 하는 회전은 근골격계 질환을 유발하거나 악화시킬 수 있다. 회전 시 자세와 움직임 패턴을 개선하면 만성통증을 해결하고 치유할 수 있다.

살아 있는 몸은 인식의 주체이고, 바뀌는 환경에 능동적으로 적응해가는 유기체이다. 우리가 추구하는 것은 내 몸을 아는 능력을 함양시키는 능력으로 끝나지 않는다. 절대 나만의 몸은 없고 늘 관계 속에 놓여 있어서 함께 해야 한다. 이럴 때 나의 몸은 나만의 것이 아니게 된다.

09

좋은 자세

좋은 자세란 무엇인가. 자신의 마음, 정서와 영혼이 조화롭게 몸에 스며들어 있는, 자신만의 매력을 발산하는, 편하고 아름다운 자세이다. 아름답다는 것은 고정된 개념이 있는 것이 아니라 생성하는 과정의 아름다움을 뜻한다. 바른 자세는 고정된 단 하나의 형태가 아니고 자신에게 맞는 편하고 매력적인 자세이다. 이는 자신이 갖고 있는 몸의 가능성을 최대한으로 넓히기 위한 것이다. 바른 자세는 구체적으로 몸의 골격이 정렬되고 근육이 이완되며 그리고 순환이 제대로 이루어져 몸이 편안한 상태를 말한다. 좋은 자세가 되면 몸의 억지와 긴장이 사라지고 바로 자유로운 숨과 행복한 마음으로 연결된다. 이는 그 누가 대신해줄 수 없고 오로지 자신의 체험과 감각으로 해내야만 한다.

좋은 자세는 건강한 자세이며, 이동이 편안하고 안정감이 발달하기 위해 뇌의 새로운 신경 경로를 자극하는 자세이다. 좋은 자세는 움직임의 용이성, 건강, 감정, 삶의 경험에 지대한 영향을 미친다. 좋은 자세는 각자 유연한 지지를 제공하고 중력의 당김에 맞서 똑바로 서게 해주는 골격과 근육 구조를 갖추게 한다. 또한 그간 잘못 형성되었던 골격 구조의 비효율성에 도전하고, 근육의 긴장과 관절의 악화를 유발하는 나쁜 자세 습관을 개선시킨다. 자세가 좋아지면, 자신의 새로운 부분이나 오랫동안 잊혀졌던 부분에 대한 감각이 회복된다. 몸 공부는 오래되고 스스로를 제한하는 습관들을 해소하여 안전하고 행복하게 보다 효과적으로 움직임으로써 잘못된 습을 바꾸도록 한다.

좋은 자세는 고유수용/운동감각이 살아 있어야 이룰 수 있다. 그 감각은 그냥 내버려두면 퇴화하지만, 몸 공부를 통해서 지속적으로 성장할 수 있다. 몸 공부는 인간에 대한 깊은 배려와 소통을 통해서 아주 세심하고 정교하게 고유수용/운동 감각을 체화하고 성장시킨다.

바른 자세의 핵심은 개인적으로는 바른 마음과 영혼으로 연결되고 공적으로는 우주와 인간사의 원리를 아는 것으로 확장된다는 점이다. 바른 자세를 취할 수 있게 되면 몸의 응축이나 왜곡에 의한 불필요한 긴장을 하지 않아도 되는 편안한 상태를 찾게 된다. 바른 자세에서 중요한 것은 움직임을 할 때 감각이 깨어 있어서 움직임을 느낄 수 있어야 한다는 점이다. 감각을 느낀다는 것은 고유수용감각이 작동해서 자신의 현재 몸과 마음의 상태를 아는 것을 말한다. 이런 과정을 통해서 자신의 가능성을 알고 성장을 하나하나 실천해가는 것이다. 이것이 바로 바른 자세에서 얻을 수 있는 배움이다.

정렬은 척추를 중심으로 골격이 바르게 되어 있는 것을 일컫는다. 정렬된 척추는 밑으로 눌리지 않고 위로 부드럽게 뻗어 있어야 하는데 이는 몸의 수직성과 연결된다. 그리고 양 척추와 어깨가 편향되지 않고 바르게 균형이 잡혀 있어야 한다. 이를 몸의 균형성이라고 한다. 그리고 몸에 경직되거나 뻣뻣함 곳이 있으면 안 된다. 이는 '기'가 막혀 있는 것으로 몸과 마음의 순환이 안 되는 것을 말한다. 즉 중심이 잘 잡혀 있고 좌우 균형이 맞으면서 부드러우면 그게 바로 좋은 자세이다. 이는 바로 편한 자세와 자유로운 호흡으로 연결된다. 그래서 몸이 좋은 자세가 되면 위아래 좌우 사방으로 움직임이 자유롭게 펼쳐지게 되는 것이다.

발바닥은 땅에 굳건히 뿌리를 내리고 척추는 부드럽고 길게 펴고 정수리는 하늘을 지향한다. 척추는 그 어느 부분보다 중요한 역할을 하는 곳으로 머리와 연결되며 몸의 중심을 형성하고 있다. 척추를 바로잡고 위로 쭉 펴면 목과의 연결이 편안해진다. 이렇게 척추와 목이 바르게 연결되면 무거운 머리의 무게를 아주 자연스럽게 지탱할 수 있게 된다. 머리의 무게를 지탱하기 위해서 생겼던 목과 어깨의 통증이 저절로 해결된다.

가슴은 활짝 펴서 세상을 품어야 되는데 과해서 뒤로 재껴져도 안 된다. 가슴과 몸통이 바르게 되면 내장기관들도 쪼그라들지 않고 바르고 편하게 제자리를 확보하여 그 역할을 잘할 수 있게 된다. 턱은 치켜들지도 숙이지도 말고 뒷목과의 관계에서 목과 턱이 양쪽이 다 평등하게 위로 펴져야 한다. 양 어깨는 편향되지 않게 균형을 맞추고 부드럽게 내려야 한다. 이런 자세가 되면 팔은 저절로 자유로워져서 다양한 움직임을 편안히 펼칠 수 있게 된다. 이것이 바른 자세로서 그 어떤 억지 없이 효율적이고 우아하게 움직임을 행하게 할 수 있다.

좋은 자세는 몸이 응축되는 것을 해결하여 몸이 경직되고 축소되는 것을 해결한다. 몸의 응축이란 척추를 둘러싼 연골이 경직되면서 줄어드는 것을 말하는데 사람은 40세만 되면 이 현상이 시작된다. 척추를 위로 늘이면 몸의 응축을 막을 수 있다.

또한 좋은 자세는 소마 편향, 즉 몸이 좌나 우 중 한쪽으로 비뚤어진 것

을 해결한다. 몸이 비뚤어지면 몸의 균형
을 유지하기 위해서 불필요한 긴장이
생기고, 서고 걷는 것에 금방 피곤함
을 느낀다. 편향 문제가 해결되면 몸의
긴장을 이완하여 피곤함을 덜 수 있다.

   이렇게 좋은 자세를 해서 몸의 응축과 편향이 해결
되면 이미 자신이 갖고 있는 몸보다 길어지고 유연해진
다. 그리하여 몸이 가벼워지고 동작이 자유로워지는 것을 느
끼게 된다. 동시에 동작의 가동 범위가 확대되고 동작이 격조 있
게 된다.

   좋은 자세는 몸으로만 끝나는 것이 아니라 바로 바른 사고와 삶과
도 직결되어 자신의 운명을 개척하는 데 도움을 준다. 하체는 땅에 뿌리
를 잘 내려 안정적으로 몸의 무게를 받쳐주고 상체는 부드럽고 자유롭게
동작을 각 방향으로 원하는 대로 우아하게 구사할 수 있게 된다. 이러한
동작은 다시 두뇌를 활성화시킨다.

   참다운 자세는 자신이 내적 감각이 살아 있어야 찾을 수 있는 것이고
그 내적 감각은 모든 것이 그렇듯이 잘 사용하면 발달되고 민감해지고 아
니면 둔해지고 사라진다.

10

소마 잠과 잘 자는 것

잘 쉬기 위해서 소마 힐링 터치를 받을 때 살짝 잠이 드는 것이 소마 잠(soma sleep)이다. 완전히 이완되어 저절로 잠이 드는 현상이다. 감각은 깨어 있으면서 잠이 드는 것으로 잠든 사이에 소마에서 일어난 일을 감각이 기억한다. 소마 잠은 서양의 그 어느 소매틱 계열의 메소드에는 없는 K소매틱에서만 있는 특별한 메소드다. 이에 대한 연구는 앞으로 다양한 사례를 근거로 보다 정교하게 이루어져야 할 것이다.

잠을 자는 것이 중요한 이유는 꿈을 꾸기 때문이다. 꿈을 꾸는 일은 현실 세계와는 다른 세계를 체험하는 것이고 꿈을 꿈으로써 인간은 현실과 다른 세계를 왔다 갔다 한다. 꿈에서는 시공을 자유롭게 이동할 수도 있고 또한 신성을 체험하기도 한다. 꿈속에서는 몸의 한계점을 초월해서 변신하기도 하고 날아다니기도 한다. 물론 생시의 아픔이 배가돼서 더 큰 고통을 느끼기도 한다. 이 모든 일이 가능한 것이 잠 덕분이다.

잠은 생존에 꼭 필요하다. 인간은 잘을 잘 때는 깨어 있을 때와는 다르게 자율신경계가 작동해서 생물이 된다. 그래서 체온 조절, 호흡, 근육 반사신경도 다르게 기능해서 인간과는 다른 방식으로 세상을 체험한다고

한다.[19]

잠의 목적과 정의에 대해서는 많은 연구가 필요하다. 잠은 인간을 포함한 동물이 몸과 마음의 활동을 정지하고 의식이 없거나 줄어든 상태로 근육의 움직임이 거의 없이 있는 상태이다. 일반적인 잠이 감각기관의 활동을 중단하는 것과는 달리 소마 잠은 소마 힐링 터치를 통해서 감각은 살아 있는 것이 특징이다. 그래서 분명히 잠을 잤는데도 소마 힐링 터치를 통한 감각은 몸에 스며들게 된다.

소마 잠은 이완을 위해서 잠을 유도하는 것이 아니라 SHT로 소마가 충분히 이완되어서 저절로 잠이 드는 것을 말한다. 이완이 되어서 잠이 들었는데 잠으로 인해서 거의 완벽한 이완을 이룬다. 이렇게 이완되면 비뚤어졌던 몸과 고통스러웠던 마음이 제자리를 찾고 자연치유를 이루게 된다. 그래서 올랐던 혈압과 쌓였던 스트레스가 없어진다. 잠이 들었어도 SHT는 계속 진행되고 있고 잠든 사람은 감각이 깨어 있으니 만져주는 사람과 교감을 한다. 자면서 자신이 어떻게 배려와 사랑을 받았는지 그 감각을 몸이 기억한다.

소마 잠의 시간은 내 안으로 들어가서 온전히 자신을 사랑하는 시간이다. 소마 잠이 중요한 이유는 실제로 소마를 잘 쉬게 하기 때문이다. 또한 소마 잠은 현실과 꿈, 몸과 마음, 아름다움과 그렇지 않은 것, 나와 너를 넘나들면서 초월하는 세계를 체험하게 한다. 인간은 꿈과 현실의 세계를 오고 가면서 몸이 늘 새롭게 태어난다. 소마 잠 체험에 대해서는 아무리 훌륭한 연구도 그 현상을 명확하게 규명해줄 수 없다. 이 소마 잠으로

19 우치다 타츠루, 앞의 책.

소마 잠을 즐기는 찜질방 인문학 참가자들

잃어버린 몸으로부터 무의식적 기억을 찾아 깨어나는 감각과 깨달음의 순간을 체험하게 된다. 소마 잠은 소마의 완전한 휴식을 체험하는 것으로 신경계를 진정시키고 긴장 완화, 휴식 및 소화 반응을 활성화시킨다. 소마 잠은 완전한 신체적 · 정신적 · 정서적 이완을 인도하는 체계적인 방법이자 명상이다. 소마의 긴장을 풀기 위한 소마 잠은 신경계 전체를 재부팅시킨다. 또한 중추신경계의 깊은 이완을 가능하게 해서 스트레스, 불면증, 불안, 만성피로와 PTSD(외상후스트레스장애)를 진정시키는 데 도움을 준다.

잠은 생명체에게 아주 중요한 것이다. 수면은 세포 회복을 돕고 염증을 줄이는 데 도움이 되고 신경계, 면역 체계, 골격 및 근육 체계, 호르몬 체계를 지원한다. 또한 기분, 집중력, 기억력, 심혈관 건강 및 에너지 수준을 조절하는 데 도움이 된다. 수면을 개선하는 것은 전반적인 건강과 웰빙을 위해서 아주 중요한 일이다. 몸 공부를 하는 동안, 특히 SHT를 받는 동안에 다수의 참여자가 졸리거나 잠시 잠들곤 한다. 소마 잠은 자율신경계에 특정 변화를 가져오는 데 도움이 된다. 그리고 밤에 깊은 회복력이 있는 잠을 자도록 돕기 위해 동일한 긍정적인 변화에 접근하는 것도 가능하다. 몸 공부가 낮에는 스트레스를 줄이고 밤에는 숙면을 하게 하는 데 큰 도움이 되는 것이다.

11

평생교육 차원의 몸 교육[20]

매년 전 세계 인구의 약 10%가 만성통증으로 고통을 호소한다고 한다. 통증은 우리를 고립된 느낌으로 만들고 불안, 우울, 무력감 및 탈진의 감정으로 이어지게 해서 심리적으로 우울증에 걸리게 할 수 있다. K소매틱에서는 만성통증을 해결하는 독특한 방법을 보유하고 있다. 그것은 우리가 갖고 태어난 몸의 치유력에 근거한 것으로 '스스로 그러함' 즉 자연스러움을 찾게 하는 것이다. 스스로 갖고 있는 치유 능력을 되살려서 생기를 찾게 하는 방식이다. 이것은 몸과 마음의 고통에 빠진 현대인에게 큰 희망을 제공하는 것이라 확신한다. 원할 때마다 부교감 또는 이완된 신경 상태로 돌아갈 수 있는 능력을 개발할 수 있는 짧은 움직임을 배운다. 몸 교육은 신경계를 진정시키기 위해 언제 어디서나 할 수 있는 동작을 안내한다.

진정 혁신적인 삶은 몸으로 가능하고 통합적인 교육은 몸에서 일어난다. '평생교육은 아름다움을 향해 진화해가는 것'이라고 생각한다. 이참에

20　이 장은 교육 웹진 〈다들〉 인터뷰에서 내가 말했던 내용을 기반으로 정리한 것이다.

내가 '뉴발레'나, 소매틱스를 기반으로 한 강의 등 늘 새로운 시도를 하고 있는 이유를 이야기해보겠다.

한국인의 수명은 길어지고, 갈수록 노령 인구가 증가하고 있다. 유엔에서 새로 개정한 청년의 나이는 18세부터 65세까지라고 한다. 66세부터 79세를 중년이라고 하는데 중년에도 여전히 건강하다. 일을 할 수 있는 에너지가 있는데 집에 있을 수만은 없다. 인구가 급격히 감소하면서 생기는 노동력 부족 현상을 중년과 노년(80세부터 99세)층이 감당해야 하는 시대가 되었다.

내가 소매틱스를 하게 된 것은, 작고 안 되는 몸으로 오랜 기간 발레를 하다 보니 내 몸을 아는 것이 절실했기 때문이었다. 소매틱스를 공부하다 보니 몸으로 할 수 있는 무궁무진한 세계와 일이 보이면서 내가 하는 일의 영역과 차원이 달라졌다. 성장과 창조의 기쁨을 느끼게 된 것이다. 평생교육에서 중요한 것은 세상의 일에 대한 호기심이다. 모르는 세계에 대한 호기심과 성장의 즐거움으로 평생을 공부하며 아름다움을 향해 진화해가는 것이다.

학교에서의 정규교육 외에 평생교육 차원에서 이루어지는 문화예술 교육은 매우 중요하다. 몸으로 하는 예술교육은 그중에서도 핵심이다. 그 근거는, 인간은 몸 없이 할 수 있는 일은 단 하나도 없고 몸에 모든 것이 들어 있기 때문이다. 4차 산업혁명 시대에 기존에 있던 다수의 직업이 없어지고 있지만 몸으로 하는 일은 더 번창할 것이다. 마치 우리의 인생처럼 단 한 번뿐이고 예측 불가해서 입력이 불가능한 일은 인공지능이 할 수 없기 때문이다. 입력이 불가능한 창조적인 일은 우리 마음과 영혼을 담은 몸이 직접 할 수밖에 없다.

평생교육으로서의 문화예술 교육은 중요하지만 그 또한 하나의 기교나 기량이 아니다. 몸으로 하는 예술 교육은 그 자체가 통섭적이고 성찰적이기에 '몸예술 교육'이 필요한 것이다. 대학 입학 중심의 현 교육 체계에서의 문화예술 교육은 거의 모든 내용이 입시를 치르기에 적합하게 이루어져 있다. 이런 모습과 내용은 대학의 위상 자체가 바뀌는 상황과 연결되어 변화될 수밖에 없다. 나는 대학에서 발레 교수로서 무용과 발레 전공생에게 발레를 가르치지만 대학 밖의 여러 삶의 현장에서 춤을 배우려는 열망 역시도 강렬하다는 것을 체감하고 있다. 그들에게 몸을 알도록 인도하고, 그런 과정이 춤이 되게 하는 길을 안내한다. 실로 다수가 몸의 중요성을 인식하고 춤에 열광하고 있다. 정작 대학 교육에서는 이것을 반영하지 못하고 있다. 이제 춤에 열광하는 수는 대폭적으로 늘어나고 있는데 정작 극장 무용만 담당하는 무용과는 미달로 폐과되거나 축소되고 있는 이중적인 상황이다. 이러한 현상을 보면서 대학에서의 예술교육의 내용과 방향이 어떠해야 하는지 함께 생각해보기 바란다.

사견이지만 앞으로 다수의 대학은 교양 중심의 평생교육으로 성격이 바뀔 것 같다. 사실 대학에서의 전공은 졸업하고 중단하면 그만이다. 예를 들어 무용과 졸업생 중 무용을 계속하는 사람의 수는 극히 적다. 영문학, 철학, 물리학 등은 더 그렇다. 하지만 교양은 그 나라의 국격과 개인의 품격을 드러내는 것이고 삶에서 가장 중요한 덕목이며 죽을 때까지 고양시켜 나가야 되는 것이다. 그래서 평생의 교양교육이 중요하다.

최소한 소마(지성, 감성, 영성이 스며들어 있는 몸)를 알면 '나는 이루었다'라고 자만할 수 없게 된다. 몸은 단 한순간도 정지해 있지 않고 움직인다. 즉 공부하고 수련하지 않으면 곧 변하는 것이 우리 몸이고 인간이기에 보다 높은 차원을 향해서 평생을 공부하다 가는 것이다. 우주에 하나밖에 없는 자신의 몸을 소중하게 생각하고 손에 손 잡고 춤을 추는 사회를 만드는 것이 평생교육 최대의 목표이다. 춤은 인간을 성장시킬 수 있는 최고의 공부이다.

  평생 공부를 하는 사람은 공포로부터 해방될 수 있다. 평생 몸으로 하는 공부가 행복의 길이다. 삶을 넘어서 뭐가 존재하는가? 몸의 영역을 넓히고 매 순간 변하는 몸의 의미를 아는 것이 바로 삶을 이해하는 것이다. 몸은 단 한순간도 그냥 있지 않는다. 정지된 것은 위험한 것이고 바로 죽음으로 연결된다. 몸은 성장하는 것이 목표이다. 그것은 평생 해야 하는 것이다. 이렇게 몸 공부를 하는 사람은 날이 갈수록 건강해지고 아름다워진다. 온몸에 생기를 북돋아서 삶의 의욕과 몸에 생기가 살아 있게 해야 한다. 자신의 몸을 알면 자신을 행복하게 하고 남과 소통이 가능해진다.

12

소마 전문가는 어떤 존재인가

소마 전문가란 무엇을 하는 사람들인가. 그들의 인간에 대한 진정성은 어디에서 생겨나는 것일까. 이런 근본적인 질문을 통해 소마 전문가의 존재에 대해서 함께 생각해보겠다.

소마 전문가는 수년간의 수련과 공부를 통해서 소마 체험을 하고 전문가 과정을 통과한 지도자들이다. 이들은 수련자이자 구도자로서 뼈와 관절, 그리고 생각까지 부드러워서 다양한 사고방식을 포용할 수 있는 자들이다. 이들의 임무는 타인과 자신이 하나 되어 그들의 고통을 치유하고 삶을 변화시키는 것이다. 임무를 마친 뒤에는 소마 전문가는 내담자와 도반의 관계를 맺게 된다. 소마 전문가는 몸을 알도록 인도하는 사람이다. 몸을 모르면 인간과 세상을 모른다, 자신의 몸을 모르는 사람은 남도 모르고 남의 몸을 모르는 사람은 자신도 모른다.

소마 전문가에게는 전문성, 독자성, 특수성 그리고 고도의 인격이 중요하다. 또한 남과 하나가 되는 마음인 인(仁)이 기본이 되어야 한다. 이러한 마음은 타인의 몸을 대하는 근본 자세가 된다. 소마 전문가는 단순 기능인이 아니라 예술가이자 창조자이고 구원자를 꿈꾼다.

타인의 몸을 읽어내는 데에는 영감, 감각, 공감, 창의성들의 모든 덕목이 필요하다. 인간은 인간으로 태어나는 것이 아니라 인간이 되어가는 것이다. 인간이 되는 것은 인간의 그저 살 덩어리 신체(body)에서 인격적이고 자아실현적이고 전인적 성장의 존재로서의 몸(soma)으로 거듭나서 성장하는 것이다. 이것을 인도해주는 존재가 소마 전문가이다. 소마 전문가는 말을 하는 사람이 아니라 말을 듣고 몸을 읽는 존재이다.

몸에 관한 많은 메소드들이 프랙티셔너, 교사, 전문가 등으로 명명되는 지도자들의 양성에 실패한 경우를 볼 수 있다. 정신과 의사가 정신에 문제가 있고 치유사들이야말로 치유를 받아야 되는 사람들이라는 말이 있다. 어찌 보면 아름다움을 추구하는 예술가들이 더 아름답지 않은 경우도 많다. 그래서 나는 소마 전문가의 존재가 얼마나 귀하고 이들의 역할이 중요한지를 강조하는 것이다.

소마 전문가는 아무것 없이도 행복할 수 있는 길이 몸에 있다는 희망을 선사하는 존재들이다. 산다는 것은 갈수록 태산이다. 문제가 없었던 적도 없고 결코 문제가 적어지지 않는다. 이렇게 지옥 같은 시절을 겪어내면서 그래도 이렇게 살아 숨 쉬고 있다는 것에 감사해야 한다는 사실을 인식하도록 인도한다. 소마 전문가는 몸이 완벽하고 결점 없이 완전한 인간이 아니라 일반인들과 똑같이 약점과 문제가 있어서 먼저 공부를 시작했고 앞으로 함께 공부하는 존재이다. 그래서 소마 전문가에게 완벽을 바라기보다는 솔직함을 기대해야 한다.

완벽을 바라지 않는다고 해서 기능인, 직업인으로 규명해서는 안 된다. 소마 전문가는 몸에 대해서 모든 것을 다 아는 백과사전이 아니다. 모든 인간이 그렇듯이 소마 전문가도 불완전한 존재이고 몸에 대해서 모르는 것도 많다.

소마 전문가는 스스로 끊임없는 혁신가가 되어 몸을 탐구하는 능력을 지니고 있어야 한다. 그렇지 못하면 내담자들의 몸적 여정을 인도할 수 없다. 스스로 매일 죽고 사는 것을 알아차리지 못하면 내담자들의 몸적 상태, 욕망, 기운을 읽어내기 힘들다. 전문사는 늘 몸 공부를 하면서 자신을 돌아보고 반성하고 성찰해야 한다. 전문가로서의 전문성은 기량의 문제가 아니라 몸에서 드러나는 타인에 대한 태도와 사회에 대한 가치관 등이다. 소마 전문가는 또한 생태와 사회를 변혁시키는 혁신가여야 한다. 지구의 생태에 문제가 있다면 그 해결책을 협력을 통해 마련해나가야 한다. 지구온난화로 이 지구가 멸망한다면 우리 모두의 몸도 다 끝나기 때문이다. 지구를 돕는 일이 내 몸을 살리는 일이다.

소마 전문가는 단순한 직업을 초월한다. 치유자이자 예술가이다. 타인의 몸을 만지며 치유해줄 수 있다는 사실에 자부심을 가져도 된다. 내담자에 대한 애정이 없이 단순 직업으로 내담자를 대한다면 그 결과는 좋게 나올 수가 없다. 떠오르는 멋진 직업인 것 같아서 소마 전문가가 되고자 한다면 그 사람에게 인도를 받은 내담자는 몸적인 체험을 깊게 하기 힘들 것이다. 그러므로 진정으로 몸과 지구를 살리겠다는 사명감과 열정을 갖고 이 일은 시작해야 한다.

소마 전문가는 무엇인가를 가르치려 들면 안 되고 공감(empathy)하고 배려(consideration)해야 한다. 그래서 내 몸에 귀를 기울여주고 티칭보다는 코칭을 하는 동지이다. 무엇을 하려고 하지 말고, 알게 인도해야 한다.

소마 전문가는 면담하고 진단한 후 내용을 구성해서 수업을 하고 수업 후에는 꼭 체험 나눔 시간을 갖고 내담자가 직접 그 체험을 기록하게 인도해야 한다. 이것이 소마 체험 일지이다. 그 깨달음의 순간을 기술하는 데서 몸의 역사가 시작되기 때문에 체험 일지를 작성하는 것은 중요한 일이다.

소마 전문가는 내담자의 몸을 면밀히 읽어내어 몸의 문제를 파악하고 몸에 깃든 정서를 읽어내야 한다. 무엇을 가르치려 들거나 해주려고 하면 안 된다. 내담자의 몸 상태를 아주 명료하고 깊게 파악해야 한다. 내공이 깊은 소마 전문가일수록 아주 짧은 시간에 명확하게 내담자의 몸과 마음의 상태를 알 수 있다. 진정 내담자의 몸과 마음을 경청하고 가능한 내담자의 몸의 문제를 스스로 알 수 있게 인도해야 한다.

참여자는 자신과 소마 전문가를 신뢰(trust)하고, 소마 전문가의 안내와 행동에 집중(concentrate), 경청하며 스스로 탐구하는 자세가 필요하다. 이렇게 임할 때 창의력(creativity)이 향상된다. 소마 전문가는 수련생의 몸에 스며든 감정, 정서, 상황 등을 읽는 존재로, 말하는 사람이 아니고 듣는 사람이다. 즉 수련생에게 집중하고 경청해서 수련생이 스스로 자기 주도적 학습을 할 수 있게 인도한다. 움직임의 원리를 터득해서 다양한 움직임의 방식을 체험하게 인도한다. 수련생에게 소마의 이름으로 특정 방식을 주입하거나 강요해서는 안 되고 수련생이 자신이 몸의 주체가 되게 인도한다. 늘 다양한 방

식의 움직임에 대해서 토론하고 논의한다. 수련자가 자신의 체험에 대해 토론하고 그것에 대해 다양한 소통 방식으로 논의할 수 있는 환경을 마련해주어야 한다.

소마 수업을 하는 것은 소마 전문가에게도 치유와 성장의 기회이다. 소마 전문가들은 일상생활에서도 늘 소매틱을 실행해서 건강과 성장을 이루려고 한다. 인간에 대한 경외심과 배려심을 갖고 일상생활도 하고 있고 지금 여기를 즐기며 최선을 다한다. 내 몸만큼이나 남의 몸도 사랑해서 그 사랑으로 몸 공부를 인도한다. 평범한 인간도 위인이라는 생각으로 내 담자를 대한다.

4

몸 공부 실기수업

01

이제 몸 공부를 시작하자

몸 공부는 다른 언어로 표현하자면 수행이다. 내면의 체험을 통해서 인간의 성장을 도모하고 깨달음과 진리의 세계로 나아가는 것을 일컫는다.

몸 공부 방법에는 세 가지 기본 원리가 있는데 이완을 기반으로 한 정렬, 좋은 자세 그리고 이동의 용이성이다. 이렇게 몸 공부를 하면 마음 챙김이 되고 감각이 인식되어 조용하지만 놀라운 결과를 낳게 된다. 또한 움직임 패턴이 더 성숙해지고, 고통에서 벗어나는 방법을 읽게 되고, 선택한 모든 것을 더 잘할 수 있는 능력을 키우게 된다.

몸을 자유자재로 아름답게 간직할 수 있는 사람이 큰일을 할 수 있다. 노자는 치유는 신의 영역이자 도의 영역이고 자기 몸을 귀하게 여기듯 천하를 귀하게 여기는 사람에게 천하를 맡길 수 있다고 했다. 몸에 대한 성찰이 성인이 되는 데 얼마나 중요한 덕목인지를 강조한 말이다.

이 장에서는 K소매틱에서 내가 개발한 몸 공부 내용을 소개하고자 한다. K소매틱의 가장 큰 특징은 제일 먼저 잘 쉬기, 즉 아무것도 안 하는 것부터 시작한다는 점이다. 두 번째 특징은 모든 몸 공부가 춤이 되게 인도하여 미적 체험을 하게 한다는 점이다. 소마 힐링 터치(SHT)는 내가 개발한 것으로 실로 이 세상에서 유일한 방법이라 할 수 있다.

　몸 공부는 몸으로 만물의 이치와 변화를 깨닫는 일이고 몸을 단련하여 득도하는 것(신선이 되는 것)이다. 또한 몸 공부는 자연치유력으로 우리 몸을 치유하는 것으로, 매사에 평정을 유지하고 쓸데없이 뇌를 소모하는 잡념을 없애 고요하게 하고 단전은 활동하고 있는 상태를 만든다. 몸 공부는 몸이 늙어가게 마련이라는 자연의 섭리에 도전하여 몸을 끊임없이 초기화시키는 것으로 옛날 신선들은 이것을 불로장생(不老長生) 또는 연년익수(年年益壽)라고 했다. 주역의 괘상으로 보면 늙어지는 것은 천지부(天地否) 상태가 되는 것인데 이는 하늘은 올라가고 땅은 내려가니 서로 헤어진다는 뜻으로 죽음으로 해석되기도 한다. 즉 뇌는 요동치고 아랫배에는 기운이 없는 상태를 말한다.

주역 괘상 중 천지부(天地否)

　인간의 몸에는 감각, 생각, 그리고 감정, 역사, 고통, 사랑이 스며들어 있다. 인간이 삶의 전 과정에서 매 순간 움직이고, 생각하고, 느끼면서 자신만의 방식(패턴)이 형성된다. 그 방식이 거의 우리를 스트레스, 불안, 만성적인 고통, 억눌린 감정, 그리고 문제의 상태로 유지시킨다. 이 잘못된 패턴을 알아차리고, 새로운 움직임으로 더 건강한 패턴이 형성되면 몸이 치유되고 몸에서 더 많은 즐거움을 경험하게 된다. 즉 몸 공부로 뇌의 패턴을 재설정하여 진정한 치유와 자유를 얻게 되는 것이다. 이렇게 자신의 움직임을 개선하여 몸을 치유하는 조용한 방법을 배우고 몸의 생명력을 복원하면 전반적인 삶이 향상된다. 육체적 고통을 완화하고 자기 치유를 가능하게 함으로써 인간을 더 완전하고 자유롭게 진정한 삶을 살 수 있게 해준다. 몸 공부는 실로 움직임과 삶에 대한 자기 인식을 높여 생명력과 건강의 길을 인도한다. 몸 공부에서 얻을 수 있는 것은 자신의 몸을 알게 되어 새로운 습관을 형성하며 스스로 치유의 능력을 회복하고 웰빙을 실현하는 것이다. 통증이 해소되고 만성피로에서 회복될 수 있는 것은 물론이고 소마의 성장을 이룰 수 있게 된다.

　몸 공부는 인간과 만나는 재미를 아는 가운데 그저 장난처럼 놀이처럼 즐겨야 한다. 즐길 때 이완와 부드러움이 가능하고 그 부드러움이 정서에 녹아들어가서 세포와 혈액을 타고 흐르는 것이다. 몸 공부는 뭔가 드러나는 효과를 보이기 위해서 힘(power)을 키우는 것이 아니라 인간의 몸의 불안정함을 인정하는 데 기반을 둔다. 불안정한 몸, 병을 달고 사는 몸으로 이 우주를 일깨우는 일이 몸 공부이다. 인간에게 불안정함과 병은 생명을 아는 기회를 준다. 몸 공부는 체험을 통해서 인간을 진리의 세계에 가깝게 가게 한다.

몸 공부에서 움직임을 주로 작고 부드럽고 느리게 하는 이유는 무엇일까? 움직임의 양보다는 질에 집중하여 인식의 세부 사항을 확대해서 자세하고 깊게 느끼기 위함이다. 이것이 바로 몸 공부의 시작이자 주된 방식이다.

K소매틱의 몸 공부는 접근성이 편하고 효과적이며 일상에서 실행하기에 아주 적합하다. 뇌 가소성은 사람의 신경계가 학습하고 개선될 수 있다는 믿음을 과학적으로 증명하고 있다. 신체적 고통과 불편함을 겪고 있다면 이것을 개선하고 치유하는 것은 그리 한순간에 간단히 되는 것은 아니다. 신체적 불편함은 인간의 신경계에 소음을 일으키고 긴장을 조성하며 새로운 신경 경로를 생성하는 능력을 감소시킨다. 즉 신경 가소성이 더 둔감해지고 느려진다. 하지만 그래도 자신의 몸이 주체가 되어서 몸 공부를 한다면 그런 고통에서 해방될 수 있다.

02

잘 쉬기

너무도 피곤하고 지친 몸, 이제는 잘 쉬어야 할 때이다.

우리 부모 세대와 50세 넘은 기성세대들은 별일을 다 겪었다. 이를테면 우리 세대는 권위주의와 광주민주화운동 그리고 민주주의를 쟁취하기 위한 치열한 투쟁을 경험했다. 부모 세대는 일제강점기, 해방 이후 혼란정국과 6·25전쟁, 민족 분단, 권위주의 시대, 그다음에 민주화 투쟁에서 현재 이르기까지 파란만장한 현대사를 경험했다. 경제적으로 남한은 1970년대 초까지 북한보다 못살았던 상황에서 놀라운 경제성장을 이루었다. 그 다양한 경험과 고통, 성취 등 모든 것들이 우리의 몸에 축적되어 있다. 긍정적으로 말하자면 한국 사회는 50년이라는 짧은 시간에 서구 유럽에서 500년 걸려서 이룩한 성장을 달성했다.

경제성장은 이루었는데 정신을 차려보니 승자나 패자나 할 것 없이 모두가 가슴에 구멍이 나 있다. 패자는 패자대로 상처 덩어리고 승자는 승자대로 그 위치에서 언제 내려올지 모르는 불안한 상황에 처해 있다. 거의 모든 사람들이 상처를 갖고 있고 몸에는 긴장이 심하다. 그래서 잘 쉬기는 누구에게나 중요한 생명과 치유의 활동이다.

어떻게 하면 몸을 제대로 쉬게 해줄 것인가. 우선 중력으로부터 저항하느라 긴장했던 몸을 완전히 자유롭게 해줘야 한다. 무용을 가르치다 보면 몸이 너무 긴장되어 있어 이완이 잘 되지 않는 사람들을 종종 본다. 특히 무용을 전문적으로 하는 사람들이나 몸에 대해 나름대로 안다고 자부하는 사람들은 몸에 힘과 권위가 들어가서 이완하는 것이 일반인보다 더 힘든 경우가 많다.

다수의 사람들은 쉬라고 해도 잘 쉬지를 못한다. 몸의 어딘가가 긴장돼 있어서 스스로 그 긴장을 이완시키지 못한다. 몸을 이완시키는 방법은 온몸에 힘을 빼고 마음을 내려놓는 것이다. 소위 사회적으로 잘나가는 사람들일수록 목에 힘이 많이 들어가 있다. 자신들은 쉰다고 생각해도 여전히 몸의 특정 부위가 긴장되어 있어서 편한 상태가 되지 못한다. 본인이 어디가 얼마큼 긴장되고 비뚤어졌는지를 잘 모르고 그것이 습관화됐기 때문이다. 그럴 때 소마 전문가가 SHT(소마 힐링 터치)를 해주면 이완에 상당히 효과가 있다.

잘 쉬면 자신의 몸이 달라지는 것을 느낄 수 있다. 잘 쉬는 것이 어떤 것인지는 머리로 알고 입으로 아무리 강조해봤자 실제로 해보지 않고는 그 의미를 알 수가 없다.

쉬는 것은 무엇인가? 생명에서 제일 중요한 요소 중 하나가 쉬기이다. 쉬는 동안 모든 세포와 마디마디에서 생기가 창출된다. 또한 아무것도 하지 않고 쉴 때 자신의 내면으로 들어가 자신을 명료하게 인식하게 된다. 쉬는 상태에서는 온몸으로 지각하고 인식한다. 잘 쉬는 것은 무의식에 자리 잡고 있는 고통을 치유하는 효과가 있다. 고통은 아무리 오래전 것이라도 현존하는 현상이다. 이 고통을 지우기 위해 노력할수록 그 고통은 온몸에 새겨진다. 이때는 모든 생각을 내려놓고 쉬는 것이 답이다. 삶은 리셋될 수 없는 일회적으로 스쳐 지나가는 과정이지만 몸은 잘 쉬면서 리셋이 가능하다.

그 의미는 무엇인가? 잘 쉬는 것은 생기를 생산하고 힘을 축적하는 것이고 우주의 빅뱅처럼 힘을 차곡차곡 비축하는 것, 소마가 제자리에 있어서 힘이 비축되는 상태, 어린아이와 같은 상태를 말한다. 잘 쉬는 것은 태아처럼 편안한 마음을 유지하고 초기화(initialization)하는 것을 일컫는다. 주역에 지천태(地天泰)라는 쾌상이 있는데 이는 하늘이 밑에 있으나 그 본성은 올라가는 것이고 밑에 있어야 하는 땅은 위에 있으니 내려간다는 것이다. 즉 하늘이 올라가고 땅이 내려가면서 만나서 기운이 생성되고 화합을 한다는 뜻이다. 반대로 사람이 늙는다는 것은 이것이 허물어지는 것을 뜻한다. 얼굴과 머리의 열을 내리고 아랫배 활동이 집중되어 하늘의 강력한 기운을 아랫배에 가두어놓고 뇌는 고요하고 편안한 상태가 잘 쉬는 것이다.

주역 괘상 중 지천태(地天泰)

인간은 왜 쉬고, 언제 쉬는가? 어떻게 휴식이 학습과 생산성을 향상할 수 있을까? 피곤해서 그저 늘어지는 휴식이 있고 학습을 도와주는 깨어 있는 휴식이 있다. 깨어 있는 휴식은 우리의 활동을 향상시키고 통합시켜서 학습을 촉진하고 뇌와 신경계를 재설정할 수 있다. 잘 쉬기는 불편함에서 건강으로 가는 가장 빠르고 자연스러운 방법이다. 이 접근법은 신경가소성을 만드는 소마(몸과 마음) 챙김 실천이다. 쉽고 편안하게 움직이며 배우는 방법은 뇌에 새로운 경로를 만들어 불편함을 해결하고, 아픔을 극복하고, 불안과 우울증을 줄일 수 있다. 잘 쉬면 행복한 생활은 즉시 가능해진다.

수업 내용

우리의 몸은 혹사당하고 있다. 우리 몸은 쉬기를 원하고 쉬어야 산다. 현대인은 여러 가지 이유로 잘 쉬지 못한다. 아무것도 안 하면서 배우는 것이 바로 K소매틱(한국소매틱연구교육원)에서 그리도 강조하는 잘 쉬는 것이다. 잘 쉬기는 운동이나 스트레칭이 아니고 뭔가를 하려고 하지도 않는다. 잘 쉬기의 핵심은 피곤하고 힘든 내 몸을 위로하고 편안하게 해주고 사랑하고 품어주는 것이다.

잘 쉰다는 것은 몸의 세포와 뼈마디마다 생명의 기운을 불러일으키는 창조 행위이다. 이를 통해서 몸과 마음을 초기화시키고 축적된 긴장, 억압을 풀며 치유할 수 있게 된다. 몸과 마음을 잘 쉬면 자신의 존재 자체에 대한 깨달음을 얻을 수 있다. 우리의 몸은 잘 쉬기를 원한다. 잘 쉬기는 몸을 꼼짝도 하기 싫은 사람들을 위한 몸 공부법이자 자신의 몸의 소리를 들으면서 생기를 창출하는 길이다. 이는 또한 나를 즐겁게 해주는 움직이지 않는 움직임이라고 할 수 있다.

이를 위한 실기는 다음과 같다. 주역의 천택리(天澤履) 괘상은 하늘 아래 연못의 형상으로 몸과 마음을 다 하늘에 내보이는 자세이다. 또한 몸을 가장 넓게 펴는 자세이기도 하다. 시체 자세라고도 하고 해부할 때의 자세라고도 한다. 하지만 시체 자세라는 말이 얼마나 매력 없는 단어인가. 그래서 나는 주역 스승님의 감수를 받아서, 주역의 괘상에서 이름을 가져와서 '천택리' 자세라 명명했다.

주역 괘상 중 천택리(天澤履)

우선 가능한 몸을 쫙 펼치고 천택리 자세로 천장을 보고 바닥에 눕는다. 이때 수련자는 온몸에 긴장을 풀고 중력을 완전히 받아들여서 몸의 무게를 바닥에 내려놓고 마음은 비운다. 양발을 어깨 너비로 벌리고 양손은 30도 정도로 벌려서 힘을 뺀다. 발목에도 힘을 빼서 편하게 옆을 향하게 하고 머리를 오른쪽과 왼쪽으로 살살 움직여서 이완시킨다.

바닥에 등을 대고 천택리 자세를 하면 몸이 밑으로 한없이 내려가는 것을 느끼게 된다. 또는 바다 밑으로 물의 압력을 받으며 한없이 내려가 퍼지는 것을 느끼기도 한다. 그러면서 몸의 면적이 실제로 넓어지게 되고 몸의 편향(좌우 불균형)도 개선된다. 이는 이완이 주는 효과이다. 천택리 자세를 하고 잘 쉬기를 하면 아주 짧은 시간에 매우 큰 효과를 얻는다.

천택리 자세의 의미는 최선을 다해서 모든 것을 한 후에 그 결과는 겸허하게 하늘에 맡기는 것이다. 또한 하늘을 향해서 두 팔을 벌리고 오장육부를 다 보이는 아주 솔직하고 겸허한 자세이기도 하다. 이 자세는 진정 뭔가를 하기보다는 하지 않는 것을 하는 자기 수련이다. 천택리로 쉬는 것은 몸과 마음을 비워내고 초기화시키는 것이다. 마치 은행 통장의 잔고가 차곡차곡 쌓이는 것과 같이, 매 순간 온몸의 세포에 생기가 새록새록 축적된다. 이렇게 잘 쉬는 것은 엔도르핀 생성을 증가시켜 잘 사는 것이 가능하게 한다. 잠잠하게 있되 감추지 않고 하늘 아래 솔직히 모든 것을 드러내는 것이다.

방법 1: 천택리 자세

- 일단 천택리 자세(사지를 벌려서 천장을 보고 누운 자세)를 하고 눕는다.
- 가장 편안한 자세를 취하고 완전히 이완을 한다.
- 많은 사람들이 누워서 쉬라고 해도 몸의 어딘가가 긴장돼 있어서 잘 쉬지 못한다. 전문가들이 긴장이 어디서 비롯되었는지를 파악해서 긴장된 곳의 이완을 도와준다.
- 소마 전문가의 도움으로 긴장이 풀리고 편한 자세를 취하게 되었으면 그다음에는 진정 겸허하고 솔직한 자세로 하늘의 뜻을 기다리는 마음이 되어야 한다.
- 무의식적인 긴장이 이완되고 감각이 깨어나면 평소 자신의 몸과 마음에서 느끼지 못했던 무의식을 느끼게 된다.
- 중력을 거부하지 말고 그대로 받아들여야 한다.

- 매사를 단정히, 마음을 들뜨게 해서는 안 된다.
- 원한을 깊게 가지고 있어서도 안 된다.
- 무엇이든 할 수 있으나 가벼이 밖으로 나서지 않는 것이 필요하다.
- 이 자세는 용처럼 깊은 연못에 담겨 있는 것이다.
- 양은 내리고 음은 올려서 몸과 마음을 최적 상태에 이르게 한다.
- 뇌가 열을 받으면 순식간에 늙게 된다. 천택리 자세는 뇌의 온도를 낮추는 자세이다.
- 나를 괴롭히는 사람을 탓하지 말고 무심해진다.
- 이렇게 되면 기운을 쓰지 않고 저축해놓은 상태가 되어 평화롭고 행복해진다.
- 단전에 기운을 쌓고 뇌는 휴식을 취하는 자세이다.

잘 쉬기에 가장 좋은 자세임에도 불구하고 오래 이 자세를 하고 있으면 척추에 피로감이 쌓이고 특히 꼬리뼈가 나온 사람은 심하게 아플 수도 있다. 이럴 경우에 꼬리뼈 밑에 작은 배개를 받쳐주거나 무릎과 발에도 무

엇인가를 고여줘서 편안하게 해준다. 수련으로 누워 있을 때는 이 자세를 오랜 시간 유지할 필요가 있지만 그렇지 않을 경우에는 바로 옆으로 돌아 누워 태아 자세로 바꿔준다. 지치고 피곤한 몸과 마음을 편히 쉬게 하고 명상을 하겠다는 생각조차도 내려놓고 그냥 쉰다.

이 자세는 머리, 등, 엉덩이, 다리 등 몸의 뒷면의 감각을 살려준다. 보통 사람들은 등 쪽의 감각을 거의 잊어버리고 사는데 등의 감각은 중요한 것이다. 이 감각이야말로 몸의 핵심인 척추와 골반을 지탱하는 방식을 알게 하는 아주 소중한 것이다. 등의 감각을 살려낼 때 등으로 중력을 받아들이고 바닥을 섬세하게 느끼는 것은 아주 유효한 방법이다.

이렇게 누워서 잘 쉬는 것은 몸과 마음을 초기화시키는 작업이다. 마치 설거지를 하듯이 또는 목욕을 하듯이 우리는 우리의 몸과 마음을 정결히 하고 초기화시켜야 새로운 기운을 생성할 수 있다. 쉬는 것은 초기화가 가능하게 하는 실천이다. 현대인은 과도한 경쟁사회에서 지나치게 몸과 마음이 긴장되어 살고 있다. 그런 긴장 속에서 몸과 마음은 병들어가고 있기에 몸은 쉬기를 원하고 쉬어야 한다.

정신없이 일할 때보다는 잠시 쉴 때 자신을 찾고 자기 성찰을 이룰 수 있다. 쉬어야 건강하게 몸과 마음이 성장하고 창조적일 수 있다. 마음을 가라앉히고 호흡을 자연스럽게 하되 단전 안쪽으로 깊게 들어간 곳에 정신을 머물게 하면 몸이 편해진다.

방법 2 : 산뢰이 자세(태아 자세)

태아 자세는 옆으로 누워 마치 태아처럼 몸을 움츠리는 자세를 말한다. 주역 괘상으로는 산뢰이(山雷頤), 산 밑에 우레가 잠재되어 있는 것을 말하다. 든든한 산이 요동치는 우레를 품은 것처럼 편안한 자세이다. 몸과 마음이 가장 편하고 행복한 자세이다. 이 자세를 하면 마치 자궁 속의 태아처럼 모든 것이 보호받고 가장 행복한 상태가 된다. 어머니의 자궁 속에 있다고 상상하고 몸과 마음의 가장 편한 자세를 스스로 찾아야 한다. 몸의 무의식적인 긴장을 풀고 가장 편한 태아 자세를 취하면 몸에서 일어나고 있는 마음과 정서를 느낄 수 있다. 자신의 몸의 소리를 들을 수 있고 몸의 감각이 살아난다. 인간의 몸은 직접 체험한 고향인 어머니의 자궁을 기억하면 근원적인 힘을 다시 얻는다.

의식이 기억하지 못하는 것을 몸은 기억하고 있다. 태아 자세로 그것을 알 수 있다. 몸은 무의식의 세계까지 담아내고 있다. 그렇기에 태아 자세가 인간에게 그리도 편한 것이다. 지금 자궁 속에 있다는 상상을 하는 것도 아주 효과적으로 몸을 이완하고 편안하게 하는 방식이다. 가끔 태아 자세를 불편해하는 사람도 있지만 스스로 편한 위치를 찾아내야 한다. 포유류 동물들이 아플 때는 거의 이 자세를 취하고 스스로 치유를 한다.

주역 괘상 중 산뢰이(山雷頤)

효과

쉬는 것은 우리의 정신을 태아 시절로 되돌리는 행위로 소마를 초기화하여 응축된 소마를 이완하고 스트레스를 해소한다. 이는 태아처럼 거대한 천(☰)의 기운을 되찾게 하여 날이 갈수록 기운이 축적될 수 있다. 기운을 비축하는 데 신장이 중요한데 신장과 배꼽은 서로 마주 보고 있고 척추뼈 14번 밑 양옆에 있다. 신장은 육신과 생명의 정기를 주관하고 사람이 태어나기 전의 원기가 깃들어 있는 곳이다. 원기는 생명을 탄생시키는 근원적인 기운, 즉 태극 속의 음기(陰氣)를 말하는데 이 음기(陽氣)가 보태지는 순간 만물은 모습을 드러낸다. 신장은 이러한 중요한 곳이므로 생명의 길고 짧음, 성장과 발육 그리고 정력을 주관하여 자손을 번식시키는 생식작용을 한다.

잘 쉬는 것은 몸의 긴장을 이완시켜 유연한 몸을 만드는데 이 유연함은 적응력과 창의성을 키워준다. 몸이 유연할수록 다양한 상황에 대처할 수 있게 된다. 또한 이완해서 유연한 몸은 건강함과 안정성을 주어 외부의 충격에 쉽게 꺾이지 않게 한다. 유연성은 인간의 정서적인 안정과 심리적인 건강을 증진시킨다.

잘 쉬는 것은 소마의 편안을 회복해서 만성피로를 회복하고 만성통증을 완화할 수 있게 된다. 물론 심리 안정 및 소마 휴식이 되면서 치유의 효과도 동반한다. 혈액 순환 및 체액 이동을 촉진하고 고유수용감각을 활성화시킨다. 고유수용감각은 크고 요란한 동작보다는 작고 느리게 하는 동작을 하면서 깊게 느낄 때 향상되고 이럴 때 자율신경 조절 효과가 드러난다. 수술 후 상흔 치유와 회복에 효과가 있다.

몸 내부의 공간을 확보하여 내장 기능을 강화하고 기혈의 소통 효과를 동반한다. 잘 쉬면 이완을 통해서 소마 편향을 교정하고 건강을 증진하고 몸과 마음의 성장을 촉진한다. 이는 실로 질병을 예방하는 확실한 건강법이며 삶에 대한 이해도 증진시켜준다. 또한 이완을 통해서 몸의 유연성 회복하고 마음의 평화와 진정한 소마 휴식을 갖게 한다. 잘 쉬기는 스스로 생기를 창출하는 아주 효율적인 방법이라고 할 수 있다.

03

잘 서기 : 몸의 직립성

 인간은 유일한 직립 동물이다. 직립한 인간의 몸은 땅과 하늘을 연결해주는 바로 그 주체이고 하늘과 땅은 인간의 몸에 의해서 하나로 통섭된다. 그래서 천지인(天地人)이라는 용어와 개념이 생겼을 것이다. 그러니까 나의 몸이 바로 하늘과 땅을 연결해주는 바로 그 지점이고 나는 그 주인인 것이다. 또한 서서 머리를 하늘로 향한다는 것은 생명의 원천인 태양을 더 가까이 접할 수 있다는 것이다. 직립은 137억 년 우주 진화의 성과이다. 직립이 의미하는 것은 세상을 더 멀리 넓게, 즉 판을 볼 수 있게 되었다는 뜻이고 또한 팔의 자유를 얻었다는 것이다.

 지구의 모든 생명체는 중력에서 자유롭지 못하고 중력은 인간의 몸에 큰 영향을 미친다. 인간의 몸은 땅으로 뿌리내리는 중력과 하늘로 향하는 끌어올리는 힘을 동시에 받고 있다. 직립은 중력과 끌어올리는 힘 사이의 균형과 조화에서 가능하다.

 하늘은 생명의 근원인 기(에너지)를 주는 것으로 주역에 의하면 양이다. 땅은 생명체가 살 수 있는 자양분을 주는 것으로 주역에 의하면 음이다. 우리 인간에게는 음과 양이 다 필요하다. 인간은 밥도 필요하고 꿈도 필요하다. 이 양쪽의 힘 중 하나만 부족해도 인간의 삶이나 직립은 가능하지 않다. 즉 인간의 존재는 땅을 딛고 하늘을 향한다. 인간은 유일한 직립동물로서 이로 인해서 만물의 영장의 자리를 차지하게 되었다.

인간은 지구에 살고 있기 때문에 지속적으로 아래쪽으로 향하는 중력의 영향을 받는다. 중력은 우리의 골격, 자세 습관, 움직임과 상호 작용하여 고르지 않은 마모와 척추의 압박을 유발할 수 있다. 시간이 지남에 따라 인간의 척추는 중력으로 인해 짧아진다. 척추의 길이가 줄어들면 유연성이 약화되어서 움직임의 자유도 약화되는 문제를 유발한다. 척추가 짧고 압축되는 소마 응축이 되면 디스크에 더 많은 압력이 가해지고 통증과 부상에 더 취약해진다. 척추를 통과하는 신경이 눌리거나 자극을 받기 쉽고 이와 연결된 근육이 긴장되기 쉽다.

다행히 인간은 척추의 건강과 길이를 개선하기 위한 몸 공부를 할 수 있다. 그것은 중력의 하향 압력을 약화하는 놀라운 진화적 산물이다. 이 것은 발레에서 중시하는 끌어올림(pull-up)이 대표적인 메소드이다. 이 몸 공부를 하면 더 나은 움직임으로 척추는 인간에게 필요한 모든 구조, 자유로운 움직임 및 충격 흡수를 제공할 수 있다.

K소매틱 몸 공부에서는 중력을 초월하는 몸 공부를 제시한다. 이를 통해서 척추의 건강한 길이를 회복하고 편향된 자세와 운동 습관으로 인한 마모를 줄이는 데 도움이 된다.

이 내용은 내가 거의 50년 동안 발레를 하고, 가르친 경험을 기반한 것이다. 끌어올림으로 척추를 늘이는 것이 거의 모든 사람의 부상과 통증 회복에 효율적인 역할을 한다는 것을 발견한 것이다.

설 때 발바닥은 아주 중요하다. 발바닥은 인간의 몸과 공간이 만나는 바로 그 지점이다. 또한 발바닥은 온갖 기와 말초신경이 집중되어 있는 곳으로 예민한 부분이다. 발바닥은 땅에 굳건히 뿌리를 내려서 발바닥으로 땅의 소리를 들어야 한다. 발바닥은 여러 감각들이 밀접히 짜여 있는 곳이어서 특히 진동에 민감한 부위이다. 발바닥에서 땅의 진동이 올라오는 것을 느낄 수 있다. 땅의 기운과 진동은 발바닥을 통해 다리를 거쳐 단전으로 전달된다. 단전에서 힘을 받아서 다시 척추를 통해서 뇌로 전달한다. 이런 전달체계가 발바닥과 지면과의 관계가 어떻게 변하는지를 알아차리는 데에 중요한 역할을 한다.

머리와 꼬리가 연결되어 관계를 맺으며 움직이는 것을 느끼면 더 잘 설 수 있다. 머리(정수리)는 더 높이 하늘을 향해야 한다. 이때 발(현실)과 머리(이상)를 연결해주는 것이 척추이다. 척추가 곧게 서 있어야 발과 머리를 온전하게 연결하여 직립을 이룰 수 있게 된다. 척추의 발달로 인해서 인간은 직립이 가능하게 되었고 또한 이로 인해서 손이 자유롭게 되었다. 그러자 손의 기능이 발달하여 손으로 할 수 있는 많은 일들을 수행할 수 있게 되었다.

발, 다리, 단전, 골반, 척추, 목 그리고 머리까지 연결되는 수직의 곡선은 직립을 가능하게 하는 몸의 주요 맥이다. 그러나 중력으로 인해서 우리의 척추는 늘 눌리게 된다. 즉 직립을 위해 척추는 늘 중력에 저항하는 투쟁을 하고 있는데 자세가 비뚤어지면 척추는 바로 긴장이 되고 중력을 저항하는 힘을 잃고 응축된다. 이때 몸을 바로하고 척추를 위로 늘여주면, 즉 풀업

(pull-up)[1]을 해주면 척추의 유연성을 되찾아 눌린 몸을 길고 편하게 할 수 있게 된다. 또한 척추와 등의 감각이 돌아오고 척추와 허리 그리고 엉덩이를 연결하는 곡선이 살아나서 아름다운 뒷모습을 가지게 된다.

잘 서려면 우선 뿌리를 잘 내려야 된다. 그 뿌리 위에서 잘 뻗어야 한다. 이는 위로 늘이기(pull-up)를 해서 척추를 길게 펴야 가능하다. 그런데 위로 향하기만 하고 뿌리를 못 내리면 삶이 떠다니게 된다. 열두 가지 재주에 저녁거리 없다는 속담이 있다. 재주는 많은데 제 밥벌이도 못한다는 말이다. 꿈은 많은데 현실에 뿌리를 못 내리는 경우를 말하는 것이다. 반대로 현실에 뿌리를 내린다고 현실에만 매몰되어 그냥 밥 세끼만 해결하고 꿈이 없이 사는 것도 문제이다. 그러니까 즉 잘 선다는 것은 현실과 꿈의 균형을 의미한다.

발은 현실이고 머리는 이상을 표현하는 메타포이다. 인간이 현실에 뿌리를 내리는 것에만 급급하고 꿈이 없다면 그저 밥은 먹고 살겠지만 성장을 이루기 힘들 것이다. 역으로 꿈은 충천한데 현실성이 없다면 꿈을 이루기는커녕 제 밥벌이도 힘들게 될 것이다. 어떻게 하면 현실에 뿌리를 내리면서도 꿈을 향해 갈 것인가가 바로 우리가 고민하고 지향해야 할 바이다. 이것을 우리 몸이 말해준다. 현실과 자기밖에는 모르는 속물, 꿈에 들떠서 현실성 없는 이상주의자들에게 우리의 몸은 답을 말해주고 있다.

인간이 지구 생태계의 가장 진화된 존재가 된 데에는 두 발로 다니는 직립이 큰 역할을 했다. 네 발 동물과 달리 두 팔을 자유롭게 쓸 수 있기

---

1 pull-up은 발레 용어로 몸을 위로 끌어올린다는 뜻이다. 이는 발레에서 몸을 사용하는 아주 중요한 원리인데 사실은 발레리나뿐만이 아니라 모든 사람들이 몸을 건강하게 하는 핵심 방식이기도 하다.

때문이다. 게다가 인간의 발은 영장류 가운데서도 유일하게 아치형 구조로 되어 있다. 온몸의 체중을 떠받치면서 오랜 시간 걷고 달릴 수 있게 해주는 두 발의 힘의 원천이 발의 아치형 구조라고 한다. 그중에서도 가로 아치 구조라고 한다. 발에 가로 아치를 만들어주는 뼈는 거골하관절(subtalar joint)이다. 몸의 방향을 조절하는 데도 중요한 관절이기도 해서 인체의 핸들(스티어링 휠)이라고도 부르는 뼈다.

발바닥 전체를 편안하게 펴고 몸의 무게가 발바닥 전체에 골고루 배분되게 한다. 그리고 지면을 느끼면서 마치 나무처럼 발바닥으로 땅에 아주 깊이 뿌리를 내린다. 그리고 몸을 끌어올려서 머리를 하늘로 뻗는다. 이렇게 땅과 하늘을 느낄 때 우리의 몸이 땅과 하늘을 연결하는 그 현장이 된다.

수업 내용

인간의 직립은 땅으로 내려가는 중력과 위로 잡아당기려는 힘의 그 중심에서 생겨난다. 발은 땅에 뿌리를 내리고 척추는 늘이고 머리는 하늘을 향한다. 인간은 유일한 직립동물로서 이로 인해서 만물의 영장의 자리를 차지하게 되었다. 잘 서기 수업의 내용을 우선 잘 서는 것을 몸으로 터득하게 하고, 잘 서는 것의 은유적 의미를 이해하는 것에 있다. 잘 서기 위해서 몸의 중심선, 즉 코끝, 명치, 배꼽이 일직선으로 있는지 감각으로 알아야 한다. 또한 옆에서 보았을 때 귀, 어깨, 골반뼈, 복숭아뼈가 일직선인지도 알아차려려 한다.

설 때 발바닥으로는 땅에 굳건히 뿌리를 내려서 발바닥으로 땅의 소리를 들어야 한다. 땅의 기운과 진동은 발바닥을 통해 다리를 거쳐 단전으로 전달된다. 단전에 전달된 '기'는 척추를 타고 머리로 머리에서 하늘을 향해 내품어진다. 이것이 막연한 것이 아니라 다음과 같은 1자 체험을 통해서 느끼고 터득하게 된다.

방법

발바닥을 쫙 펴서 발바닥 전체에 몸무게를 고루 분산하고 땅의 기운을 느낀다. 오른발 왼발로 중심을 천천히 옮겨가며 발바닥으로 중력과 무게의 변화를 느낀다. 무릎을 약간 구부렸다 펴면서 발바닥을 통해서 땅의 에너지를 느낀다.

마치 나뭇가지와 같이 팔은 중력을 받아서 편안하게 내려뻗으며, 척추는 편안하고 길게 끌어올린다. 발바닥이 뿌리를 박는 만큼 위로 뻗을 수 있다. 발바닥의 감각을 느낀다. 발바닥은 몸과 공간이 만나는 바로 그 지점이다. 발바닥은 땅에 깊게 뿌리를 박고, 머리는 꿈을 갖고 세상을 향한다. 몸으로 하늘과 땅의 연결을 느낀다. 수련을 하다 보면 땅의 에너지가 발바닥, 무릎, 단전, 척추를 통해 머리로 올라가는 것이 느껴지게 된다.

- 앉아서 좌골을 바닥에 박고 척추를 편다.
- 직립에서 제일 중요한 원리는 중력과 끌어올리는 힘의 균형이다.
- 일어서서 바닥에 뿌리를 내리는 기분으로 발바닥을 넓게 펴서 바닥에 댄다.
- 발바닥을 편안하게 펴고 몸의 무게가 골고루 발바닥 전체에 배분되게

한다.

- 척추를 위로 끌어올리는 것(pull-up)이 직립에서 매우 중요하다.
- 발, 다리, 단전, 척추, 목 그리고 머리까지 연결되는 수직의 곡선은 직립을 가능하게 하는 몸의 주요 맥이다.
- 척추 사이의 연골이 이미 굳어져 있는 경우가 많은데 끌어올려서 연골을 늘인다.
- 발바닥으로 지면을 느끼면서 나무처럼 땅에 깊이 뿌리를 내린다.
- 머리는 하늘로 뻗는다.
- 발을 뼈를 손으로 다 만지면서 느낀다(sensing bones)

효과

- 소마 응축을 완화하고 해결한다.
- 편향(좌우가 비뚤어짐)된 것을 치유한다.
- 자세를 바르게 한다.
- 몸과 마음이 편안해진다.
- 몸이 가벼워지는 것을 느낀다.
- 몸이 정렬이 이루어져서 머리의 무게감과 피곤감이 없어진다.
- 사는 것에 자신감이 생긴다.
- 기가 죽은 경우 기를 살리게 한다.
- 멀리 넓게 보는 능력을 향상시킨다.
- 전체적인 맥락과 판을 파악하는 능력을 고양시킨다.
- 척추의 비대칭 마모를 감소시킨다.

- 척추의 건강함과 길이를 회복하여 더 가볍고 키가 커진 느낌이 든다.
- 머리와 목의 자세를 개선한다.
- 척추측만증 감소, 요통 및 좌골신경통을 완화한다.
- 염증을 줄이고 디스크 건강을 개선한다.
- 움직임의 범위를 늘리고 이동을 편하게 하게 된다.

이 수련 후에는 서 있는 다리의 위치가 수업 전보다 훨씬 더 나은 위치에 있다고 느낄 것이다. 또한 다리가 더 잘 정렬될 것이다. 우리는 움직임을 통해 신경계와 대화한다. 신경계에 자료를 제공함으로써 자세와 행동에 가장 적합한 선택을 할 수 있게 된다. 서서 이 수업을 하며 내 몸을 살펴본 후 지속적인 몸 공부를 해야 한다. 잘 서기에 대한 생각이 용이성, 효율성 측면에서 몸 전체에 어떤 영향을 미치는지 감각하고 느끼기 바란다.

허리 통증의 원인은 척추의 문제일 경우가 많다. 척추는 안정성, 유연성, 움직임, 충격 흡수, 힘을 제공하도록 설계되었지만, 종종 무의식적인 자세 습관으로 척추가 제대로 역할을 하지 못하면 허리도 기능할 수 없게 된다. 허리 통증은 간헐적이고 경미한 것부터 만성적이고 쇠약해지는 것까지 다양하다.

직립 시 무게중심을 잡는 법을 몸으로 연마한다. 그 내공으로 현재의 구조를 알아서 무너뜨릴 그 지점을 공략할 수 있어야 한다. 소마 전문가는 놀면서 공부하고 혁신하는 존재이기에 스스로 무게중심을 알고 무너진 구조에 대안을 예비해야 한다.

04

잘 걷기 : 몸의 전면성

잘 서기가 중요한 것은 잘 걷기 위해서다. 걷는다는 것은 세상을 향해 나아가서 관계를 맺는 것이다. 몸이 단 하나만 있을 때는 의미가 없고 다른 몸과 함께할 때 존재 의미가 있다. 몸은 관계하고 봐주는 사람이 아무도 없으면 그 의미가 없다. 몸은 다양한 몸들의 관계에서 뜻을 얻게 된다. 잘 걷기 공부에서는 걷는 것의 의미뿐만이 아니라 구체적으로 척추의 응축을 개선하여 척추의 건강과 편안함을 찾기 위한 실습과 통증을 완화할 수 있는 척추 움직임을 안내한다.

사람이 걷는 것을 보면 그 사람의 성격, 상황과 문제를 알 수 있다. 성격이 급하거나 다급한 현안이 있어서 불안한 사람은 보폭이 줄어들고 마구 빨리 걷는다. 하지만 그렇게 걸으면 아무리 빨리 걸으려 해도 빨리 걸을 수 없다. 반대로 자신에게 편한 보폭보다 더 넓게 걷는 사람이 있다. 주로 허세를 보이려고 할 경우에 드러나는데 이 역시 효과적인 걸음이 아니고 몸을 힘들게 한다. 유럽에는 걷기 치유하는 곳이 있고 한국에도 걷기를 전문적으로 지도하는 곳이 있다.

K소매틱의 잘 걷기는 서양에서 강조하는 정확하게 걷기와는 좀 다른

개념이다. 정확하게 걷는다는 것은 없으며 그 탐구는 무의미하다. 개인의 몸은 제각각 다르고 이동 방식마다 다양성과 독특성이 있기에 '정확하게' 라는 것은 불명료한 개념이다. 그래서 전문가마다 어떻게 걸어야 하는지 설명이 다르다. 어떤 걷기 전문가들은 머리가 위아래로 움직이는 '스프링' 을 사용하는 것을 강조한다. 다른 전문가들은 발의 역할을 강조하여 '오 리발', '평발'로 걷는 것의 위험성을 경고한다. 또 다른 사람들은 팔의 흔 들림을 강조한다. 하지만 정확하게 걷는 것에 정답은 없다. 정확한 것보 다는 자신의 몸을 이해하고 움직임을 파악해서 개인마다 자신의 편안한 걸음을 알아내는 것이 중요하다. 이것이 바로 K소매틱에서 강조하는 '잘 걷기'이다.

걸을 때 생겨나는 각 관절의 움직임을 알아차리고 이해해야 한다. 두 발로 서 있다가 걷기 위해서 한 발을 이동하면 골반, 엉덩이, 무릎, 발목, 발바닥 그리고 척추, 어깨, 팔, 고개 등의 모든 관절이 함께 움직이며 협 업한다. 이 모든 관절들이 연결되어 걷는 움직임이 발생한다. 그 어느 관 절에라도 문제가 생기면 걷는 것에 왜곡이 생긴다.

걷는 것에서 가장 중요한 것이 중심의 이동이다. 체중을 좌우 앞뒤로 이동시키는 것에 초점을 맞추어 보자. 걷기 수업은 걷는 것에 얼마나 많 은 관절과 근육들이 함께하는지 감각하고 인지하는 것이다. 체중을 좌우 로 이동시키면서, 다시 말해 머리가 가운데 어딘가에 있도록 하면서 머리 의 움직임을 점차적으로 최소화하는 법을 공부한다. 걸을 때 점차적으로 골반과 척추가 움직임에 참여하기 시작한다. 사실, 걷는 것에 몸 전체와 자아 전체가 참여하고 있다. 체중이 이동하면서 걷기는 발전하고 더 복 잡해진다. 걸으면서 발바닥에는 무슨 일이 일어나고 있을까? 체중을 이

동시키면서 앞으로 나간 발을 들어 올리는데 그때 두 발뒤꿈치는 같은 지점에 있지 않다. 앞발을 얼마나 들어 올리는지에 따라 그 뒤에 있게 된다. 걸을 때 처음에는 앞발의 바닥이 천천히 바닥에 붙고 그 순간 중력을 받지 않는다.

인간의 신체는 오른쪽 다리와 왼팔이 함께 나가는 식으로 자연스럽게 대조되어 걷도록 구성되어 있다. 신체의 근육계는 몸의 자연스러운 움직임에 순응하여 나선형으로 배열되어 있다. 근육의 나선형 효과의 예를 들자면 걸을 때 허벅지 앞근육이 위로 당겨지고 뒷근육이 아래로 늘어나 균형 면에서 자연스럽게 대조되면서 편안하게 수직을 유지하게 되어 있다.

잘 걷는다는 것은 무엇일까. 우리는 매일 걷고 있으면서도 자신이 어떻게 걷는지 의식하지 못하고, 잘 걷는 것이 무엇인지 생각해보지 않고 살고 있다. 잘 걷기 위해서는 필요조건이 있다. 우선 몸의 수직선(척추)이 바르게 정렬되어 있어야 하고, 다음으로 수평선(골반과 어깨)이 대칭을 이루어야 하며, 몸이 이완되어 있어야 한다. 이렇게 수직과 수평이 이루어지고 이완이 되어 있어야 효과적으로 부드럽고 편안하게 걸을 수 있다. 또한 이러한 기본 상태가 갖추어져 있어야만 다양한 움직임을 가장 효율적으로 실행할 수 있게 되는 것이다.

발목은 인간의 움직임에 안정성과 유연성을 모두 제공한다. 발목이 역할을 잘 하면 체중을 효율적으로 지탱할 수 있고, 무릎과 엉덩이가 자유롭고 편안하게 움직일 수 있다. 몸 공부에서는 건강하고 유연한 발목을 유지하기 위한 내용도 공부한다.

잘 걷기 위해서 무릎에 대해서도 이해해야 한다. 무릎의 유연성과 민첩성, 편안함을 개선하고 복원하면 보행의 질이 향상된다. 무릎은 인간 몸에서 큰 관절이며 몸의 자유롭고 편안한 이동에 핵심적인 역할을 한다. 인간이 걸을 때마다 움직이는 무릎은 몸 전체의 무게를 지지하고 앞뒤 좌우로 안전하고 지속적으로 움직일 수 있게 한다.

무릎, 발목, 엉덩이, 그리고 척추에는 미세하게 작용하는 스프링 시스템이 있다. 이것은 인간에게 유동성과 움직임의 안정성을 동시에 준다. 하지만 일부 자세 습관이 무릎의 건강과 편안함을 손상시킨다. 무릎을 효과적으로 사용하지 못할 때 과도한 근력, 긴장, 마모 증가, 통증, 불안정성이 발생한다.

몸 공부는 무릎 관절의 역동적이고 건강한 사용을 되살려 안전하고 효율적인 움직임 방법을 제공한다. 또한 무릎 관절 주변의 순환을 개선하고 편안함, 움직임의 범위, 안정감과 균형감을 크게 향상시키는 데 도움을 줄 것이다. 본 몸 공부는 무릎의 기능을 이해하고 건강하고 효율적으로 움직일 수 있는 회복 방법을 획득할 수 있게 한다.

잘 걷기의 충분조건은 움직이는 방식이다. 매번 내딛을 때마다 발 뒤꿈치부터 땅밑에 깊숙이 뿌리를 내리듯이 박고 땅의 기운이 단전을 통해 척추 그리고 가슴을 타고 머리까지 연결되는 것을 느낀다. 이렇게 몸에서 에너지 흐름이 형성되면 하체는 몸의 무게를 지탱할 수 있게 견고해지고 상체는 더욱 부드러워지고 걸음은 우아하고 편안해진다. 이러한 걸음은 그 자체로 명상이자 춤이 된다.

걷는다는 것은 개인의 몸을 초월하여 세상과 관계를 맺는 것을 의미한다. 이럴 때 몸은 사회적인 몸이 되고 정치적인 몸이 되는 등 점점 더 관계가 복잡해진다. 걷기는 어떻게 다른 몸과 만나고 소통하고 사교를 할 것인가를 말해준다. 착한 몸. 아름다운 영혼. 남을 사랑하는 것은 몸으로 실행하는 것이지 말로 하는 것이 아니다. 잘 걷는 것은 자신의 몸과 영혼이 일치되는 차원을 넘어서 생태계와 하나가 된다는 것을 의미한다. 인간이 이 땅에 태어났다는 것은 우주에 뭔가 역할을 하기 위함이다.

잘 서는 것과 앞으로 나아가는 것이 동시에 작용한다. 이는 모든 동작이 가지고 있는 원리이고 이는 우리의 삶을 말해준다.

수업 내용

잘 걸으면 몸의 균형 감각이 향상되고 뇌의 활동이 활성화된다. 그렇다면 잘 걷는다는 것은 무엇인가? 일단은 몸의 중심축이 바르게 서야 하고 몸이 편향되지 않고 편안해야 한다. 그리고 자신에게 맞는 적당한 보폭으로 발바닥 전체에 무게를 분산해서 걸어야 한다.

진정으로 발은 우리 몸에서 알려지지 않은 영웅이다. 인간은 1년에 평균 250만 걸음을 걷고 일생 동안 걷는 거리는 75,000마일에 달한다. 그러니 발과 다리가 자주 피곤하고 상처받는 것은 당연하다. 또한 관절염, 건막류, 신경종, 염좌, 건염에 걸리기도 쉽다. 잘 걷기 수업에서는 이러한 아픔을 예방하거나 관리하고 유연성과 효율적으로 발을 사용하는 방법을 공부하게 된다.

전면성은 직립과 연결되어 있어서 두 가지 원리가 동시에 작용한다. 이는 모든 동작이 가지고 있는 원리이며 우리의 삶을 말해준다. 이러한 것에 대해 머리로 이해하는 데에는 한계가 있고 다음과 같이 몸으로 움직여봐야 그 원리를 터득할 수 있다.

방법

- 몸의 수평과 수직이 바르게 되어 있는지 느끼고 알아본다.
- 척추가 정렬되어 있어야 한다. 잘 걸으면 정렬된다.
- 발로 바닥을 깊숙이 눌러서 땅의 에너지를 받는다.
- 발의 구조와 다리와의 연결성을 알아낸다.
- 발의 26개 뼈를 손으로 부드럽게 만지며 그 구조를 느낀다.
- 몸의 중심축을 느낀다.
- 오른쪽과 왼쪽으로 무게중심을 다양한 방식으로 느낀다.
- 천천히 앞으로 걸으면서 무게의 이동 과정을 느낀다.
- 걸을 때 시선은 바로 앞을 보는 것이 아니라 목표 지점을 본다.
- 멀리 넓게 보면서 전체의 판을 파악한다.
- 척추는 끌어올리고 팔과 어깨는 중력을 받아서 부드럽게 내린다.
- 바르게 앞을 향해서 고개를 숙이지도 말고 들어 올리지도 않는다.
- 세상을 향해 전면으로 당당하지만 겸허하게 걸어 나간다.
- 가슴으로 세상을 품는다.
- 몸의 중심을 이곳에서 저곳으로 이동해본다.
- 손의 추 움직임이 균형을 잡는 데 도움이 되는지 느껴본다.
- 호흡이 영향을 주는지, 호흡에 전혀 영향을 받지 않는지 느낀다.

효과

　관절 움직임에 대한 이해가 생기고 관절을 부드럽게 사용하게 되면 몸이 가벼워진다. 중심 이동이 편하게 되어 걷는 것이 쉬워진다. 체중 조절에 효과가 있을 뿐만 아니라 각종 질병도 예방할 수 있다. 무릎과 발 관절이 유연해지고 다리 근육이 강화된다. 또한 머리와 어깨는 이완되어 부드러워지고 움직임은 우아해진다. 발과 발목이 자세와 걷기의 질에 얼마나 중요한지 배우게 된다.

　참여자들은 쉽고 편안하게 움직일 수 있게 무릎 굽힘을 탐구한다. 이 공부는 무릎의 움직임에 놀라운 이점을 가져오고 움직임의 질이 개선된다. 만성통증을 앓고 있다면 약물 복용 등으로 인한 일시적인 효과와는 본질적으로 다르게 움직임을 새롭게 해서 신경계를 재교육하는 것에 중점을 둔다. 그러면 몸의 원래 있던 잠재력이 발현되어 무릎에서 유연성과 편안함, 민첩성과 자신감, 그리고 진실성을 찾을 수 있게 된다. 그러면 보행의 질을 개선할 수 있다.

05

잘 적응하기 : 몸의 균형성

　몸의 적응성은 나선형 움직임의 흐름을 타고, 애쓰지 않으며 자연스럽게 진행된다. 그런데 몸에 무엇인가의 억압이 있어서 몸의 움직임이 왜곡된다. 우아하게 걷는 과정을 통해 척추의 길이와 유연성을 되찾고, 몸의 학습 능력을 기르며 원래의 부드러움을 찾는 수련을 하게 된다.

　균형은 인간의 거의 모든 일에 필수적이다. 일상의 간단한 활동이라도 움직이는 동안 균형을 잡아야 하고 몸 전체가 균형을 잡는 능력에 관여한다. 균형은 복잡하고 유동적이며 뇌, 눈, 이, 전체 근육 및 골격 시스템이 함께 작동하여 매 순간 절묘하게 조정된다. 하지만 균형은 나이가 먹을수록 자세, 부상 또는 시력 변화로 약화될 수 있다. 다행히도 몸 공부로 뇌 신경 가소성에 접근하여 균형을 개선하는 공부를 하면 이 능력을 갱신할 수 있다. 이것이 몸 공부의 힘이다. 몸 공부의 특징은 쉽고 접근이 용이하며 신경학적 · 골격적 · 근육적 측면에서 더 나은 균형을 개선할 수 있게 하는 것이다.

　인간은 몸의 움직임으로 삶의 적응력과 포용력을 향상시킨다. 공동체도 몸이고 지구도 큰 몸이다. 몸으로 터득한 균형감은 개인의 차원에서

끝나지 않고 사회생활에 적응되기에 의미가 더 크다. 이러한 감각적 몸 공부는 참여자의 뇌와 몸을 깨우는 데 큰 역할을 할 것이다.

수업 내용

몸의 중심인 척추선이 정렬되어 양쪽 균형을 이루는 것이 바로 몸의 균형성이다. 몸은 중심을 기준으로 좌우 대칭으로 존재한다. 척추는 수직으로 바로 서야 하고 척추 양쪽의 균형감이 동시에 필요하다. 이 척추를 기준으로 몸의 중심은 신경계를 포함하고 있는데 여기서 바로 감각 피드백이 형성되는 것이다. 잘 서기와 균형 능력은 하나로 연결되어 드러난다. 몸의 수평성은 바로 적응성이다. 몸의 적응성은 몸에 자유로움을 가져다주고 자신의 한계를 깨어 의식의 확장을 가져온다. 몸의 균형성을 위해서는 다음과 같은 방법으로 골반과 어깨의 균형을 알아봐야 한다.

수업 방법

- 몸을 바로 해서 척추의 정렬을 느끼고 어깨의 균형을 느낀다.
- 몸의 정렬과 함께 좌우 대칭을 느낀다.
- 골반의 다양한 움직임을 통해 골반을 편하게 한다.

골반 감각 깨우기 1

- 천택리 자세에서 오른쪽 무릎을 세운다.
- 오른쪽 발바닥으로 지면을 누르면서 오른쪽 골반을 천장을 향해 들어올린다.
- 무릎을 발끝을 향해 밀어내면서 진행하며 오른쪽 둔부가 점진적으로 바닥으로부터 떨어지도록 한다.
- 반복하면서 허리와 등 그리고 견갑골까지 연결되도록 해본다.(오른쪽 골반이 들리면서 체중이 반대쪽으로 이동되고 바닥을 지지하게 되는 다른 부분들을 감지해본다. 왼쪽등과 골반 쪽으로 긴장이 오지 않도록 주의한다.)
- 여러 번 시행 후 반대쪽을 시행한다. 골반의 균형 잡기가 가능한지 체크한다.

골반과 어깨의 수평적 연결

- 한쪽 무릎을 세우고 같은 쪽 팔을 천장을 향해 뻗어 올린다.
- 세운 쪽 발바닥으로 지면을 밀고 팔과 골반을 들어 올리면서 태아 자세로 이동한다. 이때 팔은 천장 방향을 유지하여 가슴 앞에서 옆으로 자연스럽게 이동하여 위치하게 한다.
- 손끝을 천장 방향으로 부드럽게 잡아당기고 이완하면서 견갑골의 움직임을 감각한다. 견갑골과 척추 사이의 공간을 확보하고 그 공간에 기운이 들어가는 것을 느낀다.(견갑골이 고착되어 있는 경우 움직임이 원활히 일어나지 않는다. 소마 전문가는 견갑골을 잘 관찰하며 적절한 터치로 움직임이 일어날 수 있도록 이끈다.)
- 견갑골의 움직임이 그대로 지면을 향하면서 가슴이 열리고 팔은 지면

에 놓이도록 한다. 두 다리는 긴장하지 않도록 하여 자연스럽게 골반이 쫓아오도록 한다.

- 팔은 그대로 위치시킨 상태에서 두 무릎을 부드럽게 붙이면서 골반이 이동함에 따라 팔이 어떻게 작동되는지 탐구한다.(팔의 위치가 어깨보다 아래쪽에 있어야만 어깨 관절에 무리가 없다).

반원 그리기 : 앞의 동작과 연결한다.

- 벌린 팔을 움직여 손끝으로 부드러운 원을 그리듯 머리 위를 지나 가슴 앞으로 가져와 태아 자세로 돌아온다.
- 팔의 움직임으로 일어나는 견갑골의 움직임을 감지해본다. 팔을 적당하게 굽혀 이동하여 어깨에 무리가 가지 않도록 한다.
- 여러 번 반복 후 반대쪽을 시행한다.

골반 감각 깨우기 2

- 앉아서 한쪽 다리를 뒤로 하고 앞에 놓인 다리 방향으로 몸을 튼다. 두 팔로 바닥을 지지한 상태에서 골반을 좌우로 부드럽게 움직인다.
- 바닥을 지지한 두 팔은 몸으로부터 적당한 거리를 두어 불편한 긴장을 하지 않도록 주의한다.(또는 한쪽 팔만 지지하고 한쪽 손은 골반 위에 대면 골반의 움직임을 더욱 잘 감지할 수 있다.)

골반으로부터 출발한 자유로운 움직임

- 골반을 좀 더 자유롭게 탐구하면서 파생되는 다양한 움직임을 시도해본다. 앉기, 기어가기, 서기 등의 움직임을 행하면서 골반과 척추는

어떻게 연결되어 움직여지며 어떤 움직임들을 자연스럽게 만들어내는지 탐구한다면 그것이 바로 춤이 된다.

효과

근골격계 및 신경학적 조직을 개선하여 견갑골의 감각을 회복한다. 어깨 긴장을 빠르게 완화하고 움직이는 뼈를 감각하게 된다. 팔의 움직임이 견갑골부터 시작된다는 것을 알아차리고 팔 동작이 편안해지고 부드러워진다. 골반이 균형을 찾게 되어 운동 능력이 향상된다. 낙상의 위험을 줄이고 자신감을 회복하게 되어 신체 활동의 편의성과 즐거움을 증진하게 된다. 조정 능력을 향상시키고 몸의 균형감을 회복하여 체중 이동을 쉽게 하게 한다. 두뇌 건강과 중요한 감각 구별 능력을 향상시켜 몸이 유연 민첩해지고 힘이 생긴다. 결국은 몸의 학습 능력이 뇌의 성장까지 이루게 되고 균형감 있는 사고를 촉진하여 사회생활에서 적응력이 향상된다.

06

잘 움직이기 : 몸의 연결성

몸은 우리 사회와도 같이 모든 곳이 연결되어 관계 맺고 있다. 그래서 한 부위에 문제가 생기면 전체에 영향이 간다. 부분의 특성을 알면 몸과 움직임의 능력이 향상될 수 있다.

몸의 연결을 위한 전제는 이완이다. 몸의 일정 부위에 자신도 모르게 불필요한 힘을 주면 의도하는 움직임이 방해를 받게 되어 움직임의 범위가 제한되고 몸이 불편해진다.

몸을 이완하고 움직임을 편하게 할 수 있는지 느껴야 한다. 목, 얼굴, 각 관절의 긴장을 풀고 부드럽게 움직일 수 있으면 그것이 자신의 움직임의 능력을 향상시킨다. 모든 관절은 늘 부드러워서 언제 어떤 움직임이라도 즉시 할 수 있는 상태에 놓여야 한다.

우리 몸 안에서는 각각의 내장기관이 제 역할을 하고 동시에 외부의 공기가 들어와서 순환하며 생명을 영위한다. 몸뿐만이 아니라 우리가 살고 있는 생태계도 순환하면서 존재한다. 지구는 태양을 돌면서 사계절을 만들고 달은 지구를 순환하여 30일을 이룬다. 인간은 사회적 편의를 위해 일주일의 순환을 만들었다. 이처럼 순환은 사물이 살아가는 자연적이면서도 효율적인 방식이다. 몸의 '기'가 순환하지 못하면 기가 막혀서 생명을 더 이상 유지할 수 없게 된다. 어처구니없는 일을 당했을 때 '기가 막힌다'고 하는 것은 이래서 나온 표현이다. 몸 각 부분이 서로 상호작용하면서 전체를 이루는데 순환이 바로 그 메커니즘을 가능하게 하는 것이다. 이러한 순환은 개인의 몸에서 끝나지 않고 생태계의 순환으로 연결된다.

순환을 위해 필요한 것이 이완이고 이는 바로 부드러움과 유연성이다. 급변하는 한국 사회에서 기성세대는 그저 살아남는 것에 급급할 수밖에 없었고 단 한 번도 자신의 몸을 돌보거나 챙긴 적이 없다. 거의 모든 사람들은 우리의 역사와 사회에서 기인한 억압, 긴장, 스트레스 등을 담고 살고 있고, 그 상처가 몸에 드러난다.

잘 움직이기 위해서는 이완이 중요하다. 몸이 딱딱하다는 것은 근육이 불필요하게 긴장되어 있다는 것이다. 이는 몸의 자세와 마음의 긴장 모두에서 기인한다. 긴장은 여러 가지 내외적인 요인에서 비롯되지만 이완의 주체는 반드시 자신이 되어야만 진정한 편안함을 찾을 수 있다. 결국 자신의 문제는 어떠한 환경에서건 자신이 해결할 수밖에 없다. 국가나 사회가 내 몸의 문제를 결코 해결해주지 못한다.

K소매틱 방식에서는 이완을 위해서 구체적인 움직임과 더불어 상상력을 덧붙인다. 이러한 이완은 단순한 스트레칭과는 많이 다르다. 뇌의 학습 기능을 활용하여 근육의 이완을 이루어 근육 본래의 길이를 되찾는 학습을 하는 것이다. K소매틱 방식에서는 몸을 이용한다는 생각을 하지 않는다. 몸은 이용당하는 도구가 아니라 자발적인 주체이기 때문이다. 즉 주체적인 몸의 움직임으로 자신의 지금 여기의 몸과 마음의 상태를 알아차리고 그 능력을 고양하는 것이다. 생명은 움직이면서 존재하고 그래야

그 생명력이 고양된다.

이러한 몸의 각 부분의 연결은 육체의 일로 끝나지 않고 마음의 평온과 여유를 갖게 한다. 또한 생태계와의 연결을 느끼고 알아차리는 것도 중요하다. 이는 삶의 전 영역에 영향을 준다. 이러한 감각은 개인적인 영역을 초월하여 우주적 차원의 이해로 인도한다. 자연을 보라, 그 어느 곳에도 억지나 긴장이 없고 얼마나 부드럽고 편안하게 순환되는가. 이완과 흐름을 알게 되면 마치 자연처럼 우리의 삶도 그렇게 부드럽고 아름답게 흘러갈 것이다. 다른 사람을 이해하는 능력은 물론이고 인간과 자연과의 관계를 잘 하게 하는 현명함도 제공한다.

몸은 작은 우주와도 같아서 무한의 경지이다. 그런 내 몸을 탐구하여 하나씩 알아간다는 것 자체가 얼마나 즐거운 일인지 모른다. 몸 공부를 하다 보면 마음이 편치 않을 때는 몸이 잘 움직여지지 않다는 것을 알게 된다. 정신적으로 고통스러운 일이 있으면 몸이 긴장하고 근육이 경직된다. 반대로 몸이 균형을 잃으면 정신도 불안해진다. 그런 중에도 몸 공부 실기를 하다 보면 몸에 의해서 스스로 마음이 고요를 찾는 것을 체험하게 된다. 이런 수행을 하다 보면 스스로 몸과 마음을 챙길 수 있게 되어 정신적이고 육체적인 문제가 해소된다.

움직임을 시작할 때 몸의 어느 부분을 언제 어떻게 해야 할지, 또한 끝낼 때는 어떻게 움직였던 부분을 돌아오게 할지 알 수 있다. 이러한 학습은 억지로 한계까지 가지 않을 때에만 가능하다. 이판사판 죽기살기로 움직임의 양을 최대화하려고 하면 몸의 감각은 거의 죽을 정도로 무뎌진다. 움직임을 즐길 수 있는 선에서 간단명료하게 할 때 자신이 무엇을 하는지 분명하게 알 수 있고 긴장을 풀 수 있게 된다. 그래서 자신의 몸을 알아차릴 때 효과적인 자신의 패턴이 형성되는 것이다. 일단 효과적인 패턴이 체험되면 그 후에 움직임의 속도나 크기를 키우는 것은 매우 쉽고 빠르게 이룰 수 있다.

이완을 할 수 있으면 습관적인 구속과 긴장 상태에서 벗어난다. 그러면 자연스럽게 편향에서 해방되어 대칭의 자세와 바른 동작을 향하게 된다. 누구든 이완의 체험을 하면 자신의 자각기능이 향상되어서 더 편하게 움직이는 것을 하게 된다.

수업 내용과 방법

머리와 목의 연결 1
- 천택리 자세에서 힘을 빼고 목을 작고 부드럽게 좌우로 살짝만 움직인다.
- 머리가 편한 자세를 찾는다.
- 입굴은 살짝 붙이고 이는 살짝 벌려서 턱관절을 이완시킨다.
- 머리를 이완해서 부드럽게 움직이면 지면을 이용하여 시원하게 마사지가 된다.
- 머리를 느리게 살살 움직이면 양쪽 후두부의 튀어나온 정도가 다른 것을 느낀다.
- 머리, 목과 척추의 연결을 느낀다.

머리와 목의 연결 2
- 산뢰이(태아) 자세에서 머리 옆을 지면에 대고 그림 그리듯 움직인다.

- 머리의 모양을 탐색하는데 귀로 그림을 그린다는 느낌으로 움직임을 유도한다.
- 머리의 자연스러운 회전과 다양한 방향의 움직임으로 머리와 목이 자유로워진다.
- 소마 전문가의 터치로 머리, 어깨 부위의 감각을 깨울 수 있다.

견갑골과 어깨의 연결 1

- 천택리 자세에서 등 쪽에 위치한 견갑골에 집중하여 팔을 움직인다.
- 오른팔을 천장 방향으로 올려서 견갑골을 바닥으로부터 1~2센티미터 정도 들었다가 다시 바닥에 내려놓는다.
- 움직임을 진행하면서 긴장이 생기지 않는 범위에서 행하며 팔이 움직임이 견갑골과 연결된 것을 알아차린다.
- 수행 시 일어나는 몸의 다른 부분이 어떻게 동참하는지를 탐구한다.

견갑골과 어깨의 연결 2

- 천택리 자세에서 팔 전체를 바닥에 댄 채 바닥을 쓸듯이 머리 쪽으로 올리며 팔의 상태를 파악한다: 50대 이상은 다수가 이 동작을 수행 시에 팔에 통증을 느낀다. 이때 소마 전문가의 도움이 필요하다.
- 다시 살짝 끌어내리며 90도에서 멈춘다. 오른쪽 팔꿈치는 지면에 댄 채로 90도 각도로 전완을 들어올린다. 손은 가볍게 편 상태에서 귀를 향해 팔 전체를 내린다. 그리고 다시 제자리로 돌아온다.
- 여러 번 반복하면서 어깨 관절과 견갑골의 연결을 감지한다. 팔의 움직임의 범위가 늘어나는 것을 확인할 수 있다.

- 팔을 다리 방향으로 내린다. 이때는 손끝이 바닥을 향해 이끌리듯 내려가며 팔꿈치가 90도를 유지할 수 있도록 한다. 가동 범위를 최대치로 움직이는 것보다는 부드럽고 편안한 범위 내에서 움직이도록 한다.
- 귀와 다리 양방향(위, 아래)으로 팔을 내려보며 어깨 관절이 부드러워지는 것을 느낀다.
- 반대쪽을 시행하며 양팔의 가동 범위를 비교해볼 수 있다.

견갑골과 어깨의 연결 3

- 산뢰이 자세에서 소마 전문가는 내담자의 팔꿈치를 가볍게 걸어 잡고 들어 올린다.
- 작은 회전으로 시작하여 내담자가 어깨 관절의 부드러운 움직임을 감각하고 인지할 수 있도록 도와준다. 내담자는 팔을 소마 전문가에게 완전히 내맡기고 온전히 어깨의 움직임에만 집중한다.
- 견갑골까지 움직임을 확장한다. 팔꿈치를 가슴 높이에 맞추고 내담자의 등과 가슴 방향으로 팔을 밀고 당기면서 견갑골이 전후로 부드럽게 움직이도록 유도한다.
- 팔꿈치와 전완으로 움직임을 확장시키며 내담자의 팔이 내담자가 느끼는 공간에서 확장되어 움직일 수 있도록 이끈다.
- 내담자는 처음엔 소마 전문가에게 완전히 의지하고, 두 번째에는 의지를 가지고 능동적 이완을 한 상태에서 따라가며 마지막에는 내담자가 소마 전문가를 이끌며 움직임을 진행한다 : 빠르고 많은 움직임보다는 모든 움직임의 과정과 감각을 놓치지 않고 집중하여 움직임을

진행하는 것이 중요하다.

- 소마 전문가는 적당한 시점에서 내담자의 움직임을 마무리시킨다.
- 천택리 자세로 돌아가 지면을 통해 움직임을 한 쪽과 그렇지 않은 쪽의 몸에 대한 감각을 느끼고 비교해본다.
- 반대쪽을 시행한다.

손, 팔, 어깨의 연결

- 손끝부터 팔꿈치, 어깨까지 팔의 움직임을 만들어내는 각 관절들의 움직임과 범위를 스스로 탐구해본다.
- 손을 바닥에서 들어 올리고 떨어뜨린다. 이때 손목이 바닥을 지지하는 것을 감지할 수 있다.
- 손끝이 천장을 향해 당겨지듯 바닥에서 순차적으로 떨어지며 팔꿈치를 90도 각도로 꺾어 올린다. 팔꿈치가 터미널이 되어 손목의 이완을 해보는 위치가 될 것이며 전완을 천천히 회전시켜 이완을 한다.
- 손끝을 천장 방향으로 들어 올리고 팔을 자연스럽게 편 상태에서 견갑골이 바닥에서 살짝 떨어진 것을 충분히 감각하면 팔을 바닥에 떨어뜨린다.
- 팔의 무게를 충분히 느끼고 하지 않은 쪽과의 감각을 비교해본다.
- 반대쪽도 시행한다.

견갑골 감각 확장하기

- 오른쪽 무릎을 세우고 발바닥으로 바닥을 지지한다. 오른팔을 천장을 향해 들고 손끝을 가볍게 펴 뻗는다. 견갑골이 얼마만큼 바닥에서 떨

어지는지 감지한다.

- 발바닥으로 바닥을 누르며 팔을 뻗어보고 견갑골의 가동범위가 확장하는 것을 느껴본다.
- 움직임을 느리고 세밀하게 움직이면서 감각을 느끼고 인지하는 것이 중요하다.
- 반대쪽을 시행한다.
- 태아 자세로 몸을 편안히 웅크리고 옆으로 눕는다.(소마 전문가가 견갑골을 터치해줌으로써 이완을 도와줄 수 있다.)

효과

- 전정기관(균형감각을 유지하는 감각)의 능력을 향상시킨다.
- 부드러운 움직임이 두뇌의 학습으로 연결되어 뇌회로의 작용이 활성화된다.
- 머리가 맑고 가벼워진다.
- 뭉쳤던 뒷목이 부드러워진다.
- 굳었던 팔이 부드러워지고 가동 범위가 넓어진다.
- 견갑골과 함께 등 근육의 감각이 살아나다.
- 활성화된 뇌의 작용은 바로 몸의 움직임을 향상시킨다.
- 움직임의 향상은 삶의 질의 향상으로 연결된다.

07

잘 놀기 : 몸의 창의성

아이처럼 잘 놀아야 한다. 잘 놀기 위해서는 몸이 이완되어야 하고 움직임이 자유로워야 한다. 온몸으로 놀면서 배우는 것이 책상에 앉아서 배우는 것보다 훨씬 깊다. 직접 체험하여 얻는 것이기에 온몸에 그 체험이 스며든다. 잘 놀면 움직임의 폭이 확장되고 몸의 능력과 사회성이 발달한다. 잘 놀기는 삶을 축제로 만들게 한다. 또한 인간을 밝고 가벼운 기분으로 살 수 있게 한다.

몸에 생생한 기운을 창출하려면 잘 쉬어야 한다. 생성된 기운을 불태우는 강렬함은 신명나게 춤추는 데 있다. 생명은 춤과 쉼의 변증법이다.

몸 공부는 잘 움직이고 잘 노는 것에 관한 것이다. 이는 긴장되고 힘들게 노력하는 것이 아니라 유연하고 편한 움직임을 찾게 하는 것이다. 그것은 인식과 정신적인 유연성과도 연결된다. 이는 그간 극심한 경쟁 사회에서 용을 쓰며 열심히 살아야 한다는 생각과는 다른 방식이다. 아무리 열심히 해도 즐기는 것을 이길 수 없기에 몸에 힘을 풀고 최소의 에너지로 최고의 움직임을 찾는 방식을 제안한다. 한국인은 죽어라 열심히 하는 방식으로 뇌가 고정 패턴을 가지게 되었다. 이제 그 패턴을 수정할 필요

가 있다. 이게 '습'을 바꾸는 것이다. 몸 공
부는 우리의 습을 바꾸게 한다. 습을 바꿀 수
있을 때 인간은 성장할 수 있다.

　최고로 잘 노는 것이 춤추기이다. 몸의 소리를 듣
고 움직이면 그것이 춤이 된다. 심장의 박동 소리
는 춤의 박자가 된다. 춤추는 것은 태양의 강렬
함을 느끼고 대지와 호흡하며 세상을 가슴으로
품는 것이다.

　내 수업을 비롯한 K소매틱의 몸 공부에서는
즐거운 놀이 환경을 만들어준다. 그 어떤 동
작도 억지로 하거나 그대로 따라하게 하지 않
는다. 그저 깨어 있으면서 느끼면서 즐기게 한다. 쉬
기와 놀기, 이것이 다 몸 공부의 핵심이다. 잘 쉬고, 잘 놀고, 잘 느끼는
것은 우리 삶을 윤택하고 아름답고 창조적이게 한다.

　인간이 느끼는 몸의 모든 활동은 자연과 문화 그리고 인간들을 연결하
는 놀이로서 작동한다. 춤의 가장 명료한 특징 중 하나는 그것이 일시적
이라는 것이다. 춤은 그 행위가 끝나는 순간 사라진다. 움직임이나 행동
도 마찬가지다. 사실 우리의 삶도 연습 한번 없이 태어나서 살다가 사라
지는데 지나간 그 순간은 절대 다시 오지 않는다. 이런 점에서 춤은 삶의
본질과 가장 비슷한 예술이다. 그 순간이 지나면 형체도 없이 없어져버리
는 것이 춤이고 삶이다. 그런 허무한 춤을 우리는 왜 출까? 비록 한순간이
지나면 손에 잡히는 것도 없이 공허하지만 그 순간에 바로 영원이 존재한
다. 그 영원의 순간을 우리는 잊지 못하고 그 순간의 감동을 가슴에 영원

히 간직하는 것이다. 인간은 움직임이 없으면 표현이 불가할뿐더러 생명 자체도 불가능하다.

노는 것은 타인과 함께하는 것이다. 그래서 관계를 알게 되고 남을 알게 되는 공감과 소통 능력을 확대시킨다. 때문에 노는 것은 굉장히 중요하다. 타인과의 배려와 소통은 말로 되는 것이 아니라 함께 놀아봐야 알게 되는 것이다. 소매틱스에서는 노는 환경을 제공한다. 자신의 몸과 타인의 몸이 만나서 함께 놀면서 하나하나 관계를 알아가는 것이다. 어린이들이 놀이터에서 노는 모습을 보면 얼마나 생기에 차 있는지 모른다. 이렇게 놀기는 인간의 삶을 윤택하고 아름답고 창조적이게 한다.

수업 내용

성인이 잘 노는 것은 의외로 쉽지 않다. 특히 한국 성인들에게는 별다른 놀이 문화가 없다. '놀기'는 몸의 생기가 살아나는 것이다. 그래서 잘 노는 것은 중요한 일이다. 몸을 재미있게 움직이는 춤은 놀이 중 가장 재미있는 놀이이다. K소매틱에서는 춤을 추겠다는 별 의지가 없음에도 불구하고 몸으로 느끼고 놀았더니 그것이 저절로 춤이 되는 체험을 하게 된다. 노는 방법이 많이 있는데 여기서는 몇 가지만 소개하겠다.

방법

차이 만들기 1
• 단체로 누워서 팔을 허공에 든다.

- 남과 다르게 팔을 움직인다.
- 타인과 묘한 조화를 일으키며 하나의 군무가 된다.
- 이번에는 두 다리를 들어서 남과 다르게 움직인다.
- 이 동작 역시 타인의 동작과 조화가 되어 멋진 군무가 된다.
- 이번에는 팔과 다리를 들어서 타인과 다르게 이리저리로 움직인다.
- 타인들과 멋진 조화를 이루며 군무가 된다.
- 간단한 동작이 멋진 춤이 되는 체험을 하게 된다.

차이 만들기 2

- 네 명씩 한 그룹을 만든다.
- 네 명이 몸의 방향과 높낮이를 다르게 해서 한쪽 구석에서 다른 편 구석까지 간다.
- 이는 매 순간 타인의 동작에 주의를 기울여야 하는 놀이이다.
- 서로 번갈아가면서 간격, 높낮이 등에 변화를 주며 즉흥적으로 움직인다.
- 함께 놀면서 공동체 의식을 강화시켜주는 놀이이다.
- 생각보다 몸을 많이 사용해서 젊은 사람들에게 큰 재미를 느끼는 놀이이다.
- 이렇게 놀면서 타인과의 관계성을 인지한다.
- 서로에게 어떠한 영향을 주고받을 수 있는지 탐구할 수 있다.

거울놀이

- 두 사람씩 짝을 지어서 리더와 팔로워를 정한다.

- 리더는 움직임을 진행하고 팔로워는 거울이 되어 리더의 움직임을 따라한다.
- 팔로워는 거울이므로 리더의 움직임을 반대측면으로 그대로 행한다.
- A는 따라하는 B를 배려해서 B가 할 수 있는 동작을 해야 한다.
- B는 자신을 버리고 A의 동작을 충실히 따라해야 한다.
- 이 게임을 하다 보면 짝들끼리 서로 공감하고 소통하는 것을 체험하게 된다.
- 관계 맺기를 하면서 각 역할을 할 때의 현상에 대한 느낌을 비교해본다.
- 어떠한 역할을 더 쉽게 수행하게 되는지 그 이유는 무엇인지에 대해 논한다.
- 같은 동작을 하면서 파트너의 움직임과 더불어 파트너가 가진 감정적 동감을 하게 되는지도 살펴본다.

짝 쓰러뜨리기
- 두 명씩 짝이 되어 짝을 마주 보고 선다.
- 서로 손바닥을 치며 먼저 넘어지는 사람이 지는 게임이다.
- 재미있게도 몸이 긴장된 사람이 먼저 넘어지고 유연한 사람이 안 넘어진다.
- 이 놀이에서는 유연함이 강함을 이긴다는 것을 확인하게 된다.

효과

　몸의 감각을 살려서 보다 잘 움직이게 한다. 소마 응축이 치유되어 몸이 편안해진다. 짝과 같이 놀면서 소통하게 되어 타인에 대한 배려를 배우게 된다. 몸의 문제와 상태를 섬세하게 알아차리게 한다. 인간관계 문제의 근원을 파악하게 한다. 노는 것의 재미를 알게 해서 스트레스를 해소하게 된다. 궁극에 가서는 스스로 몸의 치유 능력을 고양하고 창의성이 향상된다.

잘 만나고 잘 헤어지기

잘 만나고 잘 헤어진다는 것은 인간사에 있어서 너무도 중요한 일이다. 인간은 혼자서는 생존할 수 없고 타인과의 관계와 생태계와의 맥락 속에서 살아간다. 그 관계라는 것은 만나고 헤어지고 태어나고 죽는 것의 과정이다. 어찌 보면 만날 때보다 헤어질 때 잘하는 것이 더 중요하다.

인간과 인간의 관계는 마주 보고 있을 때와 등을 맞대고 다른 곳을 볼 경우 차이가 대단하다. 물론 둘이 나란히 서서 같은 곳을 볼 때와 서로 마주 볼 때도 차이가 난다. 이렇게 몸과 몸은 관계 맺기에 따라서 그 의미가 완전히 다르게 전개된다. 몸으로 이런 차이를 민감하게 체험하고 만남과 이별에 대해 이해하는 것은 몸 공부 실습에서 아주 중요한 내용이다.

수업 내용

몸으로 관계 맺기는 둘 이상의 몸이 있을 때와, 수직과 수평이 이루어졌을 때 가능하게 된다. 관계 이전에 자신의 몸이 바르고 편해야 한다. 그러려면 우선 몸이 바르게 정렬되어 있어야 하고 골반과 어깨가 대칭을 이루어야 하며 또한 몸이 이완되어 있어야 한다. 이렇게 자신의 몸이 편안해야 남과의 관계를 원활하게 맺을 수 있게 된다. 또한 이러한 기본 상태가 갖추어져 있어야만 다양한 움직임을 가장 효율적으로 실행할 수 있게 되는 것이다.

세상과 잘 만나고 잘 헤어진다는 것은 무엇일까? 인간은 몸으로 세상을 살아가지만 결국 인간이 가는 길은 몸과 헤어져서 자연으로 돌아가는 것이다. 즉 개인의 몸을 초월해서 생태계로 돌아가야 하는 것이 인간의 숙명이다. 이럴 때 몸은 초월적이고 영적인 존재로 진화되고 점점 더 그 이해가 복잡해진다. 잘 만나고 잘 헤어지는 것을 연습하면서 인간이 어떻게 돌아가야 하는지에 대한 준비를 하게 한다. 결국은 헤어지는 인생이지만 그것이 허무한 것이 아니라 사는 동안 지금 여기서 잘 살면 되는 것이다. 인간이 지금 여기에 존재한다는 것은 우주에 뭔가 기여하기 위한 것이다.

방법

등으로 짝과 만나기
- 2인이 한 조가 되어서 가부좌로 앉아 파트너와 등을 맞댄다.
- 몸의 골반(좌골)은 땅에 뿌리를 내리고 머리는 하늘을 향하도록 한다.
- 어깨는 쭉 펴서 가슴에 공간을 갖게 한다.
- 등 감각을 열어 파트너와 자신의 등 특히 견갑골을 느낀다.
- 한 명씩 팔을 움직이며 견갑골의 움직임을 느낀다.
- 파트너의 등에 반영되어 감지되는 자신의 움직임을 느껴본다.
- 혼자만의 공간에서 느끼는 감각과 타인을 통해 느끼는 감각을 비교해

본다.

- 앉아서 충분히 느꼈으면 등을 맞대고 서로에게 기대면서 일어난다.
- 서로의 힘을 느끼며 시행하면 안정적으로 일어나고 앉기를 할 수 있다.
- 일어난 자세에서 등을 맞댄 채 등으로 대화를 하듯 움직여본다.
- 경청하며 서로의 무게를 주고받아본다.
- 무조건 따라가거나 내 움직임을 강요하는 것이 아니라 주고받음으로 멋진 화합의 움직임을 만들어낸다.

전면으로 만나기
- 파트너와 마주 앉는다.

- 눈을 감고 자신이 처한 공간을 느낀다.
- 파트너가 감지되는 영역으로 의식을 확장해본다.
- 의식이 확장되었다고 여겨지면 눈을 뜨고 서로를 바라본다.
- 타인과 직면하면서 느끼는 감각, 감정, 상태를 그대로 받아들인다.
- 자신이 반영되는 지점이 있는지 인식해본다.

공간 감각하기
- 파트너 중 한 명은 눈을 감고 다른 한 명은 리더가 된다.
- 리더가 손으로 팔로워의 움직임을 인도한다.
- 리더는 파트너의 몸을 천천히 인도하여 다양한 공간으로 이동하게 한다.
- 다양한 방향과 높낮이로 인도하면서 공간을 누빈다.
- 한 장소에 멈추고 눈을 감은 파트너는 자신이 위치한 공간의 위치를 짐작해본다.
- 눈을 떴을 때 짐작한 위치가 맞는지 알아본다.
- 눈을 감았을 때와 떴을 때의 공간의 느낌을 비교해본다.

효과

- 자신과 타인과의 관계를 알게 된다.
- 공간 지각 능력이 개발되어 자신이 어디에 처해 있는지를 알게 된다.
- 자신과 땅의 관계를 알게 된다.
- 온몸의 감각으로 타인과 만나는 것을 느낀다.

- 타인의 몸과 헤어짐을 체험한다.
- 가는 사람을 기꺼이 보내는 것이 무엇인지 체험한다.
- 본인에게 등장한 사람을 잘 만나는 것이 무엇인지 체험한다.
- 마음의 상태가 어떻게 몸에 드러나는지 알아차린다.
- 발목, 무릎, 고관절, 척추, 머리의 연결 관계를 파악한다.
- 목, 머리, 팔의 자유로운 움직임과 이를 통한 만남을 느낀다.

09

잘 느끼기

느끼는 것은 살아 있다는 신호이다. 느낌은 신경과 연결되어 있다. 신경(nerve)은 생명체가 환경과 자극을 느끼고 이에 반응하는 기관이다. 신경은 눈에 보이지는 않지만 실체가 있는 몸의 기관이라고 할 수 있다. 신경도 다른 혈관이나 근육 등과 같이 정확한 실체가 있는 조직의 한 형태로 우리 몸에서 대단히 중요한 역할을 하고 있다.

신경을 이해하기 위해선 신경계 전체에 대한 이해가 필요하다. 신경계는 말초감각을 중앙의 뇌로 전달하거나 중앙의 운동 명령을 말초의 근육에 보내어 원하는 운동을 하게 하는 등 생물체의 삶을 의미 있게 만들어주는 대단히 중요한 기능을 담당한다. 물론 중앙의 뇌는 감각과 운동을 연결시켜주는 중요한 역할을 한다. 의미 없는 움직임은 없다. 이렇듯 감각이 되었든 명령이 되었든 위아래로 전달되어야 하는데 이러한 정보를 전달하는 통로가 바로 신경이다.

이러한 기능을 반영이라도 하듯 신경계는 독특한 특성을 갖는다. 감각 정보를 주거나 받는 실체는 신경세포임은 두말할 필요 없는데 이 신경세포가 다른 세포들과는 다른 특이점을 갖는다는 말이다. 짐작할 수 있듯이 뇌를 차지하고 있는 신경세포들은—정보를 주든지 받든지 간에—멀리 정보를 보내야 하기 때문에 긴 돌기를 가지고 있다. 그래서 세포의 길이가 다른 어떤 세포들보다 길다. 가장 큰 세포로 알려져 있는 난자가 기껏해야 0.1밀리미터(다른 보통 세포는 난자의 1/10~1/5 크기)임에도 불구하고 신경세포는 몇십 센티미터에까지 이른다니 그 특이성을 이해할 수 있다.

신경에는 감각신경과 운동신경이 있다. 이 두 신경이 우리 몸 구석구석 미치지 않는 곳이 없도록 차분하게 빈틈없이 배치되어 있다. 척수의 높이에 맞추어 위에서 아래의 순서로 질서정연하게 신경이 분포되어 있다. 흥미로운 것은 감각신경과 운동신경이 거의 비슷하게 분포하면서 주행을 한다는 점이다. 물론 신경의 종착지와 시작 부위는 다르지만 분포 양상은 비슷하다. 감각신경은 피부에서 시작해 올라가지만 운동신경은 그 피부 밑에 바로 위치하고 있는 근육에서 끝나기 때문에 같은 높이의 신경은 그것이 감각신경이 되었든 운동신경이 되었든 같은 경로를 취할 수밖에 없는 것이다. 그래서 실제 신경을 정밀 분석해보면 한 신경 안에는 감각신경 섬유와 운동신경 섬유가 함께 묶여 있다.

뇌신경 혹은 척수신경들은 말초로 퍼지면서 더 많은 가지를 내기 때문에 말초로 갈수록 복잡해진다. 가장 큰 신경은 허벅지, 다리와 발의 감각과 운동을 총괄하는 좌골신경이다. 엉덩이 근육으로 잘 보호되어 있어서 쉽게 접근하기 어렵지만 흔히 세인들이 많이 고생하는 좌골신경통의 주역이고 그 굵기가 거의 어른의 엄지손가락만 하니 얼마나 큰 신경인지 짐작할 수 있다.

소매틱 실기와 소마 힐링 터치(SHT)를 통해서 감각이 무뎌진 신경을 찾아서 감각을 살릴 수 있다. SHT는 죽어버린 감각을 찾아주고 스스로 감각을 활성화할 수 있도록 도와준다. 소매틱 몸 공부에서는 무엇인가를 많이 하는 것보다는 느끼는 것이 중요하다. 그래서 늘 동작은 작게 하고 섬세하게 느낄 수 있게 인도한다. 그리고 스스로 느끼고 알아차리는 것의 중요함을 강조한다. 작고 느린 동작일수록 섬세하게 느끼고 알아차리는 것이 효과적이다. 자신의 몸 상태를 섬세하게 알아차리는 것만으로도 치유의 효과를 얻을 수 있다. 작고 느리고 천천히 동작을 실행하면 둔감해진 몸의 감각을 살리고 인식의 능력을 확대시킨다. 느끼지 못하고 습관적으로 해치우는 동작에는 그 어떤 깨달음도 있을 수 없다.

느끼는 것은 몸의 감각을 살리고 인식의 능력을 확대시키기 때문에 몸 공부에서 굉장히 중요하다. 느끼기 위해서 교사는 환경을 제공할 뿐 그 어느 동작도 따라하게 하지 않는다. 자신의 몸을 느끼고 어느 경우에는 세심하게 관찰하면서 하나하나 자신의 몸을 알게 되는 것이다.

자신의 몸을 느끼기 위해서는 몸 공부를 지속해서 몸의 긴장을 이완해야 한다. 그리고 아름답게 행동하여 스스로 몸을 귀하게 여겨야 한다. 그러면 몸의 폭이 넓어지고 몸의 능력이 개척된다. 몸 공부에서는 호흡 하나도 아주 섬세하게 느끼니까 자신의 몸을 알게 되고 작은 문제는 놀랍게도 곧바로 치유가 되는 체험을 하게 된다. 느끼기의 방법은 다음과 같다. 천택리 자세에서 머리통 골고루→눈, 코, 귀, 입→

목→어깨, 팔꿈치에서 손→양 견갑골→허리 뒤편→둔부→골반→다리 →무릎과 종아리→발목과 뒤꿈치→발의 순서로 감각을 집중해서 지면과 중력 그리고 움직임을 인식한다. 이러한 감각은 치유에도 놀라운 효과가 있다. 또한 자신이 평소에 알 수 없었던 무의식의 세계에도 도달하게 한다.

수업 내용

몸은 1차원이 아닌 3차원으로 복잡한 구조로 이루어져 있다. 그래서 해부를 하지 않는 이상 눈으로 확인할 수 있는 몸은 한정적이다. 따라서 세세히 느끼기 힘든 부분들도 많다. 손으로 뼈 느끼기는 몸 공부에서 하는 방식이다.

지금까지의 수업에서는 자신의 몸을 감지하고 알아채는 것에 초점을 맞추어 몸을 상상하고 감각적으로 느꼈지만 해부학적인 지식이 없는 상태에서 혹은 감지의 경험이 없는 부분들을 감각하는 것은 어렵다.

손으로 뼈 느끼기는 몸 공부에서 하는 방식이다. 이 수업에서는 뼈의 이름을 외우는 게 아니라 뼈대를 손으로 만져 탐색함으로써 몸의 구조를

감각하고 또한 미세한 몸의 감각들을 깨우고 느낀다.

뼈 탐구는 섬세한 손의 감각을 이용하여 진행한다. 이는 몸의 구조를 알아가는 것을 넘어서 감각의 확장을 꾀하며 3차원으로 몸을 알아갈 수 있는 방법이다. 뼈대 즉 골격은 체중을 지지하고 인체의 외형을 만든다. 또한 장기를 보호하는 역할을 하며 골격에 부착되어 있는 근육 움직임을 도와 운동을 만들어낸다. 전신은 205개 골격으로 이루어지며 크게 체간골격과 체지골격으로 나뉜다. 체간골격은 두개골과 척주로 구성되며 체지골격은 상지골과 하지골로 구성된다. 손으로 잘 만져지는 뼈에는 두개골, 척추(26개), 늑골의 일부, 흉골, 쇄골, 견갑골, 상지골, 하지골의 일부가 있다.

방법

- 두 명이 한 조가 되어서 한 명은 주체자 한 명은 시행자가 된다.
- 둘 모두 감각을 열고 함께 주체자의 몸을 탐색하고 느껴야 한다.
- 가부좌로 앉아 척추를 바로 세우게 한다.
- 눈을 감은 상태에서 가벼운 호흡을 취하며 몸을 편안히 한다.
- 시행자는 손을 가볍게 하고 손가락 끝을 이용하여 맥을 짚듯 주체자의 경추를 찾아 경추 7번부터 뼈대에 손을 얹는다. 손끝의 감각으로 주체자의 뼈의 구조와 형태 등을 면밀하게 관찰한다.
- 이때 접촉의 방법은 아주 부드럽게 손끝의 감각을 살려서 느끼며 탐색해야 한다.
- 절대 뼈를 압박하지 않도록 주의한다.

- 경추 7번 바로 옆쪽으로 견갑골이 이어지고 쇄골과 상완과 연결되는 상지골을 탐색할 수 있다. 그 후에 경추로 다시 돌아와 그 아래에 위치한 흉추를 시작으로 척주를 탐색하고 장골까지 이어간다.
- 등 쪽의 뼈대 탐색이 끝나면 내담자를 천천히 눕혀 천택리 자세를 취하도록 도와준다. 그 후 두개골과 흉골 그리고 하지골까지 손으로 느낄 수 있는 뼈대를 탐색하고 내려간다.
- 내담자는 소마 전문가의 손을 통해 느껴지는 자신의 몸에 집중한다. 탐색의 끝에 가서는 기억된 감각으로 몸을 그려보고 다시 느껴본다.

효과

- 몸의 구조를 느낌으로 알 수 있다.
- 뼈의 생김새를 알 수 있고 동작과 연결된 뼈의 기능을 이해할 수 있다.
- 뼈의 움직이는 기능을 알 수 있다.
- 미처 알지 못했던 몸의 미세한 부분을 관찰하고 감지할 수 있다.
- 몸이 이완되고 감각이 확장된다.
- 몸을 좀 더 구체적으로 그려낼 수 있다.
- 미세한 터치를 집중하고 따라가면서 경청의 능력이 향상된다.

10

잘 듣기

청각 능력을 개선하고 일깨우는 공부는 중요하고 인간의 존재 전체와 주변 세계와 관계를 맺는 방식을 새롭게 하는 것이라고 할 수 있다.

인간의 귀가 두 개 있는 것은 다른 시각의 얘기를 잘 들으라는 뜻일 것이다. 귀는 인간이 죽기 전까지 가장 오래 일을 하는 기관이다. 이 귀의 상태에 주의를 기울일 필요가 있다. 귀의 능력을 위해서 하루 약 10분씩만이라도 눈을 감고 일상의 생활을 해보자고 권한다. 이것은 당신의 청각을 다시 일깨우는 연습일 뿐만 아니라, 당신의 존재 전체와 주변 세계와 관계를 맺는 방식을 새롭게 하는 것이다.

그냥 듣는 것, 즉 들리는 것과 잘 듣는 경청은 다른 개념이다. 듣는 것 (hearing)은 귀에서 소리를 인지하는 것이고 경청(listening)은 상대의 의견을 알아듣고 이해하려고 노력하는 것이다. 듣는 것은 자신의 의지와 무관하게 그냥 소리가 들리는 것이다. 귀에 문제가 있지 않는 한 저절로 소리를 듣게 된다. 태어나는 순간부터 인간의 학습 능력은 차이를 구별하는 능력에 기초한다. 지각 능력을 개선함으로써 우리 자신, 환경 및 동료 인간과 관련하여 새로운 가능성의 문이 열린다. 주의 깊게 경청하는 것은 몸 공부에서 권장하는 내용이다.

경청은 적극적인 선택이고 인간에 대한 배려이다. 경청은 소마를 공부하는 사람이 해야 할 중요한 덕목이다. 경청에 가장 큰 장애물은 자신만이 옳다는 독단과 독선이다. 자신도 틀릴 때가 있다는 것을 늘 염두에 두어야 한다. 경청하기 위해서는 자신의 생각을 내려놓고 마음을 비우고 다른 사람의 의견을 이해하기 위해 노력해야 한다. 이런 준비가 돼 있으면 타산지석이라고 길거리의 돌을 봐도 배울 수 있게 된다.

경청은 인간과 더불어 인간의 삶을 가능하게 하는 생태계에도 해당되는 개념이다. 경청을 하려면 자기 중심적 사고에서 벗어나 상대방 중심의 사고가 몸에 배어 있어야 한다. 이렇게 경청이 될 때 소통이 가능하다.

또한 경청은 온몸으로 공감하며 상대의 마음을 읽고 그 감정을 수용하려는 태도(attentiveness)이다. 그래서 말은 기술이고 요령이지만 경청은 상대의 마음을 배려하는 진실성이다. 경청은 저절로 이루어지지 않는다. 자기 수련을 해야 가능하다.

수업 내용

타인과의 좋은 관계를 만들기 위해서 가장 중요한 것이 경청이다. 경청한다는 것은 타인의 말을 공경하는 태도로 듣는 것(敬聽)이고 주의를 기울여 열심히 듣는 것(傾聽)을 말한다. 경청을 잘 하게 되면 타인을 이해하는 폭도 넓어지고 내 생각을 주장하는 것보다 더 많은 것들을 듣게 된다. 또한 관계에 있어서도 서로 상생하여 발전할 수 있는 가능성이 열린다.

백 마디 말보다 듣고 이해해주는 것이 경청의 가장 좋은 방법이다. 몸으로 하는 경청은 그 어떤 말보다도 진실되고 효과적이다. 인간이 존재를 극명하게 드러내는 감각 덩어리인 몸으로 하는 경청은 인간을 존중한다는 자존감을 드높이고 잠재되어 있는 능력을 끌어낸다. 몸으로 경청하면 인간에 대한 이해가 깊어지고 배려와 모심의 정신을 체득할 수 있는 멋지고 놀라운 체험이 될 것이다.

방법

- 파트너와 함께 앉은 자세에서 혹은 선 자세에서 ET처럼 서로의 손끝을 맞댄다.
- 손끝의 인도에 따라서 몸을 움직인다.
- 서로 접촉 지점을 몸의 각 부분으로 이동하며 움직인다.
- 급하게 진행하지 않도록 한다.
- 때로는 자신이 인도하고 때로는 짝이 인도한다.
- 늘 짝의 마음을 경청해 야만 이 움직임이 가능 하다.
- 몸으로 상대방의 생각 을 경청한다.
- 리더와 팔로워의 역할 이 자연스럽게 번갈아 가며 일어난다.
- 내 주장만 하지 않는다.

- 상대방을 충분히 존중하고 따뜻하게 받쳐준다.
- 두 귀를 손으로 막고 2~3분간 있다가 손을 떼고 소리를 들어본다.
- 한쪽 귀를 막고 2~3분간 있다가 손을 떼고 두 귀를 비교해본다.

효과

- 자신이 몰랐던 자신을 짝에 의해서 알게 된다.
- 경청을 통해 자신을 객관적이면서 깊이 있게 알게 된다.
- 경청의 중요성을 알아서 남에 대한 배려심이 고양된다.
- 이완의 정도에 따라 경청의 범위가 달라짐을 경험한다.
- 몸을 통한 기다림의 미학을 알게 된다.
- 경청을 하면 그것이 아름다운 형태의 춤으로 드러난다.
- 귀를 막았을 때 숨소리 맥박 등의 내면의 소리를 듣게 된다.
- 귀를 쉬게 하는 효과가 있어서 귀가 편안해진다.
- 귀를 막은 것을 떼었을 때 소리가 훨씬 잘 들리게 된다.
- 이명에 효과적이다.
- 이 공부는 기존의 의학적 치료를 대체하는 것이 아니다. 만약 여러분이 아프거나 불편하다면, 귀의 건강에 대한 완전한 검사를 받기 위해 의료진이나 청각 전문의와 상담을 해야만 한다.

11

호흡

모든 생명체는 생명을 유지하기 위해서 자동적으로 호흡을 한다. 그 어떤 생명체에서든 호흡은 저절로 일어난다. 호흡은 평상시에는 잘 느끼지 못하지만 문제가 생길 시에 그 불편함이 드러나고 느낌을 알게 된다. 또한 호흡은 의식과 무의식을 오가며 연결하는 방식이기도 하다. 호흡은 내 몸과 어머니 지구, 아버지 태양을 연결하는 구체적인 방식이다. 아무리 호흡을 잘 해도 지구가 공해에 찌들어 있고 온난화가 되고 있으면 인간의 몸은 건강할 수가 없다. 지구라는 환경이 죽어가는데 인간만이 건강하게 잘 살 수는 없는 노릇이다.

모든 생명체는 태어나면서 호흡을 시작했고 생명이 유지되는 한 늘 호흡하고 있다. 들숨에서 외부의 산소를 흡수하고 그 산소는 폐를 통해 혈액에 녹아들어 체내에 전달되면서 각 체세포에 에너지를 전달하는 역할을 한다. 또한 소화기관에서 흡수된 영양소와 함께 순환기관을 통해서 온몸의 세포로 전달된다. 세포에서는 산소와 영양소가 이산화탄소와 물로 분해되며 생명 활동에 필요한 에너지가 발생하는데, 이러한 과정이 바로 호흡이다. 들숨으로 받아들인 공기가 압력의 차이에 의해 폐의 안팎으로 이동하면 들숨과 날숨이 형성된다. 날숨에서는 몸에 축적된 이산화탄소를 몸 밖으로 내보낸다.

자연스럽고 편안한 호흡은 몸의 외부와 내부를 통하게 하는 것, 내부 역시 길을 통하게 하는 것이다. 호흡으로 에너지를 조절할 수 있다. 호흡은 몸에 여러 가지 작용을 하기 때문에 호흡을 어떻게 하느냐는 건강에 중요한 문제이다. 몸 공부를 할 때 제일 먼저 하는 일이 쉬면서 숨 고르기를 하는 것이다. 숨 고르기란 호흡 즉 들숨과 날숨을 조절해서 에너지를 조정하는 것을 말한다. 운동에서 호흡에 관한 간단한 이론은 날숨은 호흡근육의 수축이고 들숨은 호흡근육의 이완이라는 것이다.

호흡은 무의식적이면서 동시에 의식으로 통제될 수 있다. 저절로 이루어지는 호흡은 의식, 감정, 상황에 영향을 받지만 반대로 인간은 의식적으로 호흡을 느끼고 알아차리고 조절하거나 변화시킬 수 있다. 인간은 코와 입을 통해서 폐호흡을 하지만 피부에 있는 약 230만 개의 땀구멍으로 피부호흡도 한다. 피부호흡이란 피부를 통해 외계의 산소를 직접 체내에 넣는 것으로 정도의 차이는 있지만 동물에게는 공통적이다. 땀구멍으로 흡입한 산소가 모세혈관의 혈액과 직접 상호작용을 하게 된다. 이러한 피부호흡은 전체 호흡의 약 0.6퍼센트 정도 차지한다. 호흡은 인간의 몸의 내부와 외부, 몸과 영혼 그리고 인간과 우주를 연결시켜주는 역할을 한다. 호흡에 의해서 몸은 채워졌다 비워지는 것을 반복한다.

소매틱에서 호흡의 방식은 특정하게 그 어떤 방법을 주장하거나 강요하지 않는다. 맞고 틀린 방식이라기보다는 방식마다 제각각 특성이 있을 뿐이다. 의도적이고 의식적으로 특정 호흡을 수행하는 것을 개인과 우주를 연결하는 것이라고 생각하는 수련법도 꽤 있다. 특정한 방식의 호흡이 옳은 것이라고 강요해서 무리하게 호흡을 하다가 생기는 부작용도 제법 있다. 예를 들자면 상기증이 그렇다. 상기증은 무리한 호흡으로 자신의 호흡을 잃고 몸의 리듬이 파괴되면서 호흡이 위로 올라와서 숨 쉬는 것 자체가 힘들어지는 증상이다.

인간의 호흡은 신경계의 상태와 우리의 활동과 감정의 모든 변화를 반영한다. 우리가 호흡하는 방식은 세포의 건강, 인지, 혈압, 자세, 움직임에 영향을 미친다. 때문에 우리가 할 수 있는 일은 더 나은 호흡 습관을 기르는 것이다. 우선 자신의 호흡을 느끼고 그 호흡과 동반되는 신체 부위의 연결을 알아차리는 것이 중요하다. 자신의 호흡이 긴지 짧은지, 흉식 호흡을 하는지 복식 호흡을 하는지, 호흡을 할 때 어디가 얼마큼 같이 움직이는지를 느끼고 알아차리는 것이 핵심적인 몸에 대한 이해이다.

또한 호흡을 아는 것을 통해서 자신의 심리와 몸의 상태를 읽어낼 수 있다. 마음이 급하고 불안하면 호흡이 빨라지고 불안해진다. 이럴 때 호흡을 가다듬으면 마음이 훨씬 편해진다. 마음이 안정되면 호흡도 편안하고 안정적이 된다.

자신의 호흡을 알아낸 다음에는 아주 서서히 조금씩 자신의 리듬을 유지하는 범위에서 호흡을 깊고 길게 확장해본다. 조금씩 살살 느끼면서 하면 무리해서 많이 한 것보다 언제나 효과가 훨씬 더 크다. 호흡이 깊어지고 길어지면 뇌와 폐에 풍부한 산소가 공급되어서 두뇌 활동이 활성화되고 이완에도 큰 효과가 있게 된다.

몸의 다른 측면들도 개선되어 건강과 편안함을 얻을 수 있게 될 것이다. 몸 공부에서는 호흡 하나도 아주 섬세하게 느끼면서 부드럽게 한다. 그러면 자신의 몸의 상태를 알게 된다. 이러한 작은 깨달음은 놀랍게도 곧바로 치유로 연결되어 소마의 문제를 해결한다. 이렇게 몸과 마음은 통섭되어 있다. 호흡이 인간의 상태를 반영하고 또한 호흡은 인간의 움직임에 영향을 준다.

호흡은 신경계를 조절하고 자세를 개선하며 신경학적으로 조화로운 치유 상태에 이르게 하는 방법을 제시한다. 호흡 공부는 호흡과 뇌의 연결을 활성화하고, 다른 호흡 방식을 체험하고, 스스로 더 나은 건강으로 증진하기 위해 자신의 호흡을 사용할 수 있는지를 알게 할 것이다.

수업 내용

K소매틱에서 하는 호흡 수업은 호흡 방식을 개선해서 편안한 호흡을 할 수 있게 하는 기회이다. 호흡과 뇌의 연결을 활성화하고, 다른 호흡 방식을 체험하여 스스로 자신에게 더 편안한 호흡을 찾을 수 있게 인도한다. 호흡은 몸의 내면과 외부가 연결되고 소통하는 생명 활동이다. 즉 외부의 산소가 몸에 들어가고 몸 안의 이산화탄소를 내보내며 생명에 필요한 에너지를 얻는 것이다. 단순하게 보이는 숨을 쉬는 행위가 몸의 경계를 초월하여 내면과 외부를 연결하고 있는 것이다. 호흡은 호흡기를 통해서 몸의 외부의 산소를 내부로 받아들이고 영양소를 분해하여 생명 활동에 필요한 에너지를 얻는 과정이다.

몸 공부에서 권장하는 특별한 호흡법은 없다. 호흡에는 크게 흉식, 복식, 단전 호흡이 있는데 우선 자신이 어떻게 숨을 쉬고 있는지 자신의 호흡 방식을 알아차린다. 그리고 다양한 방식의 호흡법을 실천해본다. 이러한 과정을 통해서 새로운 방식의 호흡도 체험하고 기존의 자신의 호흡 방식을 아는 것으로 끝나지 않고 보다 새로운 차원의 가능성을 깨닫게 된다. 그러면 호흡 기능이 향상되고 이때 몸의 다른 능력 또한 개선된 것을 체험하게 된다.

이 수업의 내용은 내 호흡 알아차리기와 호흡 조절하기이다. 호흡을 인위적으로 무리해서 훈련하면 오히려 상기증 등의 부작용을 가져올 수 있다. 거의 모든 몸 공부는 작고, 부드럽고, 느리며 자연스럽게 진행된다는 것을 다시 기억하기 바란다.

호흡은 생명체의 가장 중요하고 지속적인 근육 활동이다. 호흡을 개선한다면, 건강과 편안함이 증진되고 다른 측면들도 개선될 것이다. 여기서 우리는 호흡을 개선하기 위해 움직일 것이고, 움직임을 개선하기 위해 호흡을 사용할 것이다.

방법

- 혀를 입천장에 살짝 붙이면 턱과 얼굴이 이완된다(일명 오작교).
- 또는 입술을 살짝 붙이고 윗니와 아랫니를 살짝 띄워서 이완한다.
- 자신의 평상시 호흡을 해보고 어떤 방식인지 인지한다.
- 숨을 들이마시고 몸의 어느 부위에 공기가 들어가고 팽창하는지 느낀다.
- 숨을 들이마실 때 공기가 콧구멍, 목구멍을 통해 몸에 들어가는 것을 느낀다.
- 숨을 내쉬고 몸의 어디가 비워지는지 느낀다.
- 호흡을 할 때 몸의 어느 부분에서 어떤 일이 같이 일어나는지 알아차

린다.

- 단전 호흡과 흉식 호흡을 알고 실행해본다.
- 호흡과 연결된 기관들을 인지한다.
- 조금씩 호흡 깊이와 길이를 늘린다.
- 짧은 호흡, 스타카토 호흡을 실행해본다.
- 호흡의 리듬을 알아내고 리듬의 변화를 준다.
- 자신에게 맞는 자연스러운 호흡을 인지한다.
- 폐활량이 많아지게 심호흡을 느리게 한다.
- 입술을 살짝 벌려서 입의 긴장을 풀고 호흡을 한다.
- 코로 들이마시고 입술 사이로 내쉬는 호흡을 실행한다.
- 날숨을 통한 호흡 개선을 느낀다.
- 더 나은 호흡을 위한 옵션을 탐색한다.
- 내외부에서 호흡을 확장한다.

효과

호흡 공부를 하면 다음과 같은 효과를 보게 된다. 마음을 빠르게 진정시키고 스트레스를 완화하고 몸을 편안하게 하며 긴장을 줄이고 집중력을 향상시킨다. 마음 챙김의 최상의 효과를 보게 되고 차분하고 고요한 상태를 유지하는 데 도움이 된다. 또한 기가 활성화되어 소화가 잘 되고 세포 및 면역계 건강이 개선된다. 혈압이 저하되고 자세와 움직임이 부드러워진다. 폐활량이 많아지고 배출도 효과적으로 이루어진다. 자연스러운 호흡이 되어 호흡이 편안해지게 된다. 목이 편안해져서 목소리가 맑아지고 마음이 치유되고 편안해진다. 복부의 감각을 찾아서 복부가 활성화되고 가슴이 넓어져서 내장기관들이 자리를 잡고 편안해진다. 신진대사가 활발해지고 소화 기능이 좋아진다. 입 주변의 긴장감을 이완할 수 있게 되고 호흡이 향상되면서 몸이 편안해지고 행복해진다. 본 호흡 공부는 몸으로만 끝나지 않고 전반적인 삶이 향상된다.

이렇듯 우리가 한 호흡 공부는 호흡하는 방식의 개선뿐만이 아니라 호흡과 뇌 연결을 활성화하여 더 나은 삶을 위해 중요하다는 것을 알게 될 것이다.

12

얼굴 명상

얼굴은 몸의 모든 것을 대표해서 드러내는 대표 간판이다. 하지만 내 얼굴은 내가 볼 수 없다. 내가 아닌 남들만 내 얼굴을 볼 수 있다. 내 얼굴을 보려면 거울이라는 보조 기구를 이용해야 한다. 어쩌면 얼굴은 나를 위한 것이 아니라 남을 위한 것 같기도 하다.

얼굴에 그 사람의 모든 것이 드러난다. 물론 가식을 잘 해서 드러내는 것을 조정할 수도 있다. 하지만 무의식적이거나 조정할 수 없는 순간에는 반드시 그 내면이 드러나게 마련이다. 얼굴 명상을 해서 마음을 수련하면 마음을 비우고 새로운 생각을 하는 데 커다란 효과를 얻을 수 있다. 얼굴 명상에서 가장 중요한 것이 얼굴의 긴장을 이완하는 것이다. 입, 눈, 귀, 콧구멍 그리고 턱을 이완하여 편안하게 해주는 것이 아주 좋은 얼굴 명상의 방법이라 할 수 있다.

입은 몸의 문으로 말하고 먹고 숨을 쉬며 생명을 영위하게 한다. 몸 안의 이산화탄소를 내보내고 밖의 맑은 공기를 들이마시는 것은 생명을 위한 핵심 행동이다. 입은 이렇게 생명을 위한 핵심 활동뿐만 아니라 창조적 활동을 할 수 있다. 거의 모든 언어에 존재하는 모음, 언어라고 할 수도 없는 언어인 모음²은 명상할 때 아주 효과적이다. 머리와 몸 전체의 뼈의 진동을 활성화하기 위해 모음 아, 에, 이, 오, 우를 소리 내본다. 그 소리가 어디서 나오는지 그 높낮이와 길이는 어떤지에 몰입해서 소리를 내본다. 두 명 이상이 그 소리를 함께 내며 자신의 소리와 같이 어우러지는 소리의 합창을 듣는다. 모음의 높낮이, 길이를 자유롭게 조정하며 소리를 내다 보면 모든 잡념이 없어지는 것을 느낄 것이다.

현대인은 컴퓨터나 스마트폰을 지나치게 사용하고 잘 때 외에는 장시간 일을 하기 때문에 눈이 피곤하다. 눈도 잘 쉬어줘야 한다. 적당한 시간에 눈을 감는 것은 그래서 중요하다. 눈이 피로하면 단기적으로는 눈 주위의 통증, 흐려짐, 두통 등의 증상이 나타나고 심지어 시력이 급격하게 나빠질 수 있다. 눈의 피로는 보통 눈을 잘 쉬게 하면 완화된다. 눈 운동의 일환으로 눈을 한 쪽씩 감거나 아니면 눈을 감고 눈알을 이리저리 움직이는 것도 좋은 방법이라 할 수 있다.

눈은 마음의 거울이다. 눈을 보면 그 사람의 마음을 읽을 수 있다. 욕심이 들어가 부릅뜬 눈도 반대로 헤 풀린 눈도 다 좋아 보이지 않는다. 눈이 왜 얼굴의 앞에 있을까? 인간은 전진하는 존재이니 앞 전체를 잘 보고 앞으로 나아가라는 뜻일 것이다.

눈을 감는다는 것은 무엇일까. 왜 명상을 할 때 주로 눈을 감을까. 세상을 보는 것을 쉬는 것일까 아니면 눈 뜨고 못 보는 또 다른 차원을 보는 것일까. 명상을 할 때 눈을 감으면 우선을 멍 때리기에 좋고 내면에 집중

---

2   모음(母音, Vowel, 홀소리)은 홀로 소리를 낼 수 있고 한 음절을 발음하고 기록하는 데 있어서 뿌리와 같은 존재이다.

하기에도 좋다. 또한 눈을 감으면 눈 떴을 때 볼 수 없는 빛과 구성이 보인다. 그것은 추상작품 같기도 하고 우주의 빛 같기도 한 것으로 눈을 떴을 때는 볼 수 있는 것과는 다른 차원의 어떤 것이다. 또 어떤 사람들은 눈을 감으면 자신의 가장 아팠던 상처가 보인다고 한다. 그러니 눈을 감는다는 것은 눈을 쉬게 하는 기능 이상의 차원이 있다고 할 수 있다.

사람이 죽었을 때 '영면(永眠)하소서'라고 한다. 영원히 잠들다라는 뜻이다. 어쨌거나 마음을 가라앉히고 내면의 세계로 들어가 명상을 할 때 눈을 감는 것은 유용하다. 가장 어두울 때가 동이 트기 직전이고 어두울수록 작은 빛도 강하게 빛난다. 눈을 감은 상태는 분명 또 다른 세계로 우리를 인도하는 의식 행위이다.

귀는 인생의 전 과정에서 제일 오랫동안 고생을 많이 하는 기관이다. 우리가 잘 때도 귀는 쉬지 않고 일을 계속한다. 귀를 쉬게 하는 일은 중요하다. 우선 두 손으로 양쪽 귀를 막아보자. 그러면 어떤가? 외부의 소리를 차단하니 내 내면의 심장 소리 호흡 소리 등 결코 조용하지 않은 소리들이 들릴 것이다. 즉 보통 때 듣지 못했던 다른 차원의 소리를 들을 수 있다. 그리고 막았던 귀에서 손을 떼어 평상시로 돌려보자. 조용한 소리도 놀라울 정도로 명료하고 크게 들리게 된다. 어두울수록 작은 빛이 강렬하듯이 귀를 막았다 풀어주면 귀가 잘 들리게 된다. 이 역시도 우리에게 많은 생각을 하게 한다.

귀는 왜 반대 방향으로 두 개가 있을까? 이쪽저쪽의 다른 이야기를 편향되지 않고 고루 잘 들으라는 뜻일 것이다. 인간은 오른쪽 왼쪽에 치우침 없이 양쪽의 얘기를 잘 듣고 균형을 잡아 양 날개를 휘저어야 비상할 수 있다.

눈을 가린 채로 하루에 20분 정도 집 안에서 규칙적인 활동을 해보자고 제안한다. 눈을 감는 것은 청각을 일깨우는 좋은 방법일 뿐만 아니라, 존재와 주변 세계와 관계를 맺는 방식을 새롭게 인식하는 것이다. 눈과 귀를 이제까지와는 다른 방법으로 사용하여 주변 환경과 새로운 방식으로 관계 맺기를 하는 것은 좋은 몸 공부이자 얼굴 명상이 될 수 있다.

코는 얼굴 가운데에 자리하여 호흡과 냄새 맡는 기능을 담당한다. 코는 외부의 공기가 몸에 들어가고 나오는 통로이며, 공기 속의 먼지와 세균을 걸러주고 공기의 습도를 조절한다. 코가 막혀서 숨을 못 쉬면 생명에 바로 지장이 생긴다. 또한 코에는 후각신경이 있다. 그러니 코 역시도 인간의 생명을 유지하는 데 지대한 역할을 하는 것이다. 코의 기능이 약화되면 재채기, 맑은 콧물, 코막힘, 가려움증 등의 문제가 생기거나 냄새를 못 맡게 된다.

코의 기능을 향상시키는 방법은 무엇일까? 윗입술이 아래로 늘어지면서 좁아지는 경우가 있는데 호흡을 개선하기 위해서는 윗입술을 올리는 법을 공부해야 한다. 한쪽 코를 막고 숨을 쉬고 반대로도 해본다. 막았다가 풀어주면 공기의 드나듦을 명료하게 느끼게 된다. 숨쉬기 위한 윗입술과 코 사이의 거리는 줄이는 것이 호흡에 좋다.

얼굴 중에서도 턱에 긴장이 있는 사람들이 많다. 턱의 긴장을 없애고 이완하면 금방 얼굴 전체의 이완과 마음의 편안을 찾을 수 있다. 우선 입술을 가볍게 살짝 붙이고 윗니와 아랫니를 살짝 벌린다. 또는 혀를 입천장에 살짝 대면 입술도 이완되어 살짝 벌어지고 턱도 확실하게 이완된다. 턱은 양쪽 귀 밑의 상악골과 하악골을 연결하는 관절, 근육, 인대 등으로 달랑달랑 연결되어 있는데 입술이 턱을 받쳐주는 역할을 하는 것이다. 태극권 하시는 분들은 이렇게 혀가 입천장 위에 닿아 있는 것을 오작교라고 칭하고 있다. 이는 위와 아래를 연결하고 있다는 뜻일 것이다. 턱은 그 안에 공간을 크게 만드는 것이 중요해서 연결이 부드럽게 되어 있다. 그런데 이 턱에 힘이 들어가면 몸이 힘들어진다. 턱 움직임은 마음 챙김, 동작 명상, 혹은 턱 기능과 뇌 기능의 전반적인 개선을 위한 훌륭한 공부이다.

이 모든 얼굴 수련이 명상이 되고 감각 살림이 된다.

방법

- 입과 혀의 움직임을 느껴본다.
- 모음(아, 에, 이, 오, 우) 소리를 내본다.
- 모음 각각이 갖고 있는 의미를 생각해본다.
- 함께 모음으로 소리를 내면서 합쳐지는 소리를 즐긴다.
- 눈을 감고 어떤 현상이 발생하는지 느낀다.
- 눈을 감고 무엇을 봤는지 알아본다.

- 눈을 감고 눈알을 오른쪽, 왼쪽, 위, 아래로 움직여보고 돌려본다.
- 한쪽 눈만 감고 뜬 눈을 여러 방향으로 움직인다.
- 두 손바닥으로 귀를 감싸듯이 막는다.
- 막은 것을 떼었을 때 소리가 어떻게 들리는지 알아본다.
- 손가락으로 귓구멍을 막는다.
- 이때 몸 내부의 어떤 소리가 들렸는지 확인한다.
- 한쪽 귀만 막고 소리를 듣는다.
- 귀를 막을 때 눈을 감아도 보고 떠보기도 하면서 비교해본다.
- 한쪽 코를 막고 잠시 있다가 떼면 코가 어떤지 느낀다.
- 두 콧구멍을 막았을 때 호흡이 어떻게 되는지 느낀다.
- 턱의 편안함을 위해 턱을 이완하는 방법을 찾는다.
- 입술을 대고 그 안에 윗니와 아랫니 사이를 살짝 벌린다.
- 혀를 입천장에 살짝 갖다 대고 턱과 입의 이완을 확인한다.
- 혀를 입안에서 이리저리 돌리면서 움직인다.

효과

얼굴 명상 수업은 입, 눈, 귀, 턱 근육의 만성적인 긴장의 이완을 하게 한다. 이를 통해서 긴장을 유발하는 습관을 알아차리고 그것을 이완하는 방식을 찾게 된다. 얼굴에 이완을 회복하여 활력 있고 표현력 있는 아름다운 표정을 찾을 수 있게 된다. 이는 얼굴만으로 끝나는 것이 아니라 자신에 대한 자존감의 회복으로 연결되어 세상을 보다 긍정적으로 대하고 건강함을 찾게 한다.

얼굴 명상은 청각, 균형, 그리고 감정을 맑게 하는 데 도움이 된다. 이 얼굴 공부는 몸의 균형 감각을 향상시키고, 머리와 어깨의 긴장을 완화시키며, 귀를 맑게 한다. 자신이 무의식적인 순간이나 잠자는 동안 턱을 악물거나 이를 갈다가 아픈 느낌이 있었다면 본 공부가 그 고통에서 여러분을 해방시켜줄 것이다. K소매틱에서는 글로 일일이 설명할 수 없는 다양한 얼굴 명상 프로그램을 개발하였다. 지속적으로 얼굴 명상을 즐기고 몸 공부를 하시기를 권한다.

13

춤 명상

명상의 개념은 명확하지 않고 학자들이 합의를 본 바도 없으며 정답도 없다. 여기서는 명상을 해본 나의 체험에 기반한 생각과 기존의 명상에 대한 연구를 정리해서 논의하고자 한다.

명상이란 몸으로 하는 마음의 공부이다. 인간은 일상적인 문맥을 깨트리고 날고 싶을 때 춤을 춘다. 나는 이화여대에 교양과목으로 '춤 명상' 수업을 개설해서 거의 10년간 가르쳤다. 지금은 개설 의도를 잘 파악하고 있는 강사가 강의하고 있다. 인간이 자신을 아는 것은 쉽지 않다. 현대인들은 몸과 마음이 긴장되어 있고 불안하다. 또한 거의 다들 고독해한다. 인간이라 자유롭게 날고 싶은 영혼 때문에 고독한 것이다. 동물은 고독을 느끼지 못한다. 고독은 인간의 특성일 뿐이라고 말한다. 고독하고 긴장된 삶을 살고 있는 현대인에게 명상이 대두되고 있다. 명상은 자신의 정신과 영혼을 씻는 의식이다. 그래야 먼지를 걷어내고 깨끗한 거울로 세상을 볼 수 있다. 자아를 상실하고 살고 있는 바쁜 현대인에게 명상은 온전히 자신을 대면하고 찾게 하는 일이다. 자신을 위해 잠시라도 시간을 내서 내 몸이 어떤지 느낄 필요가 있다.

불교에서는 명상이 자신의 삶을 알 수 있게 하는 지혜를 제공해준다고 한다. 명상이란 자신을 온전히 알아가는 과정, 즉 나의 '내면적인(inside)' 모습과 '외부적인(outside)' 것에 대해 내가 반응하는 방식 모두를 알아가는 과정이다. 무엇보다도 명상을 문자 그대로 해석하면 '나 자신을 즐긴다'는 뜻이다. '명상(meditation)'이란 단어는 응시와 집중에서 헌신과 찬송에 이르기까지 마음을 사용하는 수많은 방법들을 기술할 때 두루 쓰인다. 단어 자체는 '치유한다'라는 의미의 '메데리(mederi)'라는 라틴어에서 파생된 듯하다.

명상(瞑想·冥想, meditation)은 고요히 눈을 감고 차분한 마음으로 깊이 생각하는 것이다. 명상은 일체의 '잡생각'을 하지 않는 것으로 종종 마음을 깨끗이 하고, 스트레스를 줄이며, 휴식을 촉진시키거나, 마음을 훈련시키는 데 사용된다.[3] 명상은 자신의 참된 자아를 깨닫기 위해서 마음을 집중시키는 일을 가리킨다. 명상의 조건은 이완, 평화, 편안이다. 명상은 정신을 집중시켜서 맑게 하는 행위이다.

명상에는 여러 가지 종류가 있는데, 모든 것이 우리가 수련을 하는 데 도움을 준다. 명상을 하는 것은 우리가 성장하고 현실에 스며들어 현재를 사는 데 도움을 줄 것이다. 춤 명상은 춤과 명상이 하나 되어 하는 해탈과 자유의 추구이다. 명상은 정서와 영혼이 담긴 몸을 수련하는 방법이다. 명상은 모든 것을 내려놓은 것이다. 생각도 주장도 없는 자연 그대로의 상태이다. 바쁜 현대인들이 명상을 하는 이유는 자신을 알고 마음의 평온

---

3   Jarow, Oshan, "Meditation is more than either stress relief or enlightenment", 2023.8.22.
    위키백과(https://ko.wikipedia.org/wiki/명상)에서 재인용.

을 얻고 싶고 수련을 하고 싶어서이다. 명상은 비움이다. 생각에서 벗어나서 몸과 마음이 다 가만히 아무것도 안 하는 것이다. 그래서 무한한 가능성을 만드는 것이다. 그냥 내가 비로소 내가 되는 것이다. 그래서 명상은 쉼에 가깝고 잘 쉬면 명상의 경지에 이르게 된다.

명상은 소마를 초기화시켜서 맑은 눈으로 세상을 보게 한다. 초기화는 무엇인가 문제가 꼬여서 도저히 해결이 안 될 때 잠시 스위치를 끄는 방법이다. 일단 스위치를 껐다 다시 켜서 처음부터 시작하는 것이다. 명상은 몸을 비우고 마음을 내려놓는 것이고, 고집을 버리는 것이다. 현대사회에서 명상은 우선은 지나친 경쟁 속에서 긴장된 소마를 이완하게 하고 쉬게 하는 데 목적이 있다. 하지만 누가 뭐래도 명상의 가장 중요한 목적은 성찰과 깨달음을 얻는 데 있다. 그렇다면 깨달음이란 무엇일까? "깨달음이란 모든 속박에서 벗어나 한없이 자유로운 존재로 환원되는 것이다."[4] 그러기 위해서는 먼저 자기부정이 있어야 한다. 또한 명상은 고도의 중용이다.[5]

명상은 집중하거나 몰두하는 것이 아니고 아무 생각 없이 내려놓고 떠나는 것이다. 명상은 정신과 영혼이 스며들어 있는 몸으로 하는 것이다. 마음을 내려놓고 하는 명상이 춤이 되기 위해서는 다음과 같은 것이 필요하다.

우선은 인간의 모든 동작이 춤이 될 수 있다는 생각을 한다. 평소의 명상 동작에 속도와 높낮이의 변화를 준다. 자세를 바꿔서 새로운 동작으로

---

4   김승호, 『명상인문학』, 다산초당, 2017, 85쪽.
5   위의 책, 7쪽.

명상을 한다. 척추를 끌어올려서 그 느낌을 느껴본다. 그러면 모든 명상의 동작들이 춤이 되는 체험을 하게 된다.

명상을 잘 하면 몸이 개벽되어 새 세포가 생성되어서 새 삶을 살게 된다. 명상에서 하는 동작들은 다 진정한 진품 동작(Authentic Movement, AM)이다. AM은 매리 화이트하우스(Mary Starks Whitehouse)에 의해 시작되었고 재닛 애들러(Janet Adler)와 존 코도로(Joan Chodorow)에 의해 개발된 것으로, 극장 무용처럼 그 어떤 형식을 추구하지 않고 동작의 진실성을 추구하는 것으로 주로 소매틱 무용이나 치유 무용에 해당되는 개념이다.

명상의 방법 역시 정답이 없다. 가만히 눈감고 앉아만 있는 것이 명상적 삶은 아니다. 잘 자고, 잘 먹고, 잘 움직이는 것이 진정한 명상적 삶이다. 잘 움직이는 것은 애들러가 제안한 진품 동작이면 된다. 그럼 어떤 동작이 진품 동작인가? 이에 대한 답도 없다. 누구든 자신에게 적절한 동작 체험을 통해 찾아가는 과정일 뿐이다.

누구에게나 과정만 있을 뿐 끝이 없다. 명상에서 깨달은 것은 명상 공간에서 끝나지 않고 구체적인 삶으로 세상으로 확장된다. 이것이 명상의 힘이다.

수업 내용

인간의 성장은 개인의 고유한 몸을 이해하고 움직이면서 가능하다. 사실 인간이 몸을 떠나서 가능한 일은 단

하나도 없다. 춤 명상 수업은 몸으로 마음의 공부와 더불어 영성까지 고양하는 새로운 영역의 교육이자 성장의 길이고 또한 치유법이다. 이는 또한 지성, 감성, 영성이 깃들어 있는 몸의 움직임을 창조적으로 표현하여 인간의 전인적 성장을 도모하는 길이기도 하다.

이 수업은 몸의 움직임을 통해서 명상을 하고 자신과 세상을 깨우치게 하는 교육과정이다. 또한 춤 명상을 통해 인간과의 소통과 공감 능력을 터득하여 창의력 향상뿐만이 아니라 인간에 대한 배려를 할 수 있는 인성 교육까지 도모하는 것이 목적이다. 이를 위해서 몸(soma)에 대한 이해, 몸과 마음의 치유 메커니즘의 이해, 생명의 소중함에 대한 이해가 필요하다. 또한 몸과 우주 만물은 모두 변한다는 사실을 이해하고, 몸으로 하는 소통을 터득하게 한다.

몸/마음/영혼의 성장을 추구하기 위해서 인간은 춤을 추고 마음의 소통을 한다. 이를 우리는 명상이라 일컫는다. 춤이 명상이 될 때 이와 같은 깨달음이 가능할 것이다. 춤 명상은 영성을 고양시켜서 인간이 지구와 생명에 대한 보다 근원적인 성찰을 할 수 있도록 인도하기 위한 것이다.

방법

- 편안하게 앉은 자세에서 척추를 바르게 한다.
- 눈을 감은 상태에서 자신의 호흡을 인지한다.
- 얼굴의 중심인 코에 집중해본다.
- 코와 목으로 공기가 들어가는 것을 느낀다.
- 공기가 들어가는 것을 몸 내부의 어디까지 느끼는지 확인한다.

- 코끝으로 공기를 느껴본다.
- 편한 음을 내며 명상을 한다.
- 코로 공간에 입체적인 그림을 그리듯 움직인다.
- 호흡과 연결되어 작동하는 신체의 다른 부분의 움직임에 집중한다.
- 연결되는 다른 신체 부위(어깨, 배, 갈비뼈)의 움직임을 느낀다.
- 움직이는 부분이 어떻게 움직이는지 섬세하게 느낀다.
- 서서히 눈을 뜨고 움직임의 몸의 범위를 확장시킨다.
- 벽을 보고 명상한다.
- 사람을 보고 명상한다.
- 서서 명상한다.
- 걸으면서 명상한다.
- 움직임의 범위도 확장시키며 자신의 공간 또한 확장시켜나간다.
- 타인과의 공간과 겹치거나 멀리 떨어지며 느껴지는 바를 체험한다.

효과

　명상은 우주의 동물 중에서 오로지 인간만이 하는 것이다. 명상을 하면 다음과 같은 효과를 얻을 수 있다. 명상은 인간에게 침착함, 평화, 균형감을 주어서 행복과 건강에 도움을 준다. 인간은 자신에게 집중함으로써 휴식을 취하고 스트레스에 대처하는 방법을 알게 된다. 명상은 인간이 우주의 한 일원으로서의 위치를 알고 내적인 평화를 찾는 법을 배우도록 한다. 명상은 내 몸이 바르게 되어 몸과 마음이 평온해지는 효과가 있다. 몸과 마음이 치유되어 편안해지고 몸, 마음, 영성의 통합으로 하는 자기수

런이 된다. 또한 타인과의 소통과 공감 능력이 향상되고 타인을 배려하는 인성을 배양시킨다. 지성, 영성, 감성이 어우러진 창의력이 발현된다.

명상은 주의력과 기억력을 강화하고, 다른 정신적인 능력을 향상시킬 수 있게 된다. 최근 뇌 과학 연구에서는 명상이 신경회로를 바꿀 수 있고 뇌 구조의 변화를 가져온다는 것을 밝혔다.[6]

세속적인 욕심이 없어지고 아무것 없이도 행복할 수 있는 길이 몸에 있다는 것을 깨닫는다. 명상은 점점 더 현대인에게 관심을 받고 있다. 낮잠, 명상, 자연 산책 등 휴식이 어떻게 생산성을 높이고, 주의력을 보충하며, 기억을 강화하고 창의성을 장려하는지 명상 체험으로 알 수 있다. 명상은 생기를 창출하게 하고 소마를 편하고 맑게 하는 길이다. 자신의 감정을 알아내고 면역 체계를 강화하기도 좋다.

6   Ferris Jabr, "Beyond Symptoms", *Scientific American*, vol 308, no.5, 2013, JSTOR.

일상의 평범한 깨달음을 위하여

내가 강조하는 것은 몸 공부는 이론이 아니라 실천이고 몸 공부에서의 깨달음은 대단한 경지라기보다는 일상에서의 '평범한 깨달음'이라는 것이다. 평범한 깨달음이라고 하는 것은 늘 인간의 몸과 일상의 공간이 연결되어 있기 때문이다.

여기서 몸은 실제적인 몸 내부의 공간과 확장된 세상과의 공간 모두를 말한다. 몸 내부의 공간을 충분히 확보하기 위해서 우리는 몸 공부를 한다. 몸에 공간이 확보되어야 몸에 기운과 체액 그리고 정서가 통하게 되고 새로운 세포가 생성된다. 이 확보된 내부의 공간은 외부의 공간과 상호 침투하고 교류하며 확장된다. 이때 외부의 공간은 실제적인 공간이기도 하지만 전 우주로 확장되는 상상의 공간이기도 하다. 구체적으로 우주의 에너지가 산소와 햇볕으로 몸에 들어가서 몸을 한 바퀴 돌아 업무를 마치면 이산화탄소로 배출된다. 몸이 확장되어 땅으로 돌아가는 것이 죽음이다. 그러니 우주의 시각에서 보면 죽음은 다른 차원의 삶이다.

평범한 깨달음이 어떻게 몸 공부와 연결될 수 있을까. 몸에 대한 이해가 생기면 사실 몸 공부는 일상에서 언제 어디서나 스스로 할 수 있다. 일상에서의 평범한 깨달음이 진정한 깨달음이고 삶에 구체적인 영향을 줄 수 있는 것이다.

요즘 몸과 건강에 대한 다양한 방법들이 난무하다 보니 몸을 잘 모르는 분들은 사실 많이 헷갈릴 것이다. 사이비에 빠지지 않는 길은 짧은 순간에 대단한 변화를 바라지 않는 것이다. 움직이지 않고 변화를 바라는 것도 안 될 일이다. 그리고 움직임과 더불어 섭생도 중요하고 또한 호흡 즉 산소를 내 몸에 모시는 것도 아주 중요하다. 그리고 또 중요한 것이 건강 강박증에 빠지지 않는 것이다. 너무 건강, 건강 하는 사람이 일찍 죽는 경우를 주변에서 종종 본다. 술, 담배도 안 하고 좋은 음식만 골라 먹고 매일 열심히 걷던 사람이 암에 걸려 젊은 나이에 돌아가시는 것도 봤다. 너무 과하지 않게 자신의 일상에서 편안한 실천이 중요할 것이다.

무리하지 않고 일상에서 자연스러운 내용을 자연스럽게 터득하기에 몸 공부가 가치가 있는 것이다. 소매틱 실천은 동양적 유산으로 근대화 이전까지 내려온 관습이다. 이는 몸 수련의 중요성을 강조한다. 몸 공부와 소마 정보에 입각한 무용은 늘 새로운 길을 제시한다. 인류의 진화는 몸성의 성장과 미적인 감수성의 향상으로 인간이 더 아름다워지는 것을 말한다. 이 몸성은 자연과의 얽힘과 공명 등 생태계와의 상호의존성에 의해 발현되는 것이다. 지금과 같은 환경 위기 상황에서는 이에 대응하는 새로운 형태의 실천 방법과 살아 있는 생명체인 몸 정보에 입각한 새로운 통찰력이 필요하다.

발레가 인류에게 가져다준 가장 귀한 선물이 몸을 쓰는 방식인 끌어올림(pull-up)이다. 이는 몸에 공간을 확보하게 해주고 몸을 바르게 해주고 또한 가볍게 해준다. 게다가 무릎 관절에 하중에 덜 가게 한다. 이런 건강법은 내가 발레 교수이기에 터득한 것일 것이다. 독자께서 지금 이 순간도 몸을 끌어올려서 몸에 공간을 확보해주기 바란다. 얼마나 몸이 가벼워지고 기분이 좋아지는지 모른다.

정리하자면 몸은 탐구의 장이고 사랑의 장이고 삶의 장이다. 몸에는 희로애락이 다 들어 있고, 생명체이기에 누구나 크고작은 병을 달고 산다. 몸은 생명이고 생태이다. 몸에 대한 이해는 인간 사회와 자연 생태를 떠나서는 힘들다. 인간이 자연의 지배자라는 생각은 오늘날 인간의 형제자매인 동물들을 무한 포식해서 지구 생태계를 교란시키고 기후위기를 초래했다. 그렇다고 이 지구에 인간이 존재하지 않는다면 삼라만상과 모든 생명체가 무슨 의미가 있을까? 이제 우리는 이 생태계에서 어떻게 이웃 생명체들과 같이 살 것인가를 모색해야 할 때이다. 이런 시점에서 몸에 대한 생태적이고 실천적 시각은 인간의 삶과 우주의 문제를 다시 보게 할 것이다.

이제 몸 공부를 해서 신비와 미지의 세계인 몸을 하나하나 알아가면서 몸과 마음의 성장을 도모하고 보다 멋진 인격, 몸격을 가진 삶을 사시기 바란다. 몸의 세계에 들어오신 독자님들을 환영한다. 우리 몸의 공동체를 만들어 지금 여기를 건강하고 멋지게 함께 살기 바란다.

강현숙, 「무용작품 〈이어지다〉의 창작과정 연구 : '고유수용감각'을 중심으로」, 이화여자
　　대학교 대학원 석사학위 논문, 2016.

곤도 마리에, 『정리의 기술』, 홍성민 역, 웅진지식하우스, 2023.

김정명, 「토마스 하나의 소마이론 : 체험양식의 변조를 중심으로」, 『무용역사기록학회』,
　　제36호, 2015,

김정명, 『예술지성 – 소마의 논리』, 명지대학교 출판부, 2016.

김진미·김경미, 「감각통합치료에서 고유수용성 감각 활동에 대한 고찰」, 『대한감각통
　　합치료학회지』 제5권 제1호, 2007, 53쪽.

노자, 『도덕경』, 야스토미 아유미 편, 김현영 역, 삼호미디어, 2020

리사 펠드먼 배럿, 『이토록 뜻밖의 뇌과학』, 변지영 역, 더퀘스트, 2022

박혜연·조기숙, 「소매틱(Somatics) 기반 움직임 교육원리 탐색 및 프로그램 개발」, 『무
　　용역사기록학회』 제42호, 2016.

사이토 다카시, 『곁에 두고 읽는 니체』, 이정은 역, 홍익출판사, 2015.

양현무·허경석·김희진, 「삼차 – 얼굴신경연결과 얼굴표정근육 운동의 해부학 및 기
　　능적 고찰」, 『 대한체질인류학회지』 제26권 제1호, 2013.

우치다 타츠루, 『소통하는 신체』, 오오쿠사 마나루·현병호 역, 민들레출판사, 2019.

정화열, 『몸의 정치』, 민음사, 1999.

조기숙, 「주체적인 몸 살아 있는 춤 – 몸학(Somatics)에 기반한 안무방식에 관한 탐구」,
　　『대한무용학회논문집』 제61호, 2009, 262쪽.

――――, 「무용에서 '실기에 기반을 둔 연구'에 관한 고찰 – 개념과 과정을 중심으로」, 『한
　　국무용기록학회』 제31권, 2013, 232~240쪽.

――――, 『날고 싶은 인간의 욕망, 발레』, 이화여자대학교 출판문화원, 2017.

최현석, 『인간의 모든 감각』, 서해문집, 2009.

토마 피케티, 『21세기 자본』, 장경덕 외 역, 글항아리, 2014.

프리드리히 니체, 『차라투스트라는 이렇게 말했다』, 장희창 역, 민음사, 2004.

Hanna, J., *Dance, Sex, and Gender: Signs of Identity, Dominance, Defiance, and Desire*, University of Chicago Press, Ltd, London, 1988.

Hanna, T., "The field of somatics". *Somatics*, 1(1), 1976.

————, "What is somatics?: Part 1", *Somatics: Magazine- Journal of the Bodily Arts and Sciences*, Volume V(4), 1986, pp.4~8.

Jabr, Ferris, "Beyond Symptoms", *Scientific American*, vol 308, no.5, 2013, p.17, JSTOR.

Lansdale, Adshead-Janet, *Dancing Texts: Intertextuality in Interpretation*, Dance Books, 1999.

Merleau-Ponty, M., *Phenomenology of perception*, London: Routledge & K. Paul, 1962.

Stillman, B.C., "Making sense of proprioception: The meaning of proprioception, kinaesthesia and related terms", *Physiotherapy*, 88. pp.667~676, 11(IFOMPT, 2002).

몸으로 생태감수성 키우기 십계명

1. 어머니 지구, 아버지 태양에게 감사하기

2. 형제자매인 동식물과 함께 살기

3. 자신의 몸을 챙기고 사랑하기

4. 주변의 생명체와 소통하기

5. 사랑, 희망, 기쁨의 씨앗 뿌리기

6. 몸 공부 하기

7. 다른 생명체와 어울려서 살기

8. 어린이처럼 놀고 춤추기

9. 지금 여기서 영원을 살기

10. 죽어놓고 살기(죽음을 이해하면 삶이 보임)

조기숙이 제안하는 몸의 정치경제학

1. 외로운 이들에게 즐거움을 주는 것

2. 힘든 이들에게 기운을 주는 것

3. 어려운 이들에게 희망을 주는 것

4. 고독한 이들에게 사랑을 주는 것

5. 무소의 뿔처럼 살게 하는 것

6. 청년에게 지혜를 주는 것

7. 노년에게 생기를 주는 것

8. 새로운 삶을 창조하게 하는 것

9. 일상에서 몸 공부 하는 것

10. 손에 손 잡고 춤추는 것

한국소매틱연구교육원 연혁

2023.9~11	(주)에그리치글로벌 임직원 역량강화 교육 〈몸에서 깨닫는 공동체 원리〉
2023.5.20	대구 동구문화재단 임직원 역량강화 특강 〈온기 넣은 조직〉
2023.5.3	(사)CEO지식나눔재단 특강 〈몸으로 배려하기〉
2022.12.12	(주)에그리치글로벌 임직원 역량강화 특강 〈몸으로 리더십 함양〉
2021.9.9	전국지역문화재단연합회 CEO특강 〈몸을 보면 사람이 보인다〉
2021.9.14	중앙교육연수원 강의 〈몸에 대한 이해〉, 〈내 얼굴〉, 〈몸이 바로 나다〉
2021.6.18,25	사법연수원 특강 : 〈검사의 몸〉
2019.11.14	혁신교육지구 마을인적자원 학습공동체 연수 〈몸과 지역공동체〉 강의
2018.8~11	서울문화재단 · 이화여대 공동주최 〈몸으로 삶을 들여다보다〉 기획, 수업
2018.6~11	서대문구 50+ 〈몸, 춤 인생학교〉 기획, 수업
2017.12.20	은평구 직원 특강 〈은평인 속풀이 한마당 : 몸, 춤, 치유〉
2017.11	〈이화인을 쉬게 하라, 나의 힐링메이트!〉 프로젝트 진행
2017.11.7~9	이화여자대학교 채플 특강 〈통, 통, 통하는 길, 몸〉
2017.9.6	경동교회 수요예배 특강 〈내 몸이 바로 나의 십자가〉
2017.8.22	성남시 교장 연수 〈문화예술교육으로 특별한 희망을 꿈꾸는 '도시락' 연수〉 특강
2017.7.22	돌봄살림치유자리, 청소년을 위한 심쿵심리학 제5편 〈내 몸의 주인은 나야 나〉

2017.6.24　　성남 발달장애 초등생 치유 특강 〈귀하고 예쁜 내 몸〉 실기특강

2017.6.10　　이화・현대차 파괴적 스쿨 특강 〈내 몸에 새로움이〉 실기특강

2017.5.24　　광주여자대학교 특강 〈통, 통, 통하는 길, 몸〉

2017.5.8　　 성결대학교 파이데이아 포럼 특강 〈키 작은 발레교수 조기숙의 몸・춤 이야기〉

2017.4.22,29~5.12　 성남형 교육 아트센터와 함께하는 〈예술공감 치유〉 연수, 실기특강

2017.5.10~6.14　금천구 구민강좌 〈몸으로 춤으로 말해요〉 실기특강

2017.4.12　　광주여자대학교 특강 〈마음나눔〉 대특강

2017.4.8　　 심리운동학 연구소 특강 〈소마란 무엇인가〉

2017.3.28~5.30　이화・서울시민대학 〈아픈세상 몸으로 살기〉 실기특강

2017.1.16　　정부 교사 〈몸으로 관계맺기〉 실기특강(의정부 솔뫼초등학교)

2016.11.23　 우석대학교 평생교육원 '문화예술과 민주시민교육' 5주차 〈몸과 민주주의〉

2016.11.23　 동작구 주민 특강 〈몸과 자녀 사랑〉 실기특강

2016.10.1,8,15,22,29 성남시 교사연수 〈치유를 넘어서〉 실기특강

2016.10.28　 공유서가 휴먼라이브러리 특강 〈조기숙의 삶과 춤〉

2016.10.20　 경희대학교 휴마니타스 컬리지 특강 〈내 몸 쉬기, 같이 쉬기〉 실기특강

2016.10.10　 지식협동조합 좋은나라 최고위과정 〈발레의 이해와 감상〉

2016. 8.9　　서울형 혁신교육 역량강화 직무연수 〈몸으로 만나기〉 실기특강

2016.9.24　　경기도 교사 연수 〈치유를 넘어서〉 실기특강

2016.9.29　　서울형 혁신교육지구 〈학부모 역량강화교육〉 학부모 공감과 성장 실기특강

2016.7.14　　인문학 콘서트 목요특강 금천을 바꾸는 시간 〈몸과 민주주의〉 실기특강

2016.6.17　　글로벌 R&D 전문가 기술혁신과정. 현대자동차 연구소 연구원 대상 〈몸으로 하는 창의성 개발〉 실기특강

2016.4.16~7.30　서대문구 〈몸, 춤 그리고 치유〉 실기수업

2016.4.22　　양성평등원 특강 〈몸, 춤 그리고 젠더〉

2016.3.17	경희대학교 휴마니타스칼리지 실기특강 〈몸과 민주주의〉
2016.1.22	장충고등학교 학생, 학부모와 교사 실기특강 〈몸으로 하는 창의성 향상〉
2016.1.4	창의테마파크 시연 수업 〈커뮤니티 댄스: 몸으로 하는 소통과 창조〉실기특강
2014~2016	서울시 SCL 〈움직이는 창의성〉 제1기~7기 실기특강
2015.11.23,25	신현고등학교 교사와 학생을 위한 특강 〈몸으로 하는 중독치유〉 실기특강
2015.1.27-4.4	에카스정치경제예술아카데미 몸교육 12주 실기수업
2014.12.9,16	서대문구 〈찜질방 인문학-몸을 바로잡다〉 실기특강
2013~2014	지식협동조합 최고위 과정 〈몸 공부〉 실기특강
2011~	이화여대 교양과목 〈춤과 명상〉 실기강의
2011~	이화여대 핵심교양과목 〈여성의 몸과 창조적 움직임〉 이론실기통섭과목
2015.4.28	이화여자대학교 리더십개발원 서대문구 여성 리더들 〈몸 느끼기〉 실기특강
2015.7.4	성남 느낌지도 만들기 〈몸으로 창조하는 장소성〉 실기특강
2015.7.14	한스코칭특강 〈코칭과 소마〉 실기특강
2015.7.27	경기도 교사연수 특강 〈내 몸 알기〉 실기특강
2014.11.14	법제처 특강 〈몸에 대한 우주적 이해〉
2015.11.6	KAIST EMBA 특강 〈경영인의 창의성 향상-몸으로〉
2011.8.17	포스코 실업 탁구단 선수들을 위한 실기특강 〈몸이란 무엇인가〉
2011.6.13	서울대 AMP 동문회, 조기숙의 춤추는 강의 〈몸/맘 알기〉
2011.5.2	ACE(Art Culture Ecology) 과정 특강 조기숙의 춤추는 강의 〈발레와 몸〉
2010.4.2	연세대학교 신소재공학부 세미나 특강 조기숙의 춤추는 강의 〈발레리나와 몸〉
	그 외 다수